KB272320

8050

林眞理子

옮긴이 이규원

한국외국어대학교에서 일본어를 전공했다. 문학, 인문, 역사, 과학 등 여러 분야의 책을 기획하고 번역했으며 현재 전문 번역가로 활동 중이다. 옮긴 책으로 미야베 미유키의 『이유』, 『얼간이』, 『하루살이』, 『미인』, 『진상』, 『피리술사』, 『괴수전』, 『신이 없는 달』, 『기타기타 사건부』, 『인내상자』, 『아기를 부르는 그림』, 『구름에 달 가리운 방금 전까지 인간이었다』, 마쓰모토 세이초의 『마쓰모토 세이초 걸작 단편 컬렉션』, 『10만 분의 1의 우연』, 사이조 나카의 『마음을 조종하는 고양이』, 하타케나카 메구미의 『요괴를 빌려드립니다』, 기리노 나쓰오의 『일몰의 저편』, 하라다 마하의 『총리의 남편』, 안도 유스케의 『책의 엔딩 크레딧』, 고이케 마리코의 『이형의 것들』, 오타니 아키라의 『바바야가의 밤』, 미치오 슈스케의 『N』, 신카와 호타테의 『공정의 파수꾼』, 아라키 아카네의 『세상 끝의 살인』, 『끊어진 사슬과 빛의 조각』, 신조 고의 『도쿄 사기꾼들』, 이마무라 쇼고의 『새왕의 방패』, 덴도 아라타의 『젠더 크라임』 등이 있다.

SHOUSETSU 8050 by HAYASHI Mariko
Copyright © Mariko Hayashi 2021
All rights reserved.
Original Japanese edition published in 2021 by SHINCHOSHA Publishing Co., Ltd.
Korean translation rights arranged with SHINCHOSHA Publishing Co., Ltd.
through JM Contents Agency Co.
Korean translation copyrights 2026 by Booksphere Publishing House

이 책의 한국어판 저작권은 SHINCHOSHA Publishing Co., Ltd.와 JM Contents Agency Co.를 통한 Mariko Hayashi와의 독점계약으로 도서출판 북스피어에 있습니다.
저작권법에 의해 한국 내에서 보호를 받는 저작물이므로 무단전재와 무단복제를 금합니다.

하야시 마리코

8050

林眞理子

이규원 옮김

북스토오

차
례

일러두기
＊작게 표시된 본문의 주는 옮긴이 주입니다.
＊괄호로 표시된 주는 원저자의 주입니다.

1
장

시
작

뿌리가 갈색으로 변한 치아 하나를 은색 트레이에 내려놓았다.
73세 여성의 마지막 발버둥 같은 치아였다.

"아이구야…… 역시."

야스다 하루코가 그렇게 말한 것 같지만, 마취 탓에 '아이우아'
라고밖에 들리지 않는다.

"그래도, 그동안 잘 버티셨어요."

오오사와 마사키는 마스크를 쓴 채 말했다.

"브리지로 연결하기에는 이미 양쪽 이가 많이 상했네요. 의치
를 해야 할 것 같습니다."

"……."

하루코는 대답이 없다. 시술을 받을지 아직 결심하지 못한 눈
치다.

여기가 아니더라도 최신 설비에 임플란트 시술도 가능한 좋은 치과가 얼마든지 있다는 생각이 구부정한 어깨에 묻어났다.

아버지 대부터 인연을 이어온 환자였지만 아마 앞으로는 오지 않을 것이다. 마사키는 하루코의 가슴을 덮었던 일회용 종이 에이프런을 천천히 거두었다. 갈색 스웨터에 작은 꽃무늬가 자수되어 있었다.

이제 예약 환자도 없으니 서두를 필요가 없다. 파트타임으로 접수를 담당하는 오무라 유리코가 진료실로 들어와,

"마취, 괜찮으세요?"

한가로운 목소리로 환자에게 물었다.

"괜찮아, 괜찮아……."

하루코는 입가를 손수건으로 누른 채 대답했다.

"발치 경과를 봐야 하니까 내일 다시 오시고, 다음 주에도 한 번 더 보겠습니다."

마사키의 설명에 이번에는 예, 하고 의외로 또렷한 목소리로 대답했다.

"나흘 뒤……는 '성인의 날'인데 휴진 아닌가요, 선생님?"

"아, 그렇네요, 그럼 그 후에."

"알겠어요. 화요일에 올게요."

발음이 조금 분명해졌다.

"해마다 성인식 때면 기온이 뚝 떨어지더라고요."

아직 혀가 제대로 돌아가지 않지만 원래 수다를 좋아하는 사람

이다.

"그러게요. 학력고사 때면 대개 눈이 내리고 말이죠."

"맞아, 그렇죠…… 참."

하루코가 마사키를 돌아보며 물었다.

"아드님이 올해 성인식 치르지 않나요?"

잠깐 침묵이 흘렀다. 유리코도 대답을 기다리느라 입을 다물고 있다.

"아뇨, 아들은, 벌써 치렀죠."

"어머, 그래요? 벌써 그렇게 됐군요……."

교활하게 움직이는 처진 눈을 마사키는 놓치지 않았다. 상가에서 쌀가게를 운영하니 남의 가정사라면 훤하다. 마사키의 아들 쇼타 소식쯤은 벌써 알고 있을 터였다. 그러면서도 짐짓 모르는 척 확인하려는 것이다.

"20살이 넘도록 뭘 했는지. 프리터라는 걸 한다네요."

"아, 그렇구나, 프리터."

하루코는 헐렁한 발음으로 중얼거렸다.

"프리터라는 거, 요즘 많이들 한대요. 텔레비전에서도 그러더라고."

"정말 걱정이에요. 그럼, 다음 주 화요일에."

마사키가 그렇게 환자를 진료실에서 자연스럽게 쫓아냈다.

하루코는 접수처에서 잘 돌아가지 않는 혀로 여전히 뭐라고 말하고 있다. 마사키는 의자에 앉아 책상 서랍에서 팸플릿을 꺼냈다. 아내 세쓰코가 꼭 자세히 읽어보라면서 건네주었다.

'KIGARU학교'라는 사설 학교였다. 전국에 수십만 명이나 된다는 청년 히키코모리들의 성공적인 '복귀'를 돕는 곳이라고 한다.

'20살 이하라면 늦지 않았습니다. 실제로 많은 학생이 본원에서 검정고시 합격 후 명문대에 입학하고 있습니다.'

일류대학 이름도 죽 나열되어 있다. 개중에는 최고학부로 알려진 국립대학도 보인다.

"정말일까……."

팸플릿을 받았을 때 저도 모르게 중얼거리자,

"늘 이런다니까."

쏘아보는 세쓰코의 눈초리가 매서웠다. 아들 이야기만 나오면 늘 이렇다.

7년 전, 14살 쇼타가 등교를 거부하자 세쓰코는 문제를 해결하려고 이곳저곳 찾아다녔다. 처음에는 학교에 가서 담임교사와 교장을 만나고, 그 뒤 NPO나 공공 상담소도 찾았다. 심지어 수상쩍은 점술원까지 찾아가자 마사키는,

"이제 그만 적당히 하지."

하고 나무랐다. 그때도 세쓰코는 날카로운 눈초리로,

"자기는 아무것도 안 하면서!"

하며 화를 냈다.

"우리 쇼 짱이 이렇게 된 원인에 대해서 전문가들 얘기도 들었

어요. 다들 똑같은 말을 합니다. 부모의 기대가 지나쳤대요. 대화도 없었고. 딱 우리 집 얘기잖아요."

오오사와 치과는 8년 전 타계한 부친 때부터 이곳 상가에서 진료해 왔다. 당시는 치위생사도 두 명이나 두었고, 대기실에는 부모를 따라온 겁먹은 꼬마도 여럿 앉아 있었다.

작고한 부친은 이미 그때부터 말했다.

"이대로 가다가는 치과 의사로 먹고살기 힘들어질지 모르겠다……."

저출생이 예상보다 빠르게 진행된 데다 철저한 구강위생 교육 덕분에 도시 아이들은 충치가 거의 없다. 반면에 치과는 날로 늘고 있다.

요즘 그나마 살아남은 곳은 어린이 치열교정을 하는 심미 전문의, 혹은 노년층을 상대하는 임플란트 전문의뿐이다. 요란하게 광고하는 곳은 수천만 엔을 호가하는 최신 설비를 갖추고 있다. 3D영상을 실시간으로 보여주는 기계도 드물지 않다.

오오사와 치과는 그런 흐름에 따라갈 수 없었다. 이유는 다양하지만, 모친과 부친이 잇달아 중병을 앓는 바람에 돈과 시간이 많이 들었다는 점이 컸다.

마사키가 아들을 치과 의사가 아니라 의사로 만들자고 결의한 것은 자연스러운 일이었다. 치과 의사 중에 그런 부모가 많다. 똑같이 6년간 의대를 다니고 등록금도 별반 다르지 않은데 치과 의사와 의사는 평생소득이 현격히 다르다.

세상의 대접도 다르다. 얼마 전까지는 치과 의사도 당연히 엘리트 범주에 들어갔지만 매스컴에서,

'편의점만큼 흔한 치과'

'연수입 3백만 엔, 부업으로 택시기사까지'

라는 식으로 써대는 바람에 권위가 크게 떨어졌다. 이제 사립대 치의대의 편차치일본의 입시 시스템에서 사용하는 지표는 50대여서 60을 넘는 의대와 격차가 크게 벌어졌다.

이런 말을 구구히 늘어놓아도 부질없다. 쇼타가 초등학교에 들어갈 때부터 부부는 다짐했다.

"우리 아들은 의사로 키우자. 치의대가 아니라 의대에 집어넣자."

다행히 부친이 모아 놓은 재산이 있어서 치과 겸 살림집인 이 건물 외에도 투자용으로 아파트 한 채와 우량주식과 정기예금이 있었다. 정기예금은 수익이 저조하지만, 그 돈이면 어렵지 않게 아들을 사립 의대에 보낼 수 있다는 결론을 내렸다.

그즈음 쇼타보다 5살 연상 누나인 유이는 중고일관 여학교에 다니고 있었다. 도쿄대 합격자도 배출한다는 명문학교여서 유이의 성적으로는 입학하기 힘들다는 말을 들었지만, 2년간 학원에 보낸 끝에 멋지게 합격시켰다.

"어릴 때부터 노력하는 게 중요해. 노력도 습관이니까."

마사키는 그렇게 말하며 쇼타에게도 중학 입시를 권했다.

"남자애니까 중학교까지는 공립으로도 충분하지 않아요? 쇼

짱도 친구랑 헤어지기는 싫다고 하는데.”

라며 이의를 제기하는 아내에게 그는 생각이 짧다고 질타했다.

“남자애니까 더욱 중고일관교에 들어가야지. 중학교 때 정신차려봐야 이미 늦다고. 명문 소리 듣는 일관교는 고등학교 입학이 너무 힘들어. 애초에 뽑는 인원이 몇 명 안 되니까.”

마사키는 자신이 구해온 팸플릿을 아내에게 보여주었다. 과연 요즘 중고일관교는 고등학교 신입생 모집 인원을 줄이고 있었다.

“유이를 봐도 알 수 있지만 명문교에서 만난 친구는 평생친구가 되지. 지역 공립학교 아이들과는 레벨이 달라.”

그렇게 말하는 마사키도 사립 중고일관교를 졸업했지만, 모교에 아들을 집어넣을 생각은 전혀 없었다. 한때 3대 명문에 버금가는 학교로 알려졌음에도, 경영진 내분과 지하철 개통 때문에 편차치가 극적으로 떨어지고 말았기 때문이다. 지하철 개통과 편차치는 놀랄 만큼 관련이 깊어서, 당시 한 주간지의 보도에 따르면 지하철역이 생기자 그 지역 아이들이 시내 학교로 몰렸다고 한다.

그러므로 유서 깊은 명문 학교, 지하철 따위에 영향 받지 않는 학교를 노려야 한다고 마사키는 설득했다.

“의대에 들어가려면 10살 때부터는 시작해야 해. 그 나이에 시작하는 게 딱 좋아.”

마사키의 기세는 어느새 아내에게 옮아서 세쓰코도 아들의 입시에 협력하게 되었다.

아니, 협력이라는 어중간한 태도로는 부족하다. 애초에 중학 입시는 어머니가 주도하게 마련이고, 그래야 아이도 온 힘을 다한다.

세쓰코는 정말 열심이었다. 저녁이면 따로 도시락을 만들어 학원으로 가져다주었다. 비가 오나 눈이 오나 거르지 않았다. 편의점 도시락 따위는 절대 먹이지 않았다. 늘 자전거를 타고 챙겨주었고 가끔은 마사키도 자가용으로 아내를 데려다주었다.

어느 추운 겨울날, 학원에서 나온 아내에게,

"우리가 이러는 거, 아이들도 다 보고 있어. 언젠가는 정말 고마워할 거야."

라고 말한 적도 있다.

마침내 입시철이 되었다. 부부는 근처 신사에 참배하고 마사키는 1달간 금주했다. 그리하여 쇼타는 제1지망 중고일관교에 합격할 수 있었다. 다행스러운 일이라고 생각했다. 부부에게 더욱 큰 고난이 찾아오기 전까지는.

어느 날 갑자기 시작된 일이었다.

중학교 2학년 여름방학이 끝났을 때 쇼타가,

"이제 학교에 가고 싶지 않아."

라고 말했다. 처음에는 더위라도 먹은 줄 알았다.

"내일이면 언제 그랬냐는 듯이 학교에 갈 거예요."

세쓰코는 느긋하게 바라보았지만 1주일이 되고 열흘이 되자 크게 당황했다. 부부는 즉시 학교에 찾아갔다. 담임이나 교장을 만나보았지만 '이 학교에는 이지메가 없다'는 말뿐이었다. 어떻게 장담할 수 있느냐고 묻는 아내에게, 해마다 4번이나 설문조사를 실시할 뿐 아니라 상담실과 상담사를 두어서 학생은 언제든 이용할 수 있다는 대답이 돌아왔다.

"담임선생이 정말 너무하네. 자기 일처럼 관심을 기울여줘야지. 꼭 남의 일처럼 말하잖아."

화가 난 세쓰코는 같은 학교에 진학한 쇼타의 초등학교 동창 집을 남편과 함께 찾아갔지만 돌아온 건 반이 달라서 잘 모르겠다는 말뿐이었다.

"저보다는 더 친한 친구에게 물어보시는 게 어떨까요."

세쓰코는 말문이 막혔다. 쇼타는 중학교 친구를 집에 데려온 적도 없고 일요일에 약속이 있다며 놀러나간 적도 없었던 탓이다.

마사키는 아내와 함께 다시 아들에게 물었다.

“정말 학교에 안 갈 거니?”

그때 쇼타는 분명하게 말했다.

“다시는 가고 싶지 않아.”

“쇼 짱, 너, 혹시 이지메 당하니? 애들이 못되게 굴었어?”

아내의 질문에 쇼타는 어금니를 악문 채 고개를 들지 않았다. 아직 앳된 얼굴이다. 공원에서 누나에게 철봉을 빼앗겼을 때 짓던 쇼타의 표정이 겹쳐 보였다.

“대체 누구니? 무슨 짓을 당한 거야?”

세쓰코가 날카로운 소리로 물었지만 쇼타는 더 이상 대답하지 않았다.

“아무튼 그놈들이 있는 곳에는 절대 가고 싶지 않아.”

“그놈들이 누군데? 말해봐. 확실하게 말하라니까!”

엄마의 말을 무시하고 쇼타가 벌떡 일어섰다.

“아무튼 안 가. 만약에 엄마가―”

거기서 일단 말을 끊었다.

“만약에 억지로 보내려고 하면, 엄마라도 용서하지 않을 거야. 진짜야.”

세쓰코는 입을 벌린 채 몸을 후들후들 떨었다. 마사키는 달랐다. 곧 바뀌겠지, 하고 마음 한켠으로 안이하게 생각했다. 아들을 어린아이라고만 여겼기 때문이다.

아이에게 학교란 절대적인 장소다. 학교에 가지 않으면 아이는 세계를 잃고 만다……. 당시 자신은 얼마나 무지했단 말인가, 마사키는 후회하고 있다.

7년 전에도 '히키코모리'는 이미 사회문제였지 않은가. 그런데도 내심, 우리는 다르다고 생각했다.

이후로 많은 일이 있었다. 부부는 나란히 꾸짖고 애원하고 타일렀다. 때로는 화내며 뺨을 치기도 했다. 세쓰코가 울면서,

"학교에 가주렴……. 제발 부탁이야, 제발."

하고 머리를 숙인 적도 있다.

아내는 나름대로 여러 대책을 강구했다. 마사키도 쇼타를 데리고 아동 전문 정신과 의사를 찾아갔다. 도에서 운영하는 상담 창구에도 가보고, 상담사라는 사람이 집을 방문한 일도 있다. 마침 중학교를 졸업할 때여서 상담사는 통신제 고등학교나 학점제 고등학교를 추천해 주었다.

"가장 힘든 사람은 아이 본인입니다."

그는 말했다.

"어떻게든 이 상황에서 벗어나기 위해 발버둥치고 있을 겁니다. 작은 계기만 있어도 다시 일어선 사례는 얼마든지 찾을 수 있습니다."

그래요, 그래요, 하며 고개를 끄덕거리던 세쓰코는 당시 책도 여러 권 읽었다. 아내는 10년 동안이나 히키코모리로 지낸 청년이 한 교사와의 만남을 계기로 새로운 인생을 걷게 되었다는 수기에 특히 감명을 받았다. 청년은 열심히 노력해서 검정고시에 합격한 뒤 수의사가 되기 위해 대학에 입학했다.

‘나이는 관계없습니다. 몇 살이어도 복귀는 가능합니다.’

그 문장과 함께 산뜻하게 생긴 청년 사진이 실려 있었다. 세쓰코가 바라 마지않던 미래의 아들상이었다.

“비슷한 사람이 많더군요. 그래요, 얼마든지 있어요. 우리 쇼짱도 다시 시작할 수 있어요.”

마사키는 부정하지 않았다. 그 믿음이 아내의 유일한 희망이라는 걸 알았기 때문이다.

그러나 15살 쇼타는 고등학교 입시에 전혀 관심을 보이지 않았다. 게다가 밤낮이 뒤바뀐 생활을 시작했다. 밤 12시 지나 가족이 모두 잠들었을 때야 일어나 냉장고에서 보리차나 우유를 꺼내서 마시고 세쓰코가 차려둔 밥을 먹었다. 가족이 깨어날 시간에는 제 방에서 숨을 죽이고 화장실에 갈 때 말고는 나오지도 않았다. 오후에 세쓰코가 간단한 음식을 쟁반에 챙겨서 방문 앞에 놓아두면 쇼타는 그걸 먹고 저녁에 잠자리에 드는 듯했다. ‘듯했다’라고 표현한 까닭은 쇼타가 방 안에서 어떻게 지내는지 아무도 모르기 때문이다.

“언제부터 올빼미가 된 거냐!”

초기에 마사키는 보다 못해 아들을 때리기도 했다. 방에서 강제로 끌어낸 것도 한두 번이 아니다. 그때마다 세쓰코는 울면서 말렸다. 아내를 향해,

“당신 방식이 글러먹었어. 그러니 애가 정상이 아니지!”

라고 소리질렀던 일을 지금은 후회하고 있다.

그때부터 세쓰코가 정신과에 다니기 시작했다.

"이대로 가면 엄마까지 망가지고 말아요. 그래도 괜찮아요?"

유이가 냉정하게 쏘아붙였다. 유이는 중고일관 여학교를 졸업하고 와세다 정경학부에 바로 입학했다. 그나마 우수한 딸이 있어 부부에게 얼마나 커다란 위로가 되었는지 모른다. 그 유이가 마침내 오오사와 집안에 중대한 변혁을 요구했다.

아내 세쓰코가 진찰실 문을 열었다.

"사카모토 씨 집에 순찰차가 출동했대요."

사카모토 씨네 집은 오오사와 치과에서 두 블록 떨어진, 40평 대지에 있는 2층 목조주택이다.

작은 상가와 주택가가 인접한 구역으로, 야마노테라고는 할 수 없지만 예전에는 중상층 회사원들이 살았다. 세타가야 일등지에 비해 땅값이 만만했다고 노인들은 회상한다.

요즘은 고령화로 빈집이 몇 채 생겼다. 상가의 빈집은 곧 쇠고기덮밥 체인점이나 스마트폰 대리점이 되었다. 주택일 경우 규모가 큰 집이면 연립주택으로 재건축되고 작은 집이면 주차장이 되거나 폐가로 낡아 간다.

"혼자 남은 노파가 시설에 들어간 뒤로 방치되어 있던 집이잖아요."

세쓰코가 말한 적이 있다. 노파가 사망하면 상속이라도 시작되건만 생존해 있으면 그것도 안 된다. 90세, 100세가 되어 설사 본인이 집을 소유하고 있다는 사실을 망각하더라도 법률상으로는 엄연히 소유자인 것이다.

사카모토 씨 집도 그런 집 가운데 하나였다. 남편은 오래전 사망하고 부인이 외아들과 살고 있었다. 마사키는 부인의 의치를 시술해 준 적이 있다. 벌써 10년 전이다. 통 모습이 안 보인다 했더니 돌봄시설에 들어갔다가 작년에 사망했다는 소식을 들었다.

근처 화장장에서 치르는 장례식에 가서 세쓰코가 조의를 표하고 왔다.

"아들이 상주인데 결혼도 취직도 못했대요. 혼자 자리를 지키고 있더군요."

세쓰코는 이런 부분을 세심하게 신경 쓰는 여자다.

"친척도 몇 명 없어서 장례가 쓸쓸했어요."

"어쩔 수 없지. 요새 도시 사람들 장례식이 다 그렇지뭐."

"할아버지 할머니 장례식은 역시 손자들이 정신없이 뛰어다니고, 가만히 좀 있어! 하고 야단도 치는 시끌벅적한 분위기가 나은 것 같아요."

세쓰코는 도치기 현 출신이다. 마사키는 처가의 장례식 풍경을 떠올렸다. 아내 말대로 동네 주민뿐 아니라 초등학생 혹은 그보다 어린 손자들이 천방지축 뛰어다녔다. 분명 따뜻한 풍경이었다. 반짝반짝 빛나는 새로운 생명체가 죽은 자의 생명을 이어 나가는 모습을 눈앞에서 보는 기분이었다.

"우리 집 장례식도 쓸쓸하려나……."

세쓰코가 중얼거렸다. 부부 중에 한쪽이 먼저 죽고 홀로 추레하게 늙었는데, 결혼도 못하고 직장도 잡지 못한 쇼타가 상주 자리에 앉아 있는 장면이 생생하게 떠올랐다. 마사키는 등줄기가 오싹했다.

"한참 나중 일을 뭐하러 생각하나. 쇼타는 몰라도 유이는 제대로 결혼할 텐데."

"맞아요, 그래야죠……."

아내 표정이 개운치 못하다. 요즘 벌써 딸과 결혼 이야기를 나누고 있기 때문이다.

올 정월 오래간만에 집에 온 딸이 결혼을 생각하는 사람이 있다고 밝혔단다.

"오, 좋은 소식이군."

마사키는 생각 없이 기뻐했다. 세쓰코는 미인이라 하기에 손색이 없지만 딸 유이는 부모 눈으로 봐도 중간 정도라고 할까. 쇼타가 엄마를 쏙 빼서 단정하고 선선한 인상인데 반해 딸은 아빠를 닮았다. 발달한 하관을 신경질적이다 싶을 만큼 의식했다. 와세다 졸업 당시 아나운서 시험을 처음부터 포기한 것도 턱 모양 때문이라고 마사키를 거반 진심으로 원망한 적도 있다.

"유이도 이제야 자리를 잡는군."

세쓰코는 유이의 신랑감에 대하여 띄엄띄엄 말하기 시작했다. 도쿄 출신이며 부친은 어느 상사의 집행임원으로 근무하고 있다. 모친의 조부는 오랫동안 참의원 의원을 역임한 인물이라고 한다.

"집안은 알겠는데, 당사자는 어떤 남자야?"

"사진을 보니 인상이 좋은 평범한 청년이에요. 히토쓰바시 출신에 2살 연상이고 회사 회식 자리에서 알게 됐대요."

"같은 회사에 다니는 성실한 청년이라면 아무 문제도 없는 거아냐?"

"문제가 있다면 우리 쪽에 있겠죠."

왜 모르느냐는 듯이 세쓰코가 차가운 목소리로 말했다.

"유이가 그랬어요. 그 사람은 외아들이라 틀림없이 그쪽 집안에서 우리 쪽을 샅샅이 조사할 거라고. 만약 히키코모리 동생이 있다는 걸 알면 반대할 거라고요."

"무슨 소리야!"

마사키도 저도 모르게 거친 목소리로 말했다.

"요즘 히키코모리 정도는 드물지도 않잖아. 쇼타가 무슨 범죄를 저지른 것도 아닌데. 인생에 잠깐 휴식기를 가지고 있을 뿐이야."

자신에게 수도 없이 되뇌던 위로의 말이었다.

"유이도 그래. 누나면 누나답게 동생을 더 생각해 줘야지. 뭐가 어때서 가슴 펴고 당당하게 말을 못해."

"쉽게 넘어갈 문제가 아니잖아요."

세쓰코가 마사키를 노려보듯 쳐다보았다. 저 눈과 꼭 닮은 쌍꺼풀 눈을 가진 아들을 생각했다. 아들 얼굴을 제대로 보지 못한 지가 벌써 몇 년이나 되었다.

"유이는 알아서 반듯하게 크고 취직도 하니까 세심하게 보살펴 주질 못했어요. 쇼 짱한테만 신경 쓰느라. 그래서 유이한테 미안해요. 유이는 지금이니까 말하는 거라면서 대학생 때 친구를 집에 데려올 수 없어서 너무 힘들었다고. 히키코모리 동생을 들키면 어떡하나 하는 생각만 했대요."

"당당하게 말하면 된다니까, 당당하게."

"어떻게 당당하란 거예요. 한창때 여자애인데. 유이한테도 드디어 좋은 남자가 생겨서 결혼하고 싶다잖아요. 나는 어떻게든 유이의 바람을 들어주고 싶어요."

뜻밖에도 세쓰코는 울고 있었다. 그리고 'KIGARU학교' 팸플릿을 꺼냈다. 마사키는 받아서 팔랑팔랑 넘겨보았다. 팸플릿에 따르면 먼저 상담을 하고 필요할 경우 정신과 의사도 소개해 주는 모양이다. 그 뒤 학업 복귀 프로그램이 제공된다고 한다.

히키코모리 문제 해결을 위해 많은 고등학교가 손을 내밀어주고 있다, 라고 팸플릿에 적혀 있었다. 사립 고등학교, 통신제 고등학교, 학점제 고등학교, 예체능계 전문학교. 이 가운데 목표를 정한 다음, 절대로 초조해하지 말고 전진해야 한다. 원생에게는 개별 어드바이저가 꼼꼼하게 팔로우해 준다. 대학 진학에 성공한 원생도 많다고 한다. 진학한 대학 이름이 죽 나열되어 있었다.

'이 학교에서 무엇보다 먼저 배웠으면 하는 것은, 인생은 새출발할 수 있다는 것입니다. 젊은 당신이라면 얼마든지 가능하다는 것입니다.'

팸플릿 첫 페이지에 위의 글과 함께 젊은이들이 즐겁게 대화를 나누는 사진이 실려 있었다. 모델일까? 아니면 진짜 원생들일까. 그들은 팸플릿에 얼굴을 공개해도 괜찮을 만큼 자신감을 찾은 걸까.

"잘 읽어봐요. 마지막 기회니까."

세쓰코가 엄숙하게 선언했다.

"유이가 간절하게 부탁했어요. 그쪽 집안에 히키코모리라고 밝
힐 수는 없으니, 재수하며 학원에 다니고 있다는 식으로 말하고
싶다고."

순찰차가 출동하자 이웃 주민들이 사카모토 씨 집 앞에 모여들었다. 무슨 일인가 해서 마사키와 세쓰코도 밖으로 나가보았다. 순찰차 외에 트럭과 경형 화물차도 서 있었는데, 검은 밴에서 정장 차림의 남자들이 내렸다. 그 뒤를 경찰 두 명과 열 명쯤 되는 남자들이 따랐다.

"그 집은 계속 빈집이었어요."

누군가 그들에게 알려주었다.

"사카모토 할머니도 돌아가셨고 아드님 모습도 몇 달이나 본 적이 없는데, 대체 무슨 일이래?"

"빈집털이인가?"

경찰과 남자들은 아무 대답 없이 대문을 열고 안으로 들어간다. 블록담 안쪽 정원은 황폐했다. 메마른 매화나무 밑에는 갈색 잡초가 무성하고, 낡은 양동이와 물호스 따위가 현관 앞에 던져져 있었다.

"사카모토 씨, 사카모토 씨."

정장 입은 남자가 큰 소리로 불렀다. 주위는 쥐 죽은 듯 조용하다.

"여러 번 연락을 드렸으나 답변을 받지 못했습니다. 도쿄 지방 재판소의 집행관입니다. 민사집행법에 따라 지금부터 강제집행에 들어갑니다. 이 집은 사카모토 사마코 씨의 사망으로 지주와의 계약이 종료되었습니다. 즉시 퇴거해 주십시오."

호기심 많은 근처 주민들도 어리둥절한 얼굴로 입을 다물고 있었다. 이웃에서 이런 일이 벌어질 줄은 상상도 못했던 것이다.

"사카모토 씨, 사카모토 씨, 문 여세요. 안에 있다는 거 압니다."

정장을 입은 또 다른 남자가 말했다. 목깃에 변호사 배지가 반짝인다.

"아무도 없다니까요."

아까 그 주민이 말했다. 마사키가 가만 보니 은퇴한 이불가게 주인이었다.

"벌써 몇 달째 사람이 없었어요."

"그런데요."

옆에 있던 여자가 입을 열었다.

"내가 얼마 전 한밤중에 편의점에서 이 집 아드님을 봤거든요. 분명히 여기 사는 건 맞는 것 같아요."

설마, 하며 이불가게 주인이 대꾸하고는 그대로 입을 다물었다. 순찰차와 구경꾼이 몰린 모습을 보고 학생 넷이 다가오더니 뭔가 있나 봐, 하며 스마트폰으로 촬영하기 시작했다.

"프라이버시가 침해될 수 있으니 촬영은 안 됩니다."

젊은 경관이 제지했다.

"사카모토 씨, 사카모토 씨."

남자가 인터폰을 누르며 계속 불렀지만 반응이 없었다. 그러자 작업복을 입은 남자가 공구 상자를 들고 앞으로 나섰다.

“오, 드라마에서 본 거랑 똑같네.”

학생이 흥분하며 말했다. 남자가 열쇠 구멍에 공구를 꽂아 넣고 돌리기를 반복하다가 잠금이 풀렸는지 집행관이라는 사람에게 고개를 끄덕여 보였다.

“사카모토 씨, 집으로 들어갑니다.”

경관들을 선두로 정장 차림의 남자 두 명이 안으로 들어갔다.

“죽은 거 아냐?”

학생 하나가 말했다.

“집에서 부패한 사체로 발견되는 사건이라면 종종 보도되잖아.”

어른들은 말없이 상황을 지켜보고 있었다. 작년까지 사카모토 사마코는 살아 있었다. 몇 년 전에도 여기서 마당 일을 하던 기억이 선하다. 굽은 허리로 잡초를 뽑던 모습을 동네 사람들이 종종 보았다. 그러나 당시에도 아들 모습은 안 보였다.

마침내 문이 열렸다. 집주인의 대리인으로 보이는 정장 입은 변호사를 따라 밖으로 나온 사람은 저지를 입은 뚱뚱한 남자였다. 몇 달간 이발하지 않았는지 머리가 귀밑까지 내려와 있다.

얌전히 걸어나오는 모습이 도리어 불안해 보인다.

“사카모토 씨 아들이야!”

어느 부인이 자못 감격한 목소리로 말했다.

“몰라보게 변했네. 내내 히키코모리였나 봐.”

그리고는 은퇴한 이불가게 주인에게 속삭였다.

"저게 바로 8050이라는 거군요. 히키코모리 아들이 늙은 부모의 연금을 파먹으며 들러붙는 거."

경관들이 서둘러 순찰차를 타고 떠났다. 사건성이 없다고 판단한 모양이다. 저지를 입은 남자도 변호사, 집행관과 함께 곧 도착한 택시에 올라탔다. 그다지 싫어하는 기색도 없었다. '멀뚱멀뚱'이라는 표현이 딱 맞는다. 흡사 긴 동면에서 졸지에 끌려나온 곰 같았다. 부모가 죽자 어찌할 바를 모르고 오로지 집 안에 틀어박혀 지낸 중년남. 일상생활이 전혀 훈련되어 있지 않은 저 남자는 앞으로 어떻게 될 것인가.

집에 돌아올 때까지 세쓰코는 한 마디도 하지 않았다. 예약 환자가 없어서 마사키는 그대로 2층 자택으로 올라갔다. 세쓰코는 주방 테이블 앞에 넋 놓은 표정으로 앉아 있었다. 마사키는 확신했다. 우리 부부가 그 광경에 가장 충격을 받은 사람이다.

이윽고 세쓰코가 입을 열었다.

"우리의 30년 뒤 모습 같네요……."

"지나친 생각이야. 쇼타가 저대로 나이만 먹을 리 없잖아."

"아닐 거라고 누가 보장해 준대요?"

"진정해, 저 집은 특수한 경우야. 아들을 반듯한 사회인으로 키워야 했는데 실패한 거지."

"우리도 마찬가지 아녜요? 우리 집도……. 그래서 그 팸플릿을 당신한테 준 거예요."

"아래 진료실에 있어."

세쓰코가 냉큼 계단을 내려가더니 팸플릿을 들고 돌아왔다.

"당신도 와서 봐요. 부탁이에요."

치과는 3층 건물의 1층을 쓰고 나머지 층은 주거용으로 사용한다. 원래 마사키의 부모와 합가해서 살던 곳인 만큼 공간이 충분하다. 3층 유이 방은 지금 창고처럼 쓰고 있고, 그 안쪽에 쇼타의 방이 있다. 넉넉한 면적 덕분에 아들이 한밤중에 자유롭게 지낼 수 있었다. 세쓰코가 방문을 똑똑 두드렸다.

"쇼 짱, 쇼 짱, 잠깐 문 좀 열어봐."

잠시 후,

"뭔데."

안에서 문이 열렸다. 거기 아들이 있었다. 아들을 온전히 쳐다보는 것이 몇 개월 만인지. 언젠가부터 애써 쳐다보지 않으려 해 왔다.

"뭣 때문에 그러는데!"

노골적으로 불쾌한 목소리를 내는 아들이 뚱뚱해지지도 않았고 장발도 아니라는 사실에 마사키는 안도했다. 방 안이 힐끔 보인다. 세탁물이 널려 있고 책상 위에서 컴퓨터가 삑삑 소리를 내며 반짝이고 있다.

"지금 꼭 얘기하고 싶어서 그래. 급한 일이야."

"아이씨 짜증나게……."

쇼타가 신경질적으로 반응했다. 목소리가 많이 달라졌다. 활달하고 높은 톤으로 재잘재잘 이야기하는 목소리를 마지막으로 들었는데, 그 이후 변성기가 왔는지도 모른다.

“엄마가 말이야, 쇼 짱에게 꼭 얘기하고 싶은 게 있어.”

“뭔데, 여기서 말해.”

“아니, 차분하게 얘기하고 싶으니 잠깐 거실로 내려오렴.”

세쓰코는 어느새 쇼타의 손을 잡고 있었다. 그 기세에 눌렸는지 쇼타가 천천히 걸음을 뗐다. 심하지는 않지만 체취가 훅 풍겨왔다. 하루 걸러 목욕하고 있다 해도, 20살 청년이 종일 방 안에 틀어박혀 있으면 당연히 몸에서 다양한 냄새가 날 것이다.

쇼타는 나른한 몸짓으로 소파에 앉아 다리를 꼬았다. 아들이 순순히 따르는 모습이 뜻밖이었다. 눈물이 나올 것 같았다. 세쓰코도 마찬가지 감정이었는지,

“쇼 짱이 좋아하는 밀크티 타 줄게.”

들뜬 목소리로 말했다.

“됐어. 빨랑 얘기해.”

마사키가 마음먹고 입을 열었다.

“너, 밥은 제대로 먹고 있니?”

“뭐 그럭저럭.”

“이발소에도 다녀온 모양이구나.”

거기에는 대답이 없었다. 세쓰코가 매달 주는 용돈이 있는데, 종종 소소한 물건도 구입하는 듯하다. 전에 상담사라는 사람과 이야기할 때, 쇼타가 그렇게 행동한다면 희망적이라고 말해주었다.

“쇼 짱, 이걸 봐봐.”

세쓰코는 팸플릿을 펼쳤다. 첫 페이지에 그 사진과 글이 있을 터였다.

‘인생은 새출발할 수 있다는 겁니다.’

뭐야, 이건. 쇼타가 낮은 소리로 중얼거렸다.

“이 팸플릿을 보고 앞으로 할 일을 진지하게 생각했으면 좋겠구나.”

“지금 뭐하자는 거야!”

쇼타의 오른쪽 다리가 번쩍 들리더니 테이블을 걷어찼다. 찻잔이 크게 흔들리고 액체가 쏟아졌다.

“이것들이 진짜 장난하나!”

마사키는 꿈을 꾸는 기분으로 아들이 내지르는 목소리를 들었다.

장난하냐! 장난하냐고! 쇼타는 같은 말을 연발하며 테이블을 밀었다. 찻잔과 찻주전자, 곽티슈가 소리를 내며 바닥에 떨어졌다.

깜빡하고 치워두지 않은 탁상용 간장종지가 마지막으로 떨어져 검은 얼룩이 바닥에 흩어진다.

이번에는 발을 사용했다. 테이블 쓰러뜨리기가 뜻대로 되지 않자 의자를 잇달아 걷어찼다. 목제 의자는 간장종지보다 훨씬 커다란 소리를 냈다.

“이것들이 진짜. 또 그딴 소리 해봐!”

쇼타가 세쓰코를 노려보았다. 눈이 붉게 충혈되어 있다.

"또 하기만 해. 때려 죽여버릴 줄 알아."

그러더니 마사키 쪽을 돌아보았다.

"너도 마찬가지야."

일부러 발소리를 내며 복도를 걸어간다. 이내 쾅, 소리가 나며 문이 닫혔다.

정신을 차리고 보니 세쓰코가 울고 있었다. 흩어진 물건도 정리하지 못한 채 양손으로 얼굴을 가리고 조용히 눈물을 흘린다.

"어떻게…… 어떻게 이런 일이…….”

지금까지 얌전히 칩거해 오던 아들이 갑자기 폭력을 휘둘렀다. 마사키도 방금 무슨 일이 일어났는지 어리둥절했다.

"변화를 견딜 힘이 없는 거겠지."

조금 전 슬쩍 보았던 방 안 풍경을 떠올렸다. 세탁물이 널려 있기는 해도 의외로 정리는 잘 되어 있었다. 내내 컴퓨터 돌아가는 소리가 들리던데 틀림없이 게임을 하고 있었겠지.

난방이 되는 방에서 편하게 시간을 버리고 있는 아들이 한심해 보였다.

"당신이 너무 오냐오냐 키웠어."

라고 말하려다가,

"우리가"라고 바꾸었다. 더 이상의 갈등은 안 된다는 생각이 스쳤기 때문이다.

"이제 용돈 주지 마. 밥도 굶으라고 해."

"그럴 수는 없잖아요……."

"아니, 녀석을 위한다면 그래야 해."

아직 아이라고 생각했다. 최근 마사키 내외는 아들을 무시하는 작전을 쓰고 있었다. 무시는 하되 배려는 이어졌다. 아내는 밤중에 일어나는 아들을 위해 음식을 넉넉히 만들어 냉장고나 식탁에 남겨 두었다.

음식과 냉장고, 컴퓨터 오락을 제공하기에 아들은 오랜 시간 방에서 농성했다. 그래, 그야말로 농성이었다. 방에서 홀로 지내는 아들은 성주였다. 불편함도, 누구한테 지시받을 일도 없이 내키는 대로 살았다. 그러다가 갑자기 부모에게 명령을 듣자 아들은 발끈했던 것이다.

마사키는 냉정하게 분석했다. 결론을 내리자 해결의 수순이 보이는 것 같았다.

"이제 오냐오냐하지 마."

아내가 아니라 자기 자신에게 타이른다.

"저 아이도 부모 곁을 떠나 독립해야 해. 우리도 자식을 놓아 주어야 하고."

"이제 우리도 각오해야 할 때야."

엄마의 말에 유이가 고개를 끄덕였다. 세쓰코가 연락했는지 일요일 오후에 딸이 집에 왔다. 손에 들린 화과자 상자를 보고 우리 딸도 제법 유연해졌구나, 하고 마사키는 생각했다.

대학생 때는 매몰차서 어디 말 붙여볼 엄두도 낼 수 없던 딸이다. 오로지 공부 하나로 자기만의 피난처를 만들어내려는 것처럼 보였다. 그래도 엄마하고는 제법 친해서 같이 쇼핑을 다니기도 했다. 모녀는 사이좋게 이야기하다가도 마사키가 들어가면 입을 딱 닫았다.

하지만 한창나이의 딸이란 원래 이런 거겠거니 생각했고, 친구들도 비슷한 이야기를 했다.

딸과 함께 골프장에 간다는 이야기를 들어도 믿지 않았다.

지금 눈앞에서 보니 살짝 웨이브를 준 머리도 분홍빛 립스틱도 잘 어울려서 예쁘고 명랑한 딸이 되었구나 싶었다. 좋아하는 남자가 생기면 달라지는 걸까.

입가가 예쁜 것은 중학생 때 치열교정을 해주었기 때문이다. 3년간 치아를 와이어로 옥죄는 과정은 소녀에게 고통스러운 일이다. 요즘 도시 아이들은 대개 교정을 하지만 그래도 놀림을 받고는 한다. 더구나 교정 중에 유이는 안경까지 쓰고 있었다. 콘택트렌즈로 하면 좋을 텐데.

"못난이로 지낼 때는 과감하게 못난이가 돼야 한대요."

세쓰코는 그렇게 말했지만 이해가 되지 않았다. 뭐, 여학교니까 그런가 보다.

자기가 사온 화과자를 먹으며 유이는 띄엄띄엄 근황 이야기를 했다. 사귀는 남자가 인사를 오고 싶어 한단다.

"기다려 달라고 했어요."

유이가 눈길을 내렸다. 다음 말을 해야 할지 말아야 할지 궁리하는 듯했다.

"쇼타의 상태를 알게 될 거잖아요."

"아무 말도 안 했니?"

"음, 에둘러 전했다고 할까."

가만히 한숨을 짓는다.

"의대 진학을 위해 계속 재수하는 중이라고 했어요. 상당히 기가 죽어 있다고. 그이는 흔히 듣는 이야기라며 대수롭지 않게 말했지만."

"히키코모리라고 확실하게 말하면 되잖아."

"싫어요."

고개를 홱 돌려버린다. 교정 덕분에 옆에서 본 얼굴 라인이 매끈하다. 본인이 신경 쓰던 각진 하관도 상당히 개선되었다.

"동생이 히키코모리라는 말은 하고 싶지 않아요."

"이상한 말을 하는구나. 히키코모리는 요즘 일본 전국에 백만 명이나 돼. 의대 재수생보다 훨씬 흔하잖아."

"아뇨, 세상에서는 흔한 사례인지 모르지만 내가 관련되는 것

만큼은 절대로 싫어요.”

“애, 유이, 그렇게 심하게 말할 것까지는 없잖니.”

“엄마는 일단 잠자코 있어. 난 엄마 문자를 받고, 아아, 드디어 그때가 왔구나 생각했어. 그때가.”

‘그때’를 두 번 반복했다.

“이제 확실하게 결단하지 않으면 쇼타는 폐인이 되고 말아요.”

“폐인이라니, 무슨 말이니?”

“폐인이 폐인이지 뭐예요. 인간으로서 끝나버린 사람. 나는요, 업무상 상속 분쟁을 매일 보고 있어요. 요즘 제일 문제가 되는 게 폐인 형제예요. 부모님 유산을 정리하려고 해도 도무지 방법이 없는 케이스죠. 그러니 분명하게 물을게요. 아버지, 노후를 어떻게 할 생각이에요? 아직 50대라지만 슬슬 생각하셔야죠?”

딸이 하는 일이 뭐였지? 마사키는 생각했다. 손해보험회사 기획부인지 뭔지에서 일한다고 하지 않았나? 그런 직종에서는 이런 식으로 말하나?

“네 신세 질 생각 없으니 안심해라.”

발끈해서 말했다.

“앞으로 치과를 물려받을 자식도 없으니 적당한 때 문을 닫아야지. 집도 팔아서 그 돈으로 엄마랑 시설에 들어갈 거다. 너희한테 부담 주지 않을 거다. 안심해라.”

“그거 봐요. 그 정도면 해결된다 여기고 있잖아요. 쇼타 생각은 전혀 안 하네.”

"생각하고 있어. 그때는 너희들에게 얼마간 돈을 물려줄 요량
이다. 그 돈으로 어떻게든 되겠지."

"그게 안 되니까 사회문제가 된 거잖아요."

유이는 입술을 한껏 일그러뜨렸다.

"모르세요? 8050이라고. 알죠? 부모가 80살이 되어도 50살이
된 자식이 빌붙어 사는 거예요. 히키코모리 상태로 중년이 되어
버리는 거라고요. 끔찍하지 않아요? 부모 연금을 파먹고 살아요.
대개 아들이죠. 50살이 되도록 결혼도 취직도 못하고 지저분하고
볼품없는 초로의 아저씨가 되는 거예요."

이렇게 언변이 좋은 딸이었나. 마사키는 아연해서 쳐다보았다.

"왜 그런지 아세요? 부모가 오냐오냐 키워서예요. 요즘은 딸을
훨씬 엄격하게 키운다죠. 여자니까 확실하게 공부해라. 혼자서도
살아갈 수 있는 사람이 되어라, 하고 말이죠. 아뇨, 저 지금 부모
원망하는 거 아녜요. 덕분에 저도 좋은 대학 나와서 좋은 회사에
들어갔어요. 저는요, 보란 듯이 상류층으로 살고 싶다는 생각을
해왔어요. 지금대로 가면 치과 의사의 따님이고 와세다 출신이에
요. 저쪽 집안에서도 뭐라고 못해요. 훌륭한 아가씨와 사귄다며
저쪽 어머님도 좋아하세요. 하지만 쇼타의 실상이 알려지면 저는
어떻게 될까요? 즉시 밑바닥으로 떨어지는 거예요. 알겠어요?"

마사키는 믿기지 않는다는 듯이 딸의 요설을 들었다. 이 논리
가 옳은지 그른지까지는 알 수 없다. 다만 불쾌한 것은 분명했다.

"동생 하나 있다고 밑바닥으로 떨어진다는 거냐."

“당연하죠. 아버지, 히키코모리 같은 건 흔하다, 주변에도 많다고들 말하지만, 다들 그런 식으로 자위하는 거예요. 안이해요. 아무리 세상에 흔하다고 해도 이건 사고예요. 재난이라고요. 재난에는 확실하게 대처해야 한다는 게 제 생각이에요.”

“너는…….”

그제야 다시 숨을 쉬었다.

“동생이 재난이라는 냉혹한 말을 아무렇지도 않게 하는구나.”

“냉혹하나 마나, 냉정하게 생각하라고요, 아버지.”

그 ‘아버지’라는 말은 ‘고객님’처럼 들렸다.

“지금이니까 말하지만. 아니, 엄마한테는 벌써 말했지만, 쇼타 때문에 내가 얼마나 힘들었는지 아세요? 대학생 때는 친구도 집에 데려오지 못했어요. 한번은 쇼타와 길에서 딱 마주쳤는데, 얼마나 놀랐는지. 자기는 히키코모리라고 생각하지 않는지 모르지만, 평범한 사람과는 전혀 달랐어요. 에? 아버지 엄마는 모르겠다고? 햇빛을 보지 않으니 피부가 허옇고, 살이 찌진 않아도 몸에 탄력이 없어서 부들부들해요. 걸음도 이상하고. 가끔 편의점에나 갈 뿐 제대로 걸어다니질 않으니 종종거리는 걸음이 되죠. 무엇보다도 눈초리가 기분 나빠요. 주위를 제대로 둘러보질 않으니까. 나랑 같이 가던 친구가, 왠지 오싹해, 하더라고요. 절친이라고 생각했던 친구라 내가 솔직하게 말했어요. 내 동생이고 히키코모리라고. 그러자 그 아이, 어머, 힛키였어? 라면서…….”

그 대목에서 숨을 한 번 돌렸다.

"어머, 힛키였어? 한데, 그 말을 들으니 조금 안심이 되더라고요. 가벼운 애칭이 마음도 가볍게 해주잖아요. 그랬더니 그 아이, 뭐라고 했는지 아세요? 앞으로는 위험할지도 몰라. 어린 여자애한테 무슨 짓을 할지도 모른다고…… 나는 그 말을 듣고…….”

울지 않으려고 입술을 깨물며 말을 잇는다.

"이제 큰일이다 싶었어요. 내 장래가 쇼타 때문에 망가질지 모른다고.”

세쓰코가 참지 못하고 입을 열었다.

"무슨 소리를 하는 거니. 그 친구가 이상한 거지. 편견에 가득 차서 실례되는 말을 한 거잖니. 원 세상에…….”

"엄마, 엄마도 쇼타의 성생활까지 아는 건 아니잖아요.”

"얘가 무슨 얘기를.”

"쇼타도 건강한 20대 청년이라면 자위만으로 만족 못 할 수도 있어요. 나는 정말 두려워요. 그 아이가 무슨 범죄라도 저지르면 어떡하나 하고…….”

"성생활이니 자위니 하는 소리는 그만둬라.”

마사키가 화가 나서 소리쳤다. 소리라도 지르지 않으면 이 자리를 견딜 수 없을 것 같았다.

"아버지…….”

세쓰코는 엄마고 마사키는 아버지다. 예전에는 아빠라고 불렀는데.

"아버지. 우리가 폭탄을 껴안고 있는 거 아닐까요?”

“폭탄…….”

세쓰코가 중얼거렸다.

“그래요, 얼마 전에도 히키코모리 남자가 낸 묻지마 칼부림 사건을 보고, 자기 아들도 비슷한 짓을 저지를까봐 사무차관 출신 노인이 히키코모리 아들을 살해했잖아요. 그 뉴스를 듣고 오싹했어요. 쇼타 생각이 나서.”

마사키는 침묵했다. 정말로 그랬다. 가족 중에 히키코모리가 있는 사람들 중에 그 살인사건 소식을 듣고도 침착할 수 있는 사람은 아무도 없었다.

“지금까지는 좋아하는 남자가 생겨도 이 사람은 쇼타를 어떤 식으로 바라볼까 하는 생각에 늘 움츠러들었어요. 지금은 결국 그 정도의 상대였나보다, 하고 생각하지만요.”

하지만, 하고 자세를 바로 했다.

“이번만큼은 확실하게 처리하고 싶어요. 드디어 결혼하고 싶은 사람이 나타났단 말예요.”

알았다, 알았다, 하고 마사키는 말했다.

“쇼타가 방해가 된다면 아버지가 그쪽과 확실하게 이야기하마. 그럼 되겠지? 그 정도도 이해를 못하는 상대라면 너랑 결혼할 가치가 없는 거다.”

“봐요, 바로 이런 식으로 나온다니까.”

유이가 소리쳤다.

“에둘러 말하지 않고 확실하게 말할게요. 그러려고 온 거니까.”

유이가 바닥에 둔 토트백에서 팸플릿을 꺼냈다. 세쓰코가 말한 'KIGARU학교'였다.

"엄마한테 얘기 듣고 나도 업체에 대해 알아봤어요. 요즘 선전만 번지르르하게 하고 돈을 뜯는 곳이 있는데 이 업체는 제대로 하는 곳이에요. 보세요, 여기 이시이 도모야라는 운영자. 이 사람, 교육평론가로 활약하고 있어요. 자기도 히키코모리 경험이 있지만, 그 뒤 쓰쿠바대학에 입학해서 교육학을 공부했대요. 이야기에 설득력이 있어요."

그러더니 책 두 권을 꺼냈다.

『히키코모리가 일본을 바꾼다』

『히키코모리인 내가 학교를 설립하기까지』

띠지에 있는 남자는 요즘 유행을 따라 세련되게 다듬은 수염이 뒤덮은 얼굴로 미소를 짓고 있었다.

"아버지, 엄마, 이곳이라면 믿어도 되지 않겠어요?"

포스트잇을 붙인 페이지를 펴서 내밀었다.

'방에 틀어박혀 괴로워하던 시절, 나는 늘 소설 같은 이야기를 생각했습니다. 어느 날 나를 변화시켜 줄 뭔가가 나타나기를 꿈꾸었습니다. 하지만 나는 꿈 같은 이야기가 아니라 지극히 평범한 계기 덕분에 변화했습니다. 신뢰할 수 있는 사람이 나타나 다시 한번 해보자고 말해준 것입니다.'

세쓰코가 읽은 후에 말했다.

"우리도 이미 계기를 여러 번 줬어. 상담사도 만나보고 집에 초대한 적도 있고."

"그러니까 이걸 읽어봐요."

포스트잇을 붙인 페이지가 한 곳 더 있었다.

'〈그때〉가 언제 올지는 아무도 모릅니다. 내 경우는 부모님이 필사적이던 16세, 17세가 아니라 23세였습니다. 〈그때〉는 반드시 옵니다. 알아채고 행동하는 것이 최후의 기회입니다.'

유이는 책을 탁 덮었다.

"강제로라도 치료를 시작하려고 한다면서요? 그래요, 그게 좋다고 생각해요. 아버지도 엄마도 쇼타를 너무 싸고돌았어요. 집이 이렇게 좋은데 밖으로 나가고 싶을 리가 없잖아요. 마지막 기회예요. 나도 협력할게요. 쇼타를 반드시 이 집에서 내보내는 거예요. 여기 이시이 씨를 통해 쇼타를 바꾸는 거예요."

띠지의 남자를 다시 한번 보았다. 치열이 고르다. 히키코모리 시절에는 어땠을까.

'히키코모리 경험자이기에 가능한 진실한 지도!'

책 띠지에 글자가 붉은색으로 인쇄되어 있다.

'일단 전화를 주십시오. 전문 스태프가 자세히 설명해 드립니다.'

KIGARU학교 팸플릿 첫 페이지에 콜렉트콜 전화번호가 죽 나열되어 있었다. 마사키가 예전에 기대를 걸었던 기관들이 떠올랐다.

"아드님은 잠시 미로에 들어가 있는 것뿐입니다."

어느 NPO의 남성이 말했었다.

"작은 계기 하나로도 미로에서 탈출할 수 있습니다. 그렇게 되도록 돕는 것이 저희 역할이죠."

통통한 체구에 자못 성실해 보이는 그 남자는 지금 어떻게 일하고 있을까. 몇 번 집에 찾아와 설득해 주었지만 아들은 끝내 마음을 열지 않았다.

쇼타는 내뱉듯이 말했다.

"남의 귀중한 시간이나 빼앗고 말았지."

젊은 여성도 있었다. 이때는 쇼타가 방에서 나오려고 하지도 않았다. 그녀는 문 앞에 서서 끈질기게 쇼타에게 말을 건넸다.

"그래요, 나도 쇼타 군과 다르지 않아요. 중학교 1학년 때 학교에 가기가 싫어졌고, 전부 합치면 1달이나 가지 않았어요. 나는 쇼타 군 심정을 잘 알아요. 그러니 잠시 나와보지 않을래요? 저랑 이야기해보지 않겠어요?"

나중에 쇼타가 분노한 목소리로 말했다.

"목소리를 꾸며대서 토할 뻔했어."

그 뒤 얼마나 많은 일들이 있었는지. 희망이 싹트는 듯하다가도 여지없이 허탕으로 끝나기를 반복했다.

"이번이 마지막 기회라고 생각해요."

유이는 그 말을 몇 번이나 반복했다.

"엄마나 아버지나 그동안 쇼타를 너무 싸고돌기만 했어요. 나는 항상 답답했어요. 왜 방문을 박차고 들어가, 언제까지 이럴 거야, 나가서 일해. 그게 싫으면 나가버려! 라고 말하지 않을까 하고.”

마사키는 똑같은 말을 동생 레이코한테 들은 적이 있다. 아들에 대해 솔직하게 털어놓은 몇 안 되는 사람이다. 건설회사에 다니는 학창 시절 연인과 결혼하여 맞벌이로 일하면서 두 딸을 명문여대 부속교에 들여보낸 여동생은 어이가 없다는 듯이 쏘아붙였다.

“진학하지 않을 거면 나가서 일이라도 하라고 왜 말하지 않는 거야? 왜 집에서 쫓아내지 않는 거지?”

그리고 덧붙였다.

“내 딸이 저렇게 지낸다면 당장 나가라고 걷어찰 거야.”

히키코모리 자식이 없는 부모는 모두 비슷한 말을 한다. 나라면 좀 더 강하게 나간다, 아이를 떠받들지 않을 거라고.

그러나 대체 어떤 부모가 자식을 갑자기 집에서 쫓아낼 수 있을까. 기댈 사람이 없어지면 스스로 힘을 내서 날품팔이라도 시작할 거라고 생각하는 걸까? 부모에게 버림받고 절망해서 자살할지도 모른다. 아니, 그 전에 범죄에 말려들 가능성도 있다.

무엇보다 강한 인간으로 키우지 못했다는 사실은 부모가 가장 잘 안다. 밖에서 죽을까 두려워 내내 집 안에서 마음대로 지내게 했다. 그리고 아들은 20살이 되었다.

혈육인 딸도 고모와 같은 말을 하고 있다.

“왜 좀 더 강하게 나가지 않아요?”

지금 그 말에는 절실함이 서려 있다. 자기 인생이 걸려 있기 때문이다.

히키코모리 가족이라면 요즘은 드물지도 않다. 결혼할 상대방에게 그런 것까지 감추나, 하는 마사키의 말에 유이는 이렇게 반론했다. 어릴 때부터 언변이 좋은 딸이었다.

"물론 나도 언젠가는 말할 생각이에요. 하지만요, 노력하고 있다, 개선하려고 한다는 자세는 보여주고 싶은 거예요. 그렇잖아요. 저쪽 집안 부모에게, 지금까지 뭘 했냐, 오랫동안 방치한 거 아니냐는 인상을 주기는 싫어요. 어느 집에나 어두운 면은 있지만 어두운 면을 방치하는 집안이라면 역시 경멸받겠지요."

그러니까 KIGARU학교에 의지하자는 것이다. 이곳은 놀라운 취학 복귀율을 자랑한다. 상담사가 일대일로 붙어서 세심하게 지도해준다고 한다. 히키코모리 청년이 의욕을 품게 하고 향학열로 매끄럽게 연결해 간다.

대학뿐만이 아니다. 예체능계 전문학교에 진학하는 원생도 많다. 히키코모리 시절에 흥미를 느낀 게임이나 애니메이션 분야로 진출하는 경우가 많다고 한다.

하지만 비싼 학원비에 마사키는 놀랐다. 50만 엔, 70만 엔, 100만 엔 코스가 있는데, 얼마나 오래, 몇 강좌를 수강하느냐에 따라 달라진다.

쇼타가 히키코모리 생활을 시작하기 7년 전, 아니 5년 전만 해도 이런 곳은 없었다. 더 소박하게 말한다면, 예전에는 수공업 같은 느낌이었다. 요즘 히키코모리에 대한 지원은 바야흐로 하나의 비즈니스로서 체계화되고 있다. 히키코모리도 장사가 되는 아이템이다. 나쁜 일은 아니다. 재기의 방식이 다양화되었기 때문 아니겠는가, 하고 평소처럼 긍정적으로 생각하려고 하는 자신을 느낀다.

"일단 견학하러 가볼까."

"아버지만 가면 안 돼요. 쇼타를 데려가야지."

"그게 가능하면 왜 고생하겠니."

"늘 그랬잖아요. 아버지나 엄마가 먼저 가보고, 좋은 곳이네, 이곳에 보내자 하고 생각해도 당사자가 완강하게 거부하면 아무 일도 안 되잖아요."

여길 봐봐요, 라며 팸플릿을 가리켰다.

"봐요, 우선 첫 단계로 설득, 마중하기라는 것이 있어요. 이것도 자신이 있으니까 소개하는 거겠죠. 프로로서 확실하게 하겠다는 자세가 보이잖아요."

이 코스는 3만 엔이라고 되어 있다. 즉 청년을 학교로 데려가는 데만 이만한 비용이 든다.

"갑자기 불쑥 찾아와 데려가는 건 아니겠지."

"그러니까 우리도 잘 생각해야죠. 이참에 쇼타와 미래에 대해서 확실하게 이야기하는 것도 좋다고 생각해요."

"그런 얘기를 꺼내면 쇼타가 가만있지 않을 텐데."

세쓰코가 얼굴을 찡그렸다.

"안 하던 일을 하자고 하면 너무 싫어하거든. 요전에는 쇼타가 웬일로 방에서 나왔기에 그 아이 방에 들어가 창문을 활짝 열고 간단하게 청소를 했어. 그랬더니 펄펄 뛰며 화를 내고, 멋대로 이런 짓 하지 말라고 난리도 아니더라."

"아이 엄마, 아들이 화를 낸다고 일일이 겁을 내면 어떡해."

방금 말투는 여동생과 똑같다고 마사키는 생각했다.

—오빠, 그러면 안 돼, 왜 아들한테 따끔하게 말하지 않아? 왜 아들 눈치를 봐?

눈치를 보지 않으면, 아들의 심기를 살피지 않으면 도저히 한 집에서 살 수 없으니까. 히키코모리인 경우, 최대한 무시하고 없는 존재처럼 대하려 심기를 살피게 된다. 평범하게 대하려고 시도하다가는 이쪽이 정신적으로 도저히 버티지 못한다. 언젠가 아들이 뭔가 깨닫고 눈을 뜨는 날이 오면 그때 에너지를 다해서 대응하면 된다. 그렇게 오지도 않을 날을 생각하며 문제를 미루어 오다 보니 세월만 흘렀다.

그것도 이제 한계에 왔다고 유이는 단언했다.

"모르겠어요, 아버지? 쇼타도 벌써 20살이에요. 어릴 때와 달리 자기도 슬슬 초조해하고 있을 거예요. 이대로 가다가는 '폐인'이 될 테니까."

또 '폐인'이라는 단어가 나왔다. 아내와 함께 목격했던 강제 퇴거 당하는 사카모토네 아들 모습과 그 단어가 겹쳤다.

볼품없이 뚱뚱한 체구, 길게 기른 머리, 멍한 표정…….

20년이나 30년 뒤, 낡은 오오사와 치과 건물에서 끌려 나오는 쇼타의 모습을 눈앞에서 보는 기분이었다.

마사키는 지난 7년간 보고도 못 본 척했다. 최대한 시야에 넣지 않으려 노력했고, 뭔가 목격하더라도 깊이 생각하지 않으려 했다.

가령 주방에 들어갔다가 식탁 위에 남은 잔반을 볼 때가 있다. 평소라면 먼저 일어난 세쓰코가 얼른 치우지만, 무슨 사정이 있어서 마사키 눈에 띌 때도 있다.

그리고 욕실. 마사키는 아침에 목욕하는 습관이 없어서 마주칠 일은 없다. 그래도 세면대에 남아 있는 김이나 냄새, 아무렇게나 던져진 수건을 볼 때마다 불쾌감이 치밀어오른다. 이 불쾌감은 느껴본 사람이 아니면 모를 것이다.

"언제부터 올빼미가 된 거냐!"

화가 나서 소리친 적도 있지만, 정말이지 보통 일이 아니었다.

예전에 낯선 사람이 멋대로 남의 집에 들어가 몰래 살다가 적발되었다는 뉴스를 본 적이 있다. 중년 남성이 집을 비운 동안 냉장고의 식품이 줄어들어 있거나 방 안에 있던 물건의 위치가 달라져 있었다고 한다. 의아하게 생각한 그는 눈에 안 띄게 카메라를 설치해 두었다. 거기에 찍혀 있던 것은 천장에 숨어 있는 여자의 모습이었다. 그녀는 주인이 집을 나가면 바로 천장에서 내려와 멋대로 집 안을 돌아다녔다.

마사키는 정말로 오싹했다. 아들이 히키코모리 생활을 시작하고 4년쯤 되었을 때였다. 자기가 자는 동안 누군가가 멋대로 집

안을 돌아다닌다고 생각하면 당연히 불쾌할 수밖에 없다. 그 사람이 아들이어도 사정은 마찬가지다. 서로가 평소 대화를 나누며 지냈다면 그런 감정은 결코 생기지 않을 테지만.

방에서 나오지 않는 아들은 마사키에게 천장에 숨어 있는 타인과 다르지 않다.

밤중에 잠에서 깨어나면 무슨 소리가 들릴 때가 있었다. 텔레비전 소리, 냉장고 문 닫는 소리. 음식을 데우는지 냄새가 나기도 한다.

"자기도 신경을 쓰는지 최대한 소리를 내지 않으려고 하네요."

세쓰코가 애써 변호하지만 정말 그럴까?

그날 부부는 미리 짜고 밤늦도록 거실 소파에 앉아 있었다. 텔레비전도 끄고 조명도 스탠드만 켜두었다.

"슬슬 나올 시간이네."

세쓰코가 중얼거렸다. 12시가 지나 부부가 잠자리에 들면 대략 1시간 뒤에 쇼타가 방에서 나온다고 한다.

아내 말대로 복도를 걸어오는 발소리가 찰싹찰싹 울렸다. 그리고 형광등 스위치가 켜졌다…….

"어!"

쇼타가 놀라는 소리를 냈다. 당연히 놀랐으리라. 아무도 없어야 하는 거실 소파에 부모가 나란히 앉아 있었으니.

"아이씨, 식겁했네! 뭐 하는 거야."

몸을 홱 돌리는 회색 니트의 뒷모습은 완전한 성인 남자였다.

"자, 앉아라. 잠깐 할 얘기가 있다."

"며칠 전에도 그렇게 말하고 얘기했잖아."

"그때보다 더 중요한 이야기야. 거기 앉아라."

"쇼 짱, 앉아……."

세쓰코가 호소하듯이 말했다.

"그동안 저녁밥을 전자레인지에 데워줄게. 아, 오늘은 전골이니까 가스레인지에 데워야겠구나."

"아니, 됐어."

"왜? 너, 밥 먹으러 내려온 거잖아."

쇼타는 말없이 부모가 앉은 소파가 아니라 주방 식탁 앞에 앉았다. 세쓰코가 서둘러 저녁상을 차렸다. 오늘 저녁은 닭고기 쓰쿠네전골이지만, 식탁에 화로를 놓지 않고 주방 가스레인지에 데웠다.

그밖에 유채 나물에 가쓰오부시를 뿌린 반찬, 토란 조림을 놓아 주었다.

쇼타가 먹기 시작하자 마사키는 안도했다. 아들의 식사 예절이 그리 나쁘지 않았기 때문이다. 식사 예절은 어렸을 때부터 세쓰코가 귀찮을 정도로 가르쳤다.

─이 정도라면 아직 희망이 있을지도 모르겠다.

그렇다, 사카모토네 아들처럼 되기 전에 대책을 서둘러야 한다.

식사가 끝나도 쇼타는 주방 식탁 앞에 앉아 있다. 부모가 있는 소파에는 앉으려고 하지 않는다.

"뭐, 좋아. 여기서 이야기하마."

쇼타는 고개를 끄떡여주지도 않았다.

"엄마 아빠도 얼마 전에야 들었지만 유이가 조만간 결혼할 모양이야."

쇼타의 입초리가 살짝 올라간다. 축하가 아니라 흥, 하고 비웃는 것처럼 보인다.

"이제 두 아이 중에 하나가 완전히 독립하는 거지. 덕분에 엄마 아빠도 장래에 대해서 생각하지 않을 수 없구나."

며칠 전부터 생각했던 말을 조심스레 이어 나간다.

"너는 모르겠지만, 우리처럼 작은 동네 치과는 해마다 쇠퇴하고 있다. 찾아오는 환자래야 하루에 많아봤자 열댓 명 정도야. 이대로는 계속 운영하기 힘들어. 할아버지 대부터 해온 의원이고 앞으로 10년은 버텨볼 생각이었지만, 요즘 같아서는 그것도 힘들지 않을까 싶다."

절반은 엄포였다. 아들의 반응에 따라 앞으로도 10년은 운영할 생각이다. 동네 노인들을 상대하며 어떻게든 먹고살 수 있으리라.

"유이는 결혼 자금을 원하고 있다. 조만간 아파트를 구입했으면 좋겠다고 하더라. 그 심정도 충분히 이해하니까 이참에 확실하게 우리 집 재산 규모를 밝히고 유이에게 생전에 증여해줄 생각이다."

“이 집, 파는 건가…….”

그제야 반응을 보여준다. 오오, 됐다, 하고 생각했다. 엄포가 효과를 발휘하기 시작한 것이다.

“아니, 이 집을 팔고 시설에 들어가기에는 우리가 아직 너무 젊지. 하지만 치과는 가까운 시일 안에 문을 닫을지 모르니까 이쯤에서 분명하게 금전 문제를 정리해 두자는 거야.”

마사키는 정기예금 통장과 증권회사 보고서를 꺼냈다.

“이게 이 집을 제외한 우리 집 전재산이다. 작은 아파트도 있지만, 몇 푼 안 되고. 할아버지 할머니 간병을 하느라 상당히 줄었다. 그래도 아직 꽤 남아서 그리 나쁘지는 않아. 자, 좀 볼래?”

쇼타는 미동도 하지 않는다.

“여기서 1천만 엔을 유이에게 줄 생각이다. 너한테도 준다. 그러니 이 돈으로 인생을 다시 출발해 보지 않겠니? 그걸 위해서 이런 것도 준비했다.”

KIGARU학교 팸플릿을 쳐들어 보였다.

“너만 괜찮다면 이 학교 사람이 사흘 뒤에 찾아올 거다. 그리고 너를 학교로 데려가 줄 거야. 집에서 다닐 수도 있지만 아빠는 네가 기숙사에 들어가 생활하는 게 좋다고 본다. 밑으로는 12살, 위로는 35살까지 원생들이 사이타마 현에서 생활하고 있대. 아무런 제약도 없어. 각자 자기 방에서 매일 좋아하는 일을 하면서 지내도 된다. 네가 방 안에서 하는 일을 다른 장소에서 똑같이 할 뿐이지. 괜찮지 않니?”

"아, 미치겠네……."

으르렁거리는 듯한 목소리로 말했다.

"그 음란한 여자가 결혼하는데 왜 내가 집을 나가서 생고생을 해?"

"음란한 여자라니……."

세쓰코의 목소리가 떨리고 있다.

"당신들은 모르겠지만 대학생 때 당신들이 집에 없을 때 남자를 데려온 적이 있어. 대낮부터 아응아응 이상한 소리를 내고, 얼마나 꼴사납던지."

"그런……."

"취직해서 집을 나가더니 바로 그 남자랑 동거했지. 진짜 바보라니까. 게다가 그 여자, 페이스북을 하면서 온갖 사진을 올리더군. 조심성도 없어서 훤히 보이는 곳에 둘이 놀러 다니는 사진을 올려 놨어. 지금 사귀는 남자한테 들키면 어쩌려고 그러는지. 웃기지도 않아. 그 여자 때문에 왜 내가 쫓겨나야 하는데. 엉!"

뭔가 잘못되었다고 생각하며 마사키는 눈을 감았다. 전에도 난폭하게 말하고 물건을 걷어찬 적은 있다. 하지만 이토록 저열한 저주를 뱉은 적은 없었다.

지금 눈앞에 있는 인간은 아들이 아니다. 천장에서 기어 내려온 낯선 자다.

"나를 쫓아내겠다고? 지금 나를 갖고 놀자는 거야? 그 여자가 결혼하든 말든 나랑 무슨 상관이야!"

그 사찰은 요쓰야 역 근처 신주쿠도리에 있었다.

차를 타고 지나다니면서도 여기 사찰이 있는 줄은 몰랐다. 문은 크지 않지만 건물 뒤쪽에 묘지가 넓게 자리 잡고 있다.

분향 대기열은 길지 않아 순서는 금방 돌아왔다. 세쓰코는 커다란 영정을 향해 허리를 깊이 숙였다.

액자 속에서 노인이 온화한 표정으로 미소를 짓고 있다. 상사였던 네모토 가쓰지가 나흘 전 타계했다. 통야에 참석하려고 했지만 아들 문제 때문에 엄두가 나지 않았다. 뒤늦게 정신을 가다듬고 고별식에 참석하기로 했다.

네모토에게는 정말로 많은 신세를 졌기 때문이다.

결혼 전 세쓰코는 자동차 제조사의 비서실에 근무했다. 네모토는 당시 비서실장이었다.

여대를 졸업한 세쓰코는 미약하나마 부모 연줄도 있던 제조사에 별 생각 없이 취직했다. 당시 자동차 산업은 경제의 꽃이어서 급여와 대우가 좋았다.

입사 후 연수를 받고 닷새간의 합숙이 끝나자 비서실로 가라는 명을 받았다. 나중에 듣기로는 몇 년 주기로 신입사원 중에 예쁘고 눈치 빠른 여성을 비서실로 배치하는 관례가 있다고 했다.

사장 비서는 남자 직원이 담당하지만 세쓰코는 전무의 비서 셋 중 한 명이 되었다. 그 밖에도 부사장이나 상무의 비서가 있었다.

비서실에 들어간 세쓰코가 제일 먼저 들은 말은,

"꼭 필요한 경우가 아니면 다른 부서 직원과 어울리지 말 것"

이었다. 보안을 위해서였다.

직원 식당은 비서실 동료들과 함께 이용했다. 그때마다 모두들 이쪽을 쳐다보는 시선이 느껴졌다.

'비서실 직원'은 다른 직원과 전혀 다르다. 미모나 매너, 가정환경 등을 두루 겸비한 엄선된 여성들이다.

네모토는 당시 50대 중반이었지만, 안쓰러울 정도로 머리가 벗겨져 있었다. 하지만 외모가 '수완가'의 날카로움을 순화시켜 주어서 주변 평판이 좋았다. 상냥하고 관대하여 부하들의 존경을 받았다. 세쓰코에게 골프를 가르쳐준 사람도 그였다.

물론 상사와 단둘이 간 적은 없다. 그가 '아씨'라 부르던 비서실 여성 직원 두 사람과 함께였다.

그 시절 동료 직원이었던 오노 나쓰코를 장례식장 접수대 옆에서 발견했다. 미혼 때보다 통통해지긴 했지만 동그랗고 커다란 눈은 여전했다. 옛 동료와 어울릴 기분이 전혀 아니어서 출관까지 기다리지 않고 바로 돌아서서 나가려고 하는데 저쪽에서 알아채고 말았다.

"노노무라 씨 아냐?"

상대가 결혼 전 쓰던 성으로 부르니 돌아다보지 않을 수 없었다.

"어머, 오노 씨. 오랜만이에요."

장소가 장소인지라 살짝 미소를 지으며 목례했다. 이 정도 선에서 넘어갈 줄 알았는데 상대방은 의외로 집요했다.

"노노무라 씨, 오랜만이네. 이게 몇 년 만이야."

"사이카와 씨 결혼식 때 마지막으로 만났으니까 벌써 20년 이상 됐네요."

"20년이나!"

나쓰코가 말끝을 길게 늘인다. 말투는 달라지지 않았다. 당황할 때나 감격할 때면 입을 멍하니 벌리곤 해서 귀여웠는데, 같은 표정을 지으니 지금은 입가에 깊은 주름이 잡힌다. 단대를 졸업한 그녀는 세쓰코보다 3살 위였다.

"괜찮으면 차라도 마시러 갈래요?"

"그럴까요……."

썩 내키진 않았다. 아들이 등교 거부와 히키코모리의 길에 들어서면서 나쓰코도 친구와 점점 멀어졌다. 동창회 같은 모임에는 늘 불참 답변을 보냈다.

"근처에 차를 마실 만한 데가 있을까? 도토루커피밖에……."

짐짓 말끝을 흐렸다.

"아예 택시 타고 뉴오타니까지 갑시다. 거기라면 느긋하게 쉴 수 있으니까."

나쓰코는 맞선을 통해 자영업을 하는 남자와 결혼했다. 아사쿠사에서 유서 깊은 불구점인지 불단가게인지를 하는 사람이라고 한다. 세쓰코가 퇴사한 뒤여서 피로연에 초대받지 못했지만, 연예인도 참석하고 키야리우타_{축제일에 부르는 전통적인 노동요} 합창도 울려퍼지는 화려한 예식이었다고 들었다.

나쓰코를 보았다. 검은 코트도 고급스럽고 목걸이의 진주도 일등급이었다. 비싼 호텔 커피값 따위 신경도 쓰지 않는 여자가 늘어놓는 자기 자랑을 들어줘야 하나 생각하니 망설여졌지만, 어느새 나쓰코가 팔을 잡으며 다른 한 손으로 재빨리 택시를 세웠다.

"진짜 오랜만이에요. 돌아가신 네모토 씨가 만나게 해주셨나 봐. 두 사람이 느긋하게 쌓인 회포나 풀라고."

다분히 연극적인 말투에 세쓰코는 사양할 마음을 잃고 말았다.

오전 시간대 커피하우스는 한산했다.

"가능하면 구석 쪽 테이블을 잡아주시겠어요?"

점원에게 능숙하게 요구하는 모습은 전형적인 사모님이었다.

커피가 나왔다.

"온 김에 케이크도 주문할래요? 여기 케이크가 맛있거든."

"저는 됐어요……."

"그래요, 노노무라 씨는 여전히 날씬하고 예쁘네."

아, 저도 됐어요, 하며 웨이터에게 손을 저어 보였다.

"장례식에서는 다들 똑같이 까만 옷을 입으니까 늙었는지 정정한지, 여전히 예쁜지 할머니가 되었는지 바로 구분이 된다니까."

"그런가요?"

"그렇다니까요. 봤죠, 하마다 씨?"

비서실 선배 이름을 꺼냈다.

"머리도 하얗고 푸석푸석하고, 처음엔 대체 어디 사는 노파인가 했다니까."

여기 오기 전에 미용실에 다녀오길 잘했구나 하고 세쓰코는 생각했다. 착하고 얌전한 아들이 얼마 전 처음으로 폭력을 휘둘렀다. 식탁 위에 있던 물건을 쓸어버리고 의자를 걷어찼다. 그런 행동이 시작되면 다음 단계로 부모에게 주먹을 휘두르는 사례가 많다고 책에는 씌어 있다. 특히 폭력은 부친이 아니라 대개 모친을 향한다.

그 생각을 하면 한없이 침울해지고 만다. 외출할 마음도 들지 않는다. 오늘은 신세를 많이 졌던 사람의 장례식이어서 참석하지 않을 수 없었다. 하지만 역시 내키지 않아서 어떻게든 기운을 내보려고 미용실에 들러 샴푸와 드라이를 했다. 잘한 것 같았다.

미용실은 묘한 곳이어서, 남이 머리를 감겨주고 만져주면 어느새 개운해진다. 거울 속 자기 표정이 몰라보게 밝아지는 변화를 느낄 수 있다.

"반면에 노노무라 씨 좀 봐. 변함없이 예쁘잖아요. 예전이랑 하나도 달라진 게 없어. 깜짝 놀랐다니까."

옛 여성 동료의 말도 미용실과 마찬가지로 효험이 있는 것 같다.

"아니에요. 완전히 아줌마가 됐는걸요. 내가 봐도 싫다니까요."

"천만에. 아, 총무과 무로타 씨 봤죠?"

"네, 목례만 했어요."

"거기서 남자들이 수군대더라고. 노노무라 씨는 변함없네, 여전히 미인이야 하고."

"빈말이겠죠."

남자들의 평가가 이토록 기쁠 줄은 생각도 못했다. 세쓰코는 표정을 유지하려고 애썼다.

"역시. 치과 의사 사모님이라 고생 모르고 사니까 이렇게 다르구나 싶더라고요."

"천만에요."

손을 크게 내둘렀다.

"동네 치과라서 볼품없어요. 남편도 대형 병원에 밀린다며 한숨 쉬는 날이 많고…….”

"우리도 그래요. 요즘 텔레비전에 요란하게 광고 때리는 대기업한테 휘둘리고 있거든요."

"맙소사."

"정말 그렇다니까요…….”

두 사람은 조용히 커피를 마시며 무슨 얘기를 할까 상대를 탐색했다. 결국 나쓰코가 먼저 포문을 열었다.

"아이들은 다 컸죠?"

"딸은 벌써 회사에 다녀요."

"노노무라 씨 따님이라면 머리가 좋잖아요."

어느 대학을 나왔는지 에둘러 묻는다.

"와세다예요."

"어머, 역시!"

나쓰코가 잔을 내려놓았다.

"일류 대학 나와서 번듯한 직장에 다니고, 너무 부럽네요. 거기에 대면 우리 집은 최악이네. 겨우 들어간 삼류대학도 2년 만에 때려치우고 빈둥거리고 있으니."

"네……?"

대뜸 이런 고백을 할 줄은 생각도 못 했다.

"1년 재수하고도 다 떨어져서 지방에서 겨우 한 곳 찾아냈어요. 편차치가 아예 없는 대학. 몇 등급인지 판정도 할 수 없는 곳이에요. 그래도 보냈어요. 뭐라고 해야 하나, 못난 아이들이 여기저기 헤매다 모인 곳이라고나 할까. 머리가 많이 모자란 애들뿐인가 봐요. 뭐, 우리 애도 별 볼 일 없는 수준이지만, 자기보다 훨씬 처지는 아이들에게 염증이 나서 1학년 끝날 때쯤에는 거의 나가지 않다가……."

"그랬어요?"

"하지만요, 도쿄로 돌아올 마음도 없나 봐요. 매월 용돈은 부쳐주고 있어요. 못난 아들 때문에 대체 내가 그동안 뭘 한 건지. 안 보는 게 마음 편해요."

"그랬군요."

대꾸할 말이 없었다. 우리 집도 심각해요, 라는 말이 튀어나오려는 것을 꾹 참고 있다.

"시부모가 같이 살아서 더 힘들어요. 외손주가 그렇게 된 것도 며느리 탓이라고 매일 궁시렁궁시렁."

“그래도 오노 씨 댁은 번듯한 가게가 있잖아요. 언젠가는 물려줄 테니까, 뭐 어디 취직할 것도 아니고.”

“근데 그게요, 노노무라 씨, 참 대책 없는 아들이에요. 아무리 작은 불단가게라도 점원이 열 몇 명이나 돼요. 그런 모자란 아들을 점원들이 따르겠어요?”

“일해보기 전에는 알 수 없지 않을까요?”

“노노무라 씨, 걔가 그냥 바보가 아니거든요. 얼마나 여자를 밝히는지 몰라요. 즈이 아빠랑 똑같아.”

내뱉듯이 말했다.

“물론 지방에서 특별히 할 일이 없다는 건 알아요. 하지만 같은 과 여자애랑 동거하다가 임신까지 시켜 버렸지 뭐예요.”

“세상에.”

“우리도 얼마나 당황했는지, 이리됐으니 결혼시키는 수밖에 없겠다고 생각했어요. 한데 아들은 전혀 그럴 마음이 없는지 낙태를 시켰다가 상대방 부모가 알아서 난리가 난 거예요. 그때는 정말 미치겠더라고요. 그 뒤 업소 여자한테 빠져서, 우리 카드로 왕창 카드론을 썼더라고요. 변호사 고용해서 해결하느라 힘들었어요.”

“그런 일이…….”

“부끄럽네요. 간만에 만난 노노무라 씨한테 이런 얘기나 하고. 달리 얘기할 사람이 없어서 말이죠. 동네 사람에게 이야기하면 온 아사쿠사에 금방 소문이 날 테고. 나 혼자 속에 품어두는 수밖에 없죠."

"그 심정 알죠."

저도 모르게 흘러나왔다. 이제 막을 수도 없다.

"우리 집도 그래요. 동네에 소문이 나면 어쩌나 하는 생각뿐이에요."

"네? 훌륭한 따님이잖아요?"

"아들이 하나 있어요. 20살이 되었는데, 내내 히키코모리로 지내요."

"세상에, 그랬어요……?"

나쓰코는 친근한 목소리로 말했다. 세쓰코가 늘 갈구하던 따뜻함이었다.

"히키코모리, 요즘 많잖아요. 여기저기서 들었어요."

"막상 당사자가 되고 보니 너무 힘드네요. 아무리 일본에 백만 명 이상 있다고 해도 그 중에 하나가 내 집에 있다는 것은, 정말 괴로워요."

"그야 그렇겠죠. 아들이 어릴 때는 신문이나 텔레비전에서 중퇴자나 히키코모리 뉴스를 볼 때마다 나하고는 관계없다, 나는 제대로 키울 거다 생각했는데, 그게 아니었네요."

"네, 맞아요."

어느새 흘러나온 눈물을 세쓰코는 중지로 닦아 냈다.

"히키코모리가 있는 집은 아마 부모나 가족에게 문제가 있을 거다. 엄마가 강압적이고 신경질적일 거다. 아빠가 변변치 못할 거다, 라는 식으로 생각해 왔어요. 하지만 우리 부부는 뭐 하나 나쁜 일을 한 적이 없어요. 자식을 의대에 들여보내려고 노력한 게 잘못된 일일까요?”

“그게 뭐가 잘못이에요.”

“남편은요, 앞으로 치과 의사로는 먹고살기 힘들지만 의사라면 걱정이 없다고 해요. 집을 팔아서라도 아들을 의대에 들여보내야겠다고 생각하는 거, 나쁜 일 아니잖아요.”

“당연하죠.”

“학교에 보낸 것도 강요가 아니었고, 스파르타식인지 뭔지를 시킨 적도 없어요. 중학교 입시를 준비하면서 조금씩 조금씩 그쪽으로 유도하려고 했을 뿐이죠. 물론 다소 심한 말을 한 적이 있을지는 모르지만, 엄마로서 당연한 일이잖아요.”

“그럼요. 그렇구나…… 노노무라 씨도…….”

나쓰코는 벌써 몇 번이나 깊은 한숨을 지었다.

“아무 어려움 없는 치과 의사 사모님이구나, 여전히 젊고 예뻐서 좋겠다고만 생각했는데, 아니었군요.”

“그래요, 전혀 아니죠.”

“노노무라 씨, 아사쿠사의 우리 집 근처에는 와세다나 게이오에 자식을 보낸 집이 수두룩해요. 내력 있는 집안일수록 교육열이 높거든요. 우리 남편 역시 그래 봬도 메이지 출신이에요. 그래서 시부모 잔소리가 심한 거예요. 왜 아들을 제대로 키우지 못하느냐는 거죠. 하지만요, 노노무라 씨, 자식의 됨됨이는 뽑기 같은 거라고 생각하지 않으세요?"

"맞아요."

"어느 집이든 몇 번은 꽝을 뽑을 수밖에 없어요. 아무리 반듯하게 키우려고 해도 어긋나게 마련이죠."

"정말 그래요."

"우리는 어쩌다 꽝을 뽑고 만 거죠. 이건 누구 탓도 아니고 원인을 찾아봐야 어쩔 수도 없는 거라고 생각하기로 했어요. 하지만 아무리 꽝을 뽑았다고 해도 우리가 그 응모권을 바로 버리지는 않잖아요. 꽝은 또 꽝 나름대로 도리를 다해야죠. 그게 부모의 소임이겠죠."

"오노 씨, 저, 왠지 위로받은 기분이에요."

"노노무라 씨 댁은 따님이라는 보배가 있으니까 그걸 귀하게 여기세요. 알았죠?"

그 보배의 가치를 지키기 위해 지금 가족이 힘겨운 국면을 맞고 있지만, 거기까지 시시콜콜 이야기할 시간이 지금은 없었다.

"저어, 라인 하시죠?"

나쓰코가 검은 백에서 스마트폰을 꺼냈다.

"앞으로 종종 얘기하며 지내요."

"제가 아날로그 인간이라서 아직 구식 폴더폰을 쓰고 있어요."

세쓰코는 스마트폰으로 교체할 생각도 없고 필요도 느끼지 못했던 지난 7년간을 떠올렸다.

"그럼 그냥 문자로 해요."

두 중년 여성이 핸드폰 자판을 두드렸다.

"오늘은 노노무라 씨를 만나서 좋았어요. 용기 내서 말걸길 잘했네요."

"저도요. 오노 씨를 만나서 정말 좋았어요."

"이것도 다 돌아가신 실장님이 주선해 주신 거겠죠. 정말 감사한 일이에요."

자연스럽게 합장하는 모습이 자못 불단가게 사모님다웠다.

KIGARU학교 사무소는 에비스 역 로터리 맞은편에 있었다. 뜻밖에 입시학원 바로 옆이다.

대학 합격자 인원을 크게 써 붙인 간판과 경쟁하듯이 KIGARU학교라는 고딕 글자가 걸려 있었다.

작은 빌딩 문을 열자 오른쪽에 사무실이 보인다. 젊은이 네 사람이 컴퓨터 앞에 앉아 있다. 이름을 말하니 마사키와 세쓰코를 바로 앞쪽 사무실로 안내해주었다. 4평쯤 되는 사무실에 운영자 이시이 도모야가 앉아 있었다. 회색 니트에 데님 차림이다. 홈페이지에 47세로 소개되어 있지만, 더 나이 들어 보인다. 날씬한 체형에 세련된 수염이 얼굴 절반을 뒤덮었다. 미소를 짓자 의외로 하얀 치열이 보인다.

"어서 오십시오."

소파가 아니라 책상 앞 접이식 의자에 앉았다. 젊은 여성이 스스럼없이 페트병 차를 놓고 갔다. 자상한 배려가 느껴지지 않는 분위기에 오히려 마음이 놓였다.

"처음 뵙습니다. 오오사와라고 합니다."

명함에는 원장이라고 적혀 있다.

"오늘은 진료하지 않으셔도 괜찮습니까?"

"별로 바쁘지 않은 동네 치과라서요."

자조 섞인 투로 말하고는 입을 연 김에 아들을 의대에 진학시키려 중학 입시를 준비시켰는데 입학 후 등교 거부에 이르게 되

있다는 사연을 털어놓았다.

"중학교 2학년 때였군요. 아이들이 문제를 일으키는 시기는 대개 그 또래죠."

자신도 알고 있다는 뜻으로 세쓰코는 고개를 끄덕였다.

"14살. 아동기의 종언이고 성인기의 시작이죠. 호르몬 균형이 변화해서 감정을 뜻대로 조절하지 못합니다. 옛날 사람들은 알았을 거예요. 14살은 일단 죽었다가 다시 태어나는 나이라고도 했으니까요. 그래서 관례라는 의식을 치른 겁니다. 남자아이에게 이제 성인이 되었다는 자각을 일깨운 겁니다."

이시이의 말투가 너무 매끄러워 마음에 걸린다. 아마 강연에 익숙한 듯하다.

"이렇게 말하는 저도 실은 14살 때 사고를 쳤습니다. 서점에서 책을 훔쳤어요. 용돈도 충분하고 별로 갖고 싶던 책도 아니었는데 훔치지 않을 수 없었던 겁니다. 부모님께 엄청나게 혼났죠. 하지만 반성은커녕 다음에는 스쿠터를 훔쳐 타고 달리다가 벽에 박아버렸어요."

"세상에."

"꼭 오자키 유타카ㅤ26세에 요절한 80년대의 인기 가수. 많은 문제를 일으켜 고등학교를 중퇴한 이력이 있다 같았죠. 그런 짓이라도 하지 않으면 마음속에 부글거리는 덩어리를 처리할 수가 없었거든요. 그대로 등교를 거부하고 5년간 히키코모리로 살았습니다. 그래서 저는 아드님의 심정을 잘 압니다."

이시이는 책상 위로 시선을 향했다. 마사키가 미리 써 보낸 쇼타에 관한 설문지다.

"두 분이 잘 하셨더군요. 명문 중학교에 합격했으니 머리는 좋은 게 틀림없고요. 쇼타 군은 머리가 좋으니까 어른의 거짓말도 바로 간파할 겁니다."

"우리가, 거짓말을 했다는 건가요?"

세쓰코가 가만히 말했다.

"아뇨, 그런 뜻은 아닙니다. 교사가 거짓말쟁이라는 말도 아니고요. 어른은 모두 기만으로 가득 차 있다고 생각한다는 겁니다. 그게 바로 인생의 모략이죠. 그렇게 함정에 빠집니다."

비슷한 이야기를 이미 수십 번 들었다. 우리가 알고 싶은 부분은 원인이 아니다. 좋아질 수 있는가 아닌가. 좋아지려면 무엇을 해야 하는가.

그러자 마사키의 심중을 꿰뚫어 본 것처럼 이시이가 문득 말투를 바꾸었다.

"저희는 말이죠, 조만간 제2의 V고등학교가 되고자 생각하고 있습니다."

"V고등학교요?"

몇 년 전 대형 출판사와 IT기업이 설립한 통신제 고등학교 이름이다. 인터넷 고등학교로서 큰 주목을 받았다.

"처음에는 히키코모리를 위한 학교라는 말을 들었죠. 히키코모리는 컴퓨터나 스마트폰을 아주 좋아하니까 그런 디지털 기기를 이용하는 수업이라면 받아들일 거라 보고 창립했거든요. 그런데 요즘 인기 있는 학교가 되어서 유명인도 다닙니다.”

“처음 듣는 얘기네요.”

“유명 피겨스케이트 선수나 모델도 등록했더군요. 정말로 하고 싶은 게 있는 아이들이 그 학교에 다니는 겁니다. 대학 진학율도 높아지고 있습니다. V고등학교에서 도쿄대 합격자가 나올 날도 머지않았다고 할 정도니까요. 마찬가지로 성공한 지방 고등학교도 몇 군데 있습니다.”

그렇지만 말입니다, 라며 이시이는 이야기를 계속했다.

“V고등학교에서 공부할 수 있는 아이들보다 더 심각한 아이들을 저희는 받아들이려 하는 겁니다. 컴퓨터로 수업에 참여할 기력조차 없는 아이들 말입니다.”

바로 쇼타로구나, 마사키는 생각했다. V고등학교 창립 뉴스를 들었을 때 이곳에서 재기할 수 있을지 모른다고 생각해서 신문이나 잡지에서 스크랩한 기사를 문 앞에 놓아두기도 했지만 아무 반응이 없었다.

그때까지는 아들과 대화가 완전히 단절되기 전이어서 세쓰코도 권해보았지만,

“관심 없어.”

라는 한 마디뿐이었다.

“아직 때가 아니었던 겁니다.”

이시이는 고개를 끄덕였다.

"지금 20살이죠. 쇼타 군도 초조하고 조급한 마음이 생겨나고 있을 겁니다. 히키코모리에게는 두 종류가 있어요. 재기하지 못하고 히키코모리로 중년이 되는 사람."

사카모토 가의 아들 모습이 떠오른다. 모친 사후에도 혼자 집 안에 칩거하던 남자. 생기 없는 허연 얼굴. 통통하다기보다 부은 듯한 몸매. 그 후 그는 대체 어디로 갔을까.

"또 한 사람은, 당연한 일이지만, 재기할 수 있는 아이, 재기하는 정도가 아니라 리벤지할 수 있는 아이입니다. 정말 희귀한 케이스지요."

"하지만 KIGARU학교에서 대학에 합격한 사람이 많다고 팸플릿에 나와 있던데요."

세쓰코 목소리에 의혹이 배어 나온다.

"희귀한 사례니까 대대적으로 쓴 겁니다. 어쨌거나 허위는 아니니까."

이시이는 솔직하게 말했다.

"시간과 돈이 드는 것도 사실입니다. 저는 처음에 NPO로 출발했습니다만, 이 일은 도저히 자원봉사로 계속할 수 없다는 걸 깨달았습니다. 우수한 학생을 모으는 데도 돈이 듭니다. 그런데 어렵게 집에서 걸어 나온 아이들에게 가장 큰 힘이 된 게 무엇이었을 것 같습니까? 저는 이것저것 시행착오를 거친 끝에 아이들이 흙을 직접 만질 때 가장 크게 달라진다는 사실을 알게 되었습니다."

이시이는 후후, 하고 가만히 웃었다. 이런 모습도 다분히 연극적이다.

"우선은 밭일을 시킵니다. 밭을 일구는 단계는 힘들어서 시키지 않습니다. 무나 감자를 수확하게 하죠. 그러면 아이들이 아주 기뻐합니다. 고등학생도 신이 나서 합니다. 그다음에는 도예를 시킵니다. 물레를 돌리게 하는 거죠. 여기까지 따라오면 거의 다 된 겁니다. 그다음은 이곳!"

사진 파일첩을 보여주었다. 포도 시렁 밑에 있는 청년들이었다. 소년이라기보다 청년이다.

"저희가 야마나시의 와이너리에 부탁해서 몇 명씩 보내고 있습니다. 20살을 넘긴 상당히 개선된 원생들이죠."

이제야 비로소 원생이라는 말을 사용했다.

"포도 수확부터 와인 양조까지 일을 돕다 보면 대부분의 원생이 흥미로워합니다. 이 단계까지 오면 된 겁니다. 마지막에 선배와 대화하는 시간을 갖습니다."

그 대목에서 다시 웃었다.

"잘 아시겠지만, 요즘 상당수 대학이 면접 입시를 도입하고 있습니다. 제법 많은 연예인이 명문 사립대에 입학하는 것도 그 때문이죠. 이런 입시에서는 히키코모리를 경험한 원생이라는 점이 유리하게 작용합니다. 우리는 소논문 작성과 면접 요령을 철저하게 가르칩니다. 아시겠죠? 나는 이렇게 해서 재기했다, 힘겨운 경험을 한 만큼 여기서 공부하여 훗날 사회에 도움이 되는 사람이 되고 싶다는 식으로. 이런 모습에 마음이 활짝 열리지 않는 면 접관은 없죠. 우리는 히키코모리라는 점을 유리한 소재로 바꿔놓는 겁니다. 이게 가능한 곳은 저희뿐입니다."

부부는 동시에 고개를 끄덕였다. 세쓰코의 목울대가 꿀꺽 소리를 냈다. 이곳이다, 그래, 바로 여기야, 우리가 찾던 곳은.

"쇼타 군처럼 머리 좋은 아이는 계기만 주어지면 됩니다. 20살. 좋은 나이 아닙니까? 슬슬 걸어 나와도 괜찮을 때입니다."

다시 한번 말했다.

"저희가 기회를 만듭니다. 맡겨만 주십시오, 라고 장담하지는 못하지만, 믿어주십시오."

마사키는 그 자리에서 신청서에 사인했다. 기숙사는 힘들 것 같아서 통학 코스를 선택했다. 우선은 '마중'이라는 옵션에 동그라미를 그렸다.

늦봄이라기보다 초여름이라고 해야 어울릴 햇살과 바람이다. 세쓰코는 아침부터 현관을 정성 들여 청소하고 있다. 이제 곧 '마중' 담당 두 사람이 방문할 예정이기 때문이다.

설득이 길어질 때를 대비하여 과자도 사 두었다. 다만 이시이는 말했었다.

"1시간이 한계입니다. 넘기면 효과가 없어요. 철수했다가 다시 방문하게 됩니다."

약속한 2시가 되자 인터폰이 울렸다. 문을 열자 두 젊은이가 서 있었다. 한 명은 재킷, 한 명은 점퍼 차림이었다. 색조 배합이 매우 좋다. 머리도 유행하는 스타일이다.

"안녕하세요. KIGARU학교의 마쓰시타입니다."

"후지와라입니다."

"어서 오세요, 잘 오셨어요."

세쓰코가 슬리퍼를 권했다.

두 젊은이는 소파에 앉았다. 마쓰시타가 재빨리 주위를 훑어보았다. 폭력의 흔적은 없는지 확인하는 것이다.

쇼타가 처음 폭력을 휘두른 게 벌써 2달 전 일이다. 테이블 위의 물건을 쓸어버리고 의자를 걷어차는 정도였다. '정도'라고 하면 이상한 말이지만, 나중에 책을 읽고 이시이의 설명을 들으니 제대로 된 폭력이란 그 수준이 아닌 듯하다. 금속 배트나 식칼을 휘두르는 일도 결코 드물지 않다고 이시이는 말했다.

"감정을 배출할 대상이 부모밖에 없는 겁니다. 응석을 부리는 거죠."

아들이 식칼을 들이댄다고 생각하니 마사키는 오싹했다. 정말 살해당하는 일은 없겠지만 얼마나 한심하고 두려운 일인가.

"쇼타 군은 위층에 있군요."

세쓰코가 내온 우롱차를 마시며 후지와라가 위쪽을 올려다본다.

"네, 낮에는 거의 나오지 않아요."

"이렇게 쾌적한 집이라면 계속 집 안에 있고 싶은 심정도 이해가 갑니다."

두 사람은 얼굴을 마주 보며 산뜻하게 웃었다. 그 표정에는 아무런 작위도 없었다. 대체 어떤 훈련을 받으면 이런 미소를 지을 수 있을까 하고 마사키는 바라보았다.

"그럼 실례합니다."

두 사람은 소파에서 일어나 계단을 올라갔다. 뒤를 따라가려고 하자,

"아버님 어머님은 여기서 기다려주십시오."

하고 말렸다.

마사키와 세쓰코는 주방 식탁에 앉았다. 위층에서는 청년들이 뭐라고 말하는 소리가 들린다. 밝은 말투가 여기까지 전해졌다. 마사키는 우롱차를 꿀꺽 마셨다.

"이게 마지막 기회라는 말은 아닙니다."

이시이는 여러 번 말했었다.

"마음을 굳게 먹고 해야 합니다. 초조해해서는 안 됩니다. 20살은 좋은 나이예요. 이때를 놓치면 안 됩니다."

좋은 나이란 어떤 나이일까. 쇼타의 내면이 성숙해졌다는 말이라고 이시이는 설명했다.

"괜찮은 느낌으로 풀릴지 어떨지는 앞으로 반년에 달려 있습니다."

청년들 목소리가 똑똑히 들렸다.

"그럼 쇼타 군, 다음에 또 오겠습니다."

"얘기할 수 있어서 즐거웠어요."

얘기라니, 그들과 대화를 했단 말일까?

거실로 돌아와서도 그들은 표정이 무너지지 않았다. 살짝 들린 입초리에 미소의 흔적이 남아 있다.

"저어, 그 아이랑 이야기를 하신 건가요?"

세쓰코가 주저주저 물었다.

"뭐, 어렵게 이메일 주소는 알아낼 수 있었습니다. 앞으로는 이메일로 대화해 볼까 생각합니다."

"다시 오겠습니다."

두 사람을 배웅한 뒤 부부가 마주 앉았다. 아무것도 한 일이 없는데 몹시 피곤했다.

"마중이라니, 정말 잘 될까요?"

"알 수 없지만 지금은 여기에 걸어보는 수밖에."

그때였다. 쿵쾅거리는 커다란 소리가 들렸다. 계단을 내려오는 소리다. 쾅, 소리를 내며 문이 열렸다. 저지에 데님을 입은 모습으로 쇼타가 서 있었다.

지금까지 본 표정 중에 가장 험악하다.

마사키는 그렇게 판단했다. 이쪽을 노려보는 눈이 충혈되어 살기를 풍긴다. 입술이 희미하게 떨리고 있다.

"늬들, 대체 무슨 짓을 하려는 거야!"

주눅이 들면 안 된다. 마사키는 마음을 단단히 먹었다.

"무슨 짓이라니, 너에게 아주 좋은 학교를 찾았다. 그곳에 가면 어떨까 한다."

"그럴듯한 말로 나를 몰아낼 셈이지. 그 음란한 여자 얘기에 홀딱 넘어가서 날 쫓아내려는 모양인데 쉽지 않을걸."

"쇼타, 이제 그만해!"

마사키가 소리쳤다. 아직은 아들보다 크고 박력 있는 목소리를 낼 수 있다고 생각했다.

"너도 벌써 20살이야. 언제까지나 이렇게 지낼 수는 없잖아. 그래서 생각한 거다."

아니, 하고 말을 고쳤다.

"함께 생각해보자는 거다. 네 장래를."

"시끄러!"

쇼타는 옆에 있던 나무의자를 번쩍 들어 올려 세쓰코를 향해 내리쳤다. 졸지에 벌어진 일이라 막을 수도 없었다. 쓰러진 세쓰코를 향해 다시 의자를 번쩍 쳐들었다.

"씨팔, 닥치라고. 이 아줌마야, 장난하지 말라고 했지!"

마사키가 뒤에서 팔을 붙들었지만 아들은 의외로 강해서 이내 놓쳐버렸다.

"이 꼰대 새끼, 내 몸 건드리지 마!"

"그만둬!"

다시 번쩍 쳐든 의자를 마사키에게 향했다.

"시끄럽다고! 날 쫓아내겠다고? 장난하냐!"

"쫓아내려는 게 아니야. 그냥—"

내려오는 의자를 중간에 막으며 아들의 팔뚝을 있는 힘껏 쥐었다. 쇼타가 팔이 아파 놓아버린 의자를 피하며 팔을 뒤로 비틀었다.

"아파! 아프다고!"

쇼타가 소리쳤다. 팔뼈가 부러져도 어쩔 수 없다는 듯이 비틀어 올렸다.

"대체 뭐냐? 뭐가 널 이 지경으로 만든 거야?"

"복수야!"

쇼타가 외쳤다.

"복수하고 싶어!"

"복수."

대체 누구를 향한 복수라는 걸까. 우리에게 폭력을 휘두르는 걸 보면 부모를 향한 복수인가.

"누구에게 복수하고 싶은 거냐."

마사키가 외쳤다.

"우리냐?"

쇼타는 대답하지 않은 채 등을 돌렸다. 천천히 거실을 나가려고 한다.

"잠깐."

마사키가 어깨를 잡았다.

"너, 엄마한테 사과해. 엎드려 죄송하다고 해!"

얼마 전부터 폭력이 시작되었지만 식탁 위 물건을 쓸어버리는 정도였다. 부모에게 손을 댄 것은 처음이다. 마사키의 충격은 컸다. 지금까지 다양한 책에서 부모에게 주먹을 휘두르거나 발길질하는 아이의 일화를 읽어왔지만 자신과는 거리가 먼 일로 여겼는데.

방금 여기서 분명히 일어났다. 아들은 의자를 두세 번이나 엄마에게 던지려고 했다.

"엄마한테 사과해."

다시 한번 말했다. '엄마'라는 말에 힘을 주어서. 너를 그토록 사랑하고 걱정하는 엄마, 그 엄마에게 폭력을 휘두른 것이다.

얼마나 심각한 일인지, 아직은 알고 있겠지.

부디, 그 정도는 아는 인간이기를. 지금이라면 늦지 않다. 제발 죄송하다고 하렴…….

쇼타가 돌아다보았다. 그 눈에는 후회의 두려움이고 뭐고 없었다. 광채를 잃은 채 그저 아버지를 지그시 쳐다보다가 입을 열었다.

“시끄러…….”

“시끄럽다니, 그게 부모한테 할 말이냐. 이 못된 놈.”

어깨를 힘껏 쥐고 끌어당기려 하는데 세쓰코의 비명이 터졌다.

“그만, 그만해요.”

웅크려 엎드린 채 외쳤다.

“됐어요. 아무튼 지금은 됐어요.”

아내 쪽을 돌아다보는 틈에 쇼타가 손을 뿌리쳤다. 따라가 잡을 수도 있지만 그만둔 것은 세쓰코의 목소리가 너무나 절실했기 때문이다. 곁으로 가서 손을 내밀었다. 아내의 몸은 의외로 가벼워 비틀거리며 바로 일어섰다.

“괜찮아?”

“괜찮아요.”

가벼운 나무의자로 교체해 두길 다행이었다고 내심 생각했다. 한동안 쓰던 금속 의자는 바닥을 자꾸 긁어서 2년 전 목제로 바꾸었다. 세쓰코가 재빨리 손으로 머리를 감싼 덕에 다친 데는 없다고 했지만 이마 왼쪽 절반이 붉게 변해 있었다.

“병원에 가보는 게 좋지 않겠어?”

“무슨 병원씩이나.”

세쓰코는 고개를 저었다.

“잠깐 아픈 건데 굳이 병원까지…… 가면 뭐라고 얘기해요. 아들한테 맞았다고? 어떻게 그런 말을 하겠어요.”

쇼타가 쳐들었던 의자를 제자리에 돌려놓고 앉았다. 두 사람 모두 말이 없었다. 지금까지 읽은 책에 적혀 있던 가정 내 폭력은 은폐되기 쉽다는 말을 마사키는 떠올리고 있었다.

“복수라고 했었죠.”

세쓰코가 낮은 소리로 말했다.

“복수라니, 무슨 말일까요. 우리가 저 아이에게 무슨 나쁜 짓이라도 했다는 건가요? 나쁜 짓을 했으니까 우리를 어떻게 하겠다는 건가요? 그래서, 그래서, 의자를 휘두른 건가요?”

“일단 침착합시다.”

마사키는 아내 손을 잡았다. 아내의 빨개진 눈이 아까 아들의 눈 모양과 똑 닮았다고 생각했다. 우리는 쇼타를 사랑해 주었다. 뭐 하나 나쁜 일은 한 적이 없다.

“저 아이가 복수하고 싶은 대상은 우리가 아닐 거야.”

“네?”

“반 친구겠지.”

7년 전 쇼타가 등교를 거부할 때, 마사키 부부는 학교에 여러 번 찾아갔다. 교장실에서 담임과도 이야기했다. 담임은 한다라는 이름의 40대 고참 남성 교사였다. 이 학교 졸업생이며 자부심을 가지고 학생들을 지도하고 있다는 말도 했다.

“이곳은 사립이어서 이지메에 관해서는 매우 신중하게 대처합니다. 매년 설문조사를 4번 실시하고 교내에 상담실과 상담사를 두고 있지요."

이 말에 얼버무려 넘기려는 기미는 없었다.

"오오사와 군에 관해서도 몇몇 학생들에게 청취 조사를 실시했습니다만, 이렇다 할 문제는 없었습니다. 오오사와 군이 친하게 지내는 그룹이 있어서 점심시간에도 즐겁게 어울렸다고 해요."

"그 그룹 아이들을 만나볼 수 없을까요?"

담임은 학생의 프라이버시 때문에 곤란하다고 냉정하게 거부했다.

이제 와 생각하니 그 친한 그룹이라는 말이 마음에 걸린다. 그들은 한 번도 오오사와 가족의 집을 방문한 적이 없었다. 동네 초등학교에 다닐 때는 방과 후나 휴일이면 반 친구들이 종종 찾아왔다. 대개는 쇼타 방에서 게임을 했고, 간식시간이 되면 이 테이블에 모였다.

세쓰코는 손님 대접에 빈틈이 없는 사람이어서 수제 도너츠나 쿠키를 내주곤 했다.

"이런 걸 집에서 만드시다니, 대단하세요!"

맞벌이 가정 아이들은 말 그대로 눈을 동그랗게 뜨고 허겁지겁 먹었다. 쇼타는 자랑스러운 표정을 숨기지 않았다. 하지만 친구들과의 단란했던 정경은 초등학교로 끝나고 말았다.

전차 통학을 해야 하는 사립 중학교에서는 친구 집을 방문하는 일이 별로 없다고 들었다. 그렇더라도 봄방학이나 여름방학에 친구가 한 명도 오지 않은 게 의아했다.

"방학 때 친구들은 뭐하며 지내니?"

짐짓 아무렇지도 않게 물었을 때,

"다들 학원에 다녀."

아들의 한 마디에 명문 사립은 그런가 보다 납득해버린 자신이 얼마나 어리석었는지. 좀 더 주의를 기울여 살펴봐야 했다.

"복수라는 말은."

마사키는 말했다.

"아마 반 친구들을 생각하고 했을 거야."

"이지메를 당했다는 거네요."

"역시 그것밖에 생각할 수 없지."

"남자애들은 그 또래가 되면 부모에게 말을 하지 않으니까, 그냥 잘 지내고 있는 줄만 알았는데……."

대체 당신은 얼마나 안이한 거야, 라고 버럭 소리치고 싶었지만 꾹 참았다. 통증이 가시지 않아 이마에 손을 대고 있는 아내에게 너무나 잔혹한 짓이라는 정도는 알고 있다.

"그 아이, 정말 아무 말도 하지 않았어요. 선생도 이지메는 없었다고 했고."

전에 만난 교육 전문가는 이런 말을 했었다.

"아이들은 어른이 생각하는 것보다 훨씬 자존심이 강합니다. 여자애보다 남자애가 더 강하죠. 학교에서 이지메를 당하고 집에서 이야기하는 경우는 거의 없습니다."

생각하기도 싫지만 쇼타가 학교에서 이지메를 당하는 건 아닐까 어렴풋이 느끼고는 있었다. 중학교 2학년 여름방학이 끝나고 학교를 결석하게 되었을 때였다. 그러나 우수한 아이들이 다니는 명문 사립이니까 분위기가 거친 공립중학교와는 다르다. 이지메라고 해도 심각한 정도는 아니겠지, 남자애들이니까 조만간 훌훌 털겠지, 하고 생각했던 자신이 얼마나 안일했는지 두고두고 자책했다.

'복수'라는 말을 할 정도로 아들이 원한을 품고 있을 줄은 생각도 못 했다.

"쇼타에게는 친구가 아무도 없었나?"

"호리우치 군하고는 사이좋게 지내지 않았나요?"

같은 초등학교에 다니던 안경 쓴 소년이다. 초등학교 고학년 시절, 두 아이를 데리고 근처 낚시터에 놀러 간 적이 있다. 공부도 잘해서 쇼타와 같은 중학교에 진학했다.

"7년 전에 우리 둘이 그 아이 집에 찾아갔었죠."

"그래, 뭔가 아는 게 있으면 말해달라고 부탁했었지."

그러나 부모 사이에 앉아 있던 아이는,

"반도 다르고 해서 잘 모릅니다."

라는 말만 반복했다.

"같은 초등학교 출신이지만 반이 달라서 자주 어울리지 않았는지도 몰라요."

"간단히 결론짓지 마."

자신에게 타이르듯이 말한다.

“그 중학교는 쇼타와 친했다는 학생들을 못 만나게 했어. 지금 유일한 실마리는 호리우치 군인지도 몰라. 일단 만나봐야겠어.”

“만난다고? 정말요?”

“달리 방법이 없잖아. 나는 사실을 알고 싶은 거야. 안 그러면 전진할 수 없어.”

작은 집에서 기어나오던 사카모토를 떠올린다. 집 안에 칩거한 채 재기하지 못했던 남자의 말로였다.

세상과 전혀 관계를 맺지 않은 채 50대가 되어 이미 80대가 된 부모의 기생충이 된다. 숙주가 더 늙어 마침내 사망하면 아들은 세상에 외톨이로 내던져진다. 완전히 무력한 중년 남성으로.

아이도 괴롭겠지만 그런 자식을 둔 부모는 더욱 괴롭다.

자기 인생의 실패를 똑똑히 목도해야 하기 때문이다. 아마 그 부모는 80대가 될 때까지, 아니, 이후에도 행복이나 희망은 누릴 수 없었을 것이다. 아들과 뒤얽힌 채 절망이라는 늪에 푹푹 빠져드는 나날을 상상하니 등줄기가 오싹해졌다.

어떻게든 해야 한다. 아들은 아직 20살이다.

“뭐든 해야만 해.”

소리 내어 아내에게 말했다.

“일단 호리우치 군을 만나보자고.”

“이제 와서 만난다고…….”

“무슨 소리야. 뭐든 시작해 봐야지. 세쓰코, 호리우치 군 전화번호 알고 있어?”

"어디 있었던 것 같은데."

예전에 세상은 좀 더 너그러웠다. 초등학교에서는 반별로 명단을 만들어 배부했고 거기에 보호자 이름과 전화번호도 있었다.

"호리우치 군 어머니한테 뭐라고 해야 하죠? 대뜸 아들을 만나게 해달라고 하면 경계할 텐데."

세쓰코는 전화 걸기를 망설였다. 사실 7년 전 그 아이의 집을 방문했을 때도 부모가 동석한 자리에서 만나야 했다.

"그때는 중학생이었으니 어쩔 수 없었겠지. 하지만 지금은 대학교 3학년이야. 어엿한 성인이라고."

돌이킬 수 없는 허망한 일을 표현하는 속담에,

'죽은 자식 나이 헤아리기'

라는 말이 있다. 차원이 전혀 다르지만,

'히키코모리의 학년 헤아리기'

도 부모로서는 한없이 쓰라린 일이다.

성인식 뉴스에도 귀를 막고 싶지만 또래 아이들이 올해는 대학에 입학하겠구나, 혹은 마침내 취직 시즌이구나, 하고 떠올릴 때마다 가슴이 미어졌다.

통화를 마친 세쓰코가 말했다.

"역시 경계하네요. 그래도 분명히 말했어요. 쇼타 때문에 꼭 묻고 싶은 게 있다고. 뭘 묻고 싶은 거냐고 상당히 냉정하게 반응하네요. 그래서 중학교 교사와 다시 이야기를 하게 될지도 모른다고……."

상대방 모친은 불쾌한 듯이,

"아이에게 전하기는 하겠지만 연락을 할지. 요즘 너무 바쁘게 지내서."

라고 했다.

"연락이 올지 어떨지는 알 수 없지. 하지만 나는 연락이 올 거라고 봐."

"어째서요?"

"7년이 지났으니까. 직감이지만 연락이 올 거야."

과연 마사키가 예측한 대로 전화가 걸려왔다.

"여보세요, 쇼타의 동창 호리우치 신지입니다. 집에 전화를 하셨다고 해서요……."

어른스러운 목소리가 수화기에서 흘러나왔을 때 마사키는 얼마나 기뻤던가. 신지는 만나자는 제안을 바로 수락해 주었다.

"어디든 갈 테니까 차분하게 대화할 수 있는 곳을 말해주게."

마사키의 제안도 흔쾌히 들어주어서 와세다 리가로얄호텔 라운지에서 만나기로 했다. 신지는 순조롭게 고등학교를 졸업하고 유이와 같은 와세다에 다니고 있었다.

약속 시간에 도착해보니 안쪽에서 키가 큰 청년이 일어났다. 예전 얼굴이 많이 남아 있지만 안경은 금속 테로 바뀌어 자못 트렌디한 인상을 풍겼다.

"호리우치 군, 오랜만이네."

"오랜만에 뵙습니다."

반듯하게 인사하는 청년을 마사키는 차분하게만 바라볼 수 없었다. 일전에,

"이 아줌마야!"

라고 외치며 의자를 던지던 아들과 동갑인 것이다. 동갑.

"호리우치 군, 와세다 학생이로군. 무슨 학부지?"

"문학부입니다. 요즘 웬 와세다 문학부냐고 생각하시겠지만, 역시 여기밖에 없다고 생각해서 지원했습니다."

"뭘 공부하고 있지?"

"웃으실지 모르지만 영문학입니다. 로렌스 작품을 좋아해서……."

"그렇군."

문학에 대해서는 전혀 모른다. 하지만 부러웠다.

"아, 저어. 쇼타는 건강한가요?"

"너무 건강해서 탈이지."

"네?"

"자네니까 말하는 거지만, 얼마 전까지 얌전하게 히키코모리로 지내왔는데, 최근 우리가 마음먹고 밖으로 끌어내려고 하자 갑자기 폭력을 휘둘렀네."

"그랬습니까……."

안경 렌즈 속의 눈동자가 바쁘게 허공을 더듬었다. 어떻게 반응할지 고민하는 듯하다.

"그리고 이런 말을 하더군, 그냥 복수하고 싶어, 라고. 그게 무슨 말인지 아내와 생각해 보았는데, 중학생 시절에 이지메를 당한 게 아닌가 싶네. 호리우치 군, 어떻게 생각하나?"

"어떻게라면…… 무엇을?"

"7년 전 자네는 말했지. 반이 달라서 잘 모른다. 그래도 뭔가 보거나 들은 것은 없었나? 아무리 사소한 거라도 좋아. 부탁하네. 말해주지 않겠나?"

마사키가 머리를 숙이며 말했다.

"의지할 사람이 자네밖에 없네. 그 초등학교에서 같은 학교에 합격한 사람은 호리우치 군과 쇼타뿐이었으니까."

다시 한번 머리를 숙였다. 이마가 테이블에 닿았다. 쇼타의 목소리가 되살아나는 듯했다.

"그냥 복수하고 싶어!"

제발 말해주게, 복수라는 무서운 말을 뱉을 만한 상대는 누구인가.

"쇼타 군, 불쌍했어요……."

"응……?"

"그 학교, 조금 이상했거든요. 묘하게 느슨한 구석이 있는가 하면 엄격한 구석도 있고. 매일 아침 기미가요를 부르게 합니다. 뭐랄까, 제국주의 시절 해군 엘리트를 육성하던 기풍이 남아 있어서 종종 놀라곤 했어요. 물론 공부를 빡세게 시키니까 학생들이 스트레스를 많이 받고요. 쇼타는 그런 아이들의 스트레스 배출구가 된 게 아닐까요."

역시 이지메는 있었던 것이다.

"점심시간마다 불려 가서 목을 졸리거나 발길질을 당해서 안타까웠어요. 놈들은 교활해서 꼭 장난처럼 꾸몄거든요. 하지만 쇼타도…… 이런 말을 하면 안 되겠지만 매번 웃었습니다."

"웃었다고?"

"예, 웃었습니다."

신지는 혼자 고개를 끄덕였다.

"쇼타의 태도는 아마 허세였을 겁니다. 나는 결코 이지메를 당하는 게 아니다, 친한 친구들과 장난치고 있을 뿐이다, 라고 주위에 보여주려고 애썼어요. 그래서 더 힘들었을 겁니다."

그는 천천히 말을 이어 나갔다.

"한번은 베란다에서 거꾸로 매달린 적도 있었어요."

"거꾸로 매달려? 정말인가?"

"네, 2층 교실에서 거꾸로 매달고 그걸 보면서 모두 웃고 떠들었어요."

"자칫 추락하면 죽을 수도 있잖아?"

"맞아요. 굉장히 위험한 짓을 한 거죠."

"그걸 보면서 다들 웃었다고? 가만히 있었나? 자네도……."

"네……."

신지는 고개를 떨어뜨렸다.

"저도 잠자코 지켜봤습니다. 비겁했지요. 7년 전에도 저는 말하려고 했지만 부모님이 말렸어요. 쓸데없는 말 하지 말라고. 섣불리 증언하면 고등부 진학이 안 될지도 모른다고. 그래서 내내 침묵했습니다. 죄송합니다."

이번에는 그가 고개를 숙였다. 숙인 상태로 꼼짝도 하지 않았다. 기분 나쁠 정도로.

"또 알고 있는 게 있으면 말해주지 않겠나!"

마사키의 목소리가 떨리고 있다.

"당시에도 이미 다들 휴대전화를 가지고 있었어요. 대부분 피처폰이었지만. 쇼타를 디스하는 문자를 보냈다고 들었습니다. 죽어라, 쓰레기 같은 놈, 이런 문자를요. 그리고……."

"그리고?"

"직접 본 건 아니지만 쉬는 시간에 놈들이 몰려가 쇼타의 바지를 벗겼다고 들었습니다."

“팬티까지?”

“거기까지는…… 설마 아닐 거라고 믿고 싶습니다만.”

호리우치는 말끝을 흐렸다.

“그때 찍은 사진을 A학교의 여학생에게 보냈다고 해요.”

A학교는 100년 가까운 전통이 있는 가톨릭계 명문 여학교로서, 쇼타가 다니던 사립학교 근처에 있다. 예로부터 두 학교는 사이가 좋아서 A학교 축제가 열리면 많은 남학생이 몰려간다.

“그건 이미 범죄 아닌가.”

나이 어린 소년에게 가장 굴욕적인 일이 무엇인지는 또래 소년이 가장 잘 안다.

“더 심각한 이야기도 들었습니다.”

꿀꺽, 침을 삼켰다. 그보다 심한 일이라면 대체 어떤 짓이 있을까.

“당시 교정 구석에 커다란 소각장이 있었어요. 방과 후 당번이 교실 쓰레기통을 비우러 가는 곳인데, 어느 날 그 아이들이 웃으며 말하더라고요. 얼마 전 오오사와 녀석이 멍하니 있는 걸 보고 소각로에 밀어 넣고 밖에서 문을 잠갔다고.”

“믿을 수가 없구나…….”

“너무 위험하지 않느냐는 말도 나왔는데 조무원 아저씨가 불을 붙이기 전에 알아차릴 거라고 대꾸했어요.”

“……”

“쇼타는 몇 시간이나 갇혀 있었대요. 다행히 조무원이 알아차리고 꺼내주었지만.”

“그럼, 그 조무원이 교사에게 보고했을 게 분명하군.”

만약 그렇다면 교사들은 사건을 은폐한 셈이다. 중대한 책임 문제이다.

“하지만 쇼타는 그때도 소심한 모습을 보였던 모양이에요. 장난이었으니까 교사에게는 말하지 말라고 했다더군요.”

“그런…….”

“왜 그런 상태까지 몰리고도 침묵하고 있었느냐는 건가요? 제가 보기에는 역시 부모에게 들키고 싶지 않았기 때문일 겁니다. 음, 저는 요즘 서클 활동으로 가끔 아이들의 학습을 지도하는 자원봉사를 하고 있어요. 그 아이들을 봐도 알 수 있습니다. 초등학생은 몰라도 중학생쯤 되면 이지메를 당해도 부모에게는 절대 말하지 않습니다. 말하는 순간 자기 존재가 와르르 붕괴해 버릴 것 같은 거죠.”

“통 모르겠군. 왜 부모와 상의하지 않지?”

“아마 자존심 때문에, 그리고 이지메를 당하는 세계와 가정에서 공유하는 세계가 겹쳐지지 않기를 바라기 때문 아닐까요?”

자못 문학청년다운 말을 했다.

“가정만큼은 평온하고 아무 변함이 없었으면 좋겠다. 그러려면 내가 속한 끔찍한 세계는 내 힘으로 틀어막겠다는 식으로 생각하는 게 아닐까요.”

“호리우치 군은 우리 쇼타도 그랬을 거라고 보나?”

"저는 잘 모릅니다만 모의고사가 끝나고 귀가할 때 쇼타와 잠깐 얘기한 적이 있어요. 그때 쇼타는 반드시 의사가 되어야 한다고 했어요. 치과 의사냐고 물어보니 그게 아니라고, 내과나 외과 의사라고 했습니다. 부모님 바람이라고 했을 때의 표정이 인상에 깊이 남아 있어요."

그렇다, 쇼타가 초등학교 고학년이 됐을 즈음부터 마사키는 종종 훈계했다.

할아버지 대부터 치과 의사였으니 손자인 너도 이 직업을 물려받는 게 좋지만 요즘 장래가 그리 밝지 않아. 네가 해외에 유학해서 첨단 기술이라도 배우지 않는 한 치과 의사는 별 볼 일 없을 거야.

그래서 아빠는 네가 치과 의사보다는 의사가 되었으면 좋겠다. 의사가 활약할 곳이 더 다양하고 가능성도 크다. 게다가 이런 말 하기는 뭣하지만 치과 의사와 의사는 평생 소득이 전혀 달라. 물론 사람이 돈을 위해 일하는 건 아냐. 그거야 아빠도 알지. 하지만 치과 의사 아빠는 네가 내과나 외과의사가 되는 게 훨씬 낫다고 생각하고, 정말 그렇게 되었으면 좋겠구나. 네가 장래를 위해 노력하는 아이가 되었으면 좋겠다…….

낚시터에서, 산행길에서, 가족여행으로 갔던 교토에서 무슨 계기만 보이면 아들에게 강조해 온 말들, 쇼타는 예민하게 받아들이고 힘을 내려 애썼던 것이다. 그 생각을 하니 눈시울이 뜨거워졌다.

그렇게까지 진지하게 공부에 임하던 아들을 갈기갈기 찢어발 긴 급우들을 마사키는 진심으로 증오했다.

"호리우치 군, 말해줘서 고맙네. 이제야 여러 가지 의문들이 풀리는군."

"아뇨, 아무런 도움이 돼드리지 못한걸요. 뒤늦게 예전에 이랬느니 저랬느니 말해봐야."

"아니, '뒤늦게'는 아니라고 보네."

"무슨 말씀인지?"

"호리우치 군, 쇼타를 괴롭히는 그룹이 있었다고 했지? 그 아이들 이름을 말해주지 않겠나?"

호리우치는 에? 하고 얼빠진 목소리를 냈다. 그의 눈빛이 놀라움과 두려움으로 조금 바뀌었다.

"설마……."

젊은이다운 억양이었다.

"설마, 그런 거, 진지하게 생각하시는 건 아니겠죠?"

"아니, 나는 진지해. 팩트를 알고 싶어서 여기 왔네. 7년 전 쇼타에게 무슨 일이 일어났는지. 덕분에 사실을 대강 알았네. 이제는 좀 더 핵심에 다가가고 싶어. 그 아이들은 왜 그런 짓을 했는지, 그로 인해 지금 쇼타가 얼마나 커다란 고통을 안고 있는지 제대로 이야기하고 싶네."

"아뇨."

"응?"

눈앞에는 태세가 돌변한 호리우치의 얼굴이 있었다.

"오오사와 씨는 그들의 사과를 원하시는 건가요?"

"경우에 따라서는……."

"무리예요. 절대로 불가능합니다. 제가 교육 전문가는 아니지만 분명히 말씀드리죠. 14살, 15살 아이들은 선악의 경계가 불분명합니다. 아마 나쁜 짓을 했다고는 요만큼도 생각하지 않을 겁니다."

"그럴 리가 있나."

"아뇨, 그렇습니다. 이지메 때문에 자살하는 아이들이 있죠. 저는 그런 뉴스를 볼 때마다 불쌍하기는 하지만 전혀 현실을 모르는구나, 하는 생각에 안타깝습니다. 자기가 자살하면 괴롭힌 아이들이 평생 세상의 비난을 받으며 죄인으로 살 거라고 생각해서 그런 선택을 합니다. 하지만 아니에요. 괴롭힌 아이는 미성년이어서 이름조차 공개되지 않습니다. 잠깐은 눈물을 흘릴지도 모르지만 금세 잊어버립니다. 여전히 학교에 잘 다니고 성인이 되고, 자기가 괴롭히던 아이 따위는 깨끗하게 잊는 겁니다. 그리고 별일 없이 평범하게 살아갑니다."

갑자기 언변이 좋아진 호리우치를 마사키는 놀란 얼굴로 바라보았다.

"그 그룹 아이들이라면 얼마 전 동창회에서 만났습니다. 한 명은 참석하지 않았지만 두 명은 좋은 대학에 다닙니다. 하나는 대기업 인턴을 하고 있을 겁니다. 또 하나는……."

잠시 입을 다물었다.

"의대 3학년입니다."

침묵이 흘렀다.

"하지만 제 말을 단서로 찾으려 해도 힘들 겁니다. 우리 학교는 의대에 매년 오십 명 정도는 들어가니까. 제가 말씀드리고 싶은 건 아무리 쇼타의 아버님이라도 그들의 인생을 꺾어 놓을 권리는 없다는 겁니다."

"꺾다니, 그게 아니야. 다만……."

"아무튼 이름은 말 못 합니다."

"그런가……."

눈앞의 커피잔을 응시한다. 어렵게 찾아낸 길이 여기서 막히는 것은 견딜 수 없다.

"알았네. 아니, 오늘은 이쯤에서 물러가지. 미안하지만 호리우치 군, 자네 휴대전화 번호를 가르쳐주지 않겠나?"

"싫습니다."

단칼에 거절했다.

"그건 안 됩니다."

"……알겠네. 그렇다면 편지를 쓰지. 무슨 일이 있으면 자네에게 편지를 쓰겠네. 편지를 열고 읽어보는 정도는 해주게. 부탁하네."

호리우치는 아무 대답도 하지 않았다.

“그럼, 전혀 진전이 없는 거네요?”

책망처럼 말끝이 휘어 오른다. 그날 이후 유이는 부모에게 종종 이런 말투를 구사한다.

테이블 위에는 종이 한 장이 놓여 있다. KIGARU학교에서 온 청구서이다. 상담료 시간당 2만 엔과, ‘마중 코스’ 3만 엔에 세금이 붙은 금액이 적혀 있다.

“일삼아 데리러 와 주었잖아요. 그것도 전문가들이. 그런데도 꼼짝도 하지 않다니, 어떻게 된 거죠?”

“모르겠다. 쇼타의 마음이 아직 그쪽으로 향하지 않았다는 거겠지.”

“아직, 아직, 아직…… 대체 언제쯤 돼야 때가 된다는 거야.”

“좀 진정해라.”

마사키가 매섭게 말했다. 오늘은 딸에게 몇 마디 해두어야 한다.

“솔직히 말하자. 사태는 점점 나빠지고 있어.”

“그건 또 무슨 말이죠?”

“엄마한테 못 들었니?”

세쓰코 쪽을 쳐다보았다. 의자에 맞은 자리는 한때 보라색으로 변했다가 지금은 붉은 색으로 남아 있다.

“당신, 아무 말도 안 했어?”

세쓰코가 고개를 끄덕였다.

"괜히 유이 짱만 슬퍼질 것 같아서……."

"대체 무슨 일인데 그래요?"

사실대로 말해주자 씩씩대던 딸의 표정이 이내 변했다. 상황이 이토록 심각해진 줄은 미처 생각지 못한 듯했다.

"이런 말은 하고 싶지 않지만 네 혼담 이후로 쇼타 상태가 확실히 달라졌다. 전에는 얌전하게 방에 틀어박혀 있었지만……."

"어째 다 내 탓이라는 말처럼 들리네요!"

눈초리가 올라간다.

"아니다. 물론 변화는 필요했고 우리도 같은 생각을 했다. 그래서 행동했던 거고."

"더 나쁜 쪽으로 변하다니……."

유이가 혼잣말처럼 말했다.

"히키코모리 동생이 있다는 것만으로도 엄청난 마이너스인데 폭력을 휘두르는 동생이 있다고 하면, 난 이미 결혼하긴 틀렸는지도 몰라요."

딸에게 말하고 싶다. 네 분수에 맞는 착한 청년을 고르면 되지 않니? 우리 사정을 이해하고 조용히 식을 올려줄 청년을 왜 선택할 수 없는 거냐…….

아니, 딸의 분수는 부모가 생각하는 것보다 훨씬 높은지도 모른다. 유이는 스스로의 힘으로 일류대학과 일류기업에 들어갔다. 하나뿐인 아들이 학업을 포기한 뒤로 딸의 존재가 부부에게 얼마나 큰 자랑이고 위로였던가.

그 딸이 자기한테 딱 맞는 배필을 찾았다고 하는데, 스펙과 무관한 남자를 택할 수는 없었을까 하는 바람은 부모의 욕심인가.

"아무튼 지금은 네 행복이 중요하지."

마사키는 다분히 속이 들여다보이는 말을 했다.

"그러니까 이렇게 대화하고 있는 거 아니냐."

그 말에 표정이 누그러진 유이가 띄엄띄엄 자기 이야기를 시작했다. 빨리 인사하러 가고 싶다는 상대에게 유이는 비로소 동생이 히키코모리라는 사실을 밝혔다. 다만 사실을 살짝 바꾸었다.

동생이 의대 입시에 실패하여 삼수 중이라는 픽션은 이미 말한 상태였다. 이번에 거기에 각색을 더하여,

"번번이 의대 입시에 실패하다 보니 점점 방 안에 틀어박히게 되었다."

라는 식으로.

그러자 상대방의 반응은 이전과 마찬가지였다.

"흔한 이야기로군."

자기 친척 중에는 6년이나 재수하는 사람도 있다는 것이었다.

"작년까지는 장난으로 오수생 씨라고 불렀는데, 육수생이란 말은 차마 못 하겠다고 다들 그래."

딸 애인의 쾌활한 반응에 마사키는 위로를 받았다.

"하지만 중학교 2학년 때부터 등교를 거부했다는 말은 역시 못 하겠더냐."

"어떻게 말해요. 중학생 때부터 히키코모리였다고 하면 가망이

전혀 없는 느낌이잖아요. 대학 입시에 실패해서 방에 틀어박히는 것과는 엄청 다르죠."

"거짓말은 언젠가 밝혀져."

"물론 그렇지만, 막판에 말하면 될 것 같아요. 지금은 일단 둘이서 허들을 하나하나 넘는 게 중요하지 않겠어요? 허들을 넘었을 때와 넘지 못할 때는 우리 연대감도 달라질 테니까요. "

아마 이 허들이란 상대 집안에 인사하러 거거나 결혼식 날짜 잡기 같은 일을 의미하겠지. 정작 그녀가 맞닥뜨린 가장 높은 허들은 인정하고 싶지도 보고 싶지도 않은 것이다.

"조금 더 기다릴 수 없겠니, 유이 짱?"

지금까지 거의 말을 하지 않던 세쓰코가 몸을 내밀며 말했다.

"응? 조금만 더 기다려보자. 쇼 짱은 나랑 아빠가 어떻게든 해볼 테니까."

"벌써 7년이에요."

유이의 말투가 다시 거칠어진다. 자기 앞길을 가로막는 자는 용서치 않겠다는 태도이다.

"대체 언제까지 기다리란 거예요. 쇼타가 정상이 될 때를 기다리다가는 내가 할머니가 되어 버린다고요. 게다가—"

두 부모를 노려본다.

"나는, 당장, 결혼하고 싶어요, 지금 만나는 그 사람이랑."

2주 뒤 일요일, 약속대로 2시 정각에 청년이 찾아왔다.

이날을 위해 마사키와 세쓰코는 쇼타의 행동을 주의 깊게 지켜보고 있었다. 쇼타는 완전히 예전 루틴으로 돌아갔다. 부모가 잠든 12시부터 1시 사이 잠자리에서 일어난다. 2층에 내려와 세쓰코가 지어둔 저녁을 먹고 텔레비전을 본다. 그동안 세탁을 하고 심야에 편의점을 가기도 하는 듯하다.

아침 6시까지 아무도 없는 거실에서 느긋하게 보내다가 자기 방으로 돌아간다. 한낮에 움직이는 경우는 거의 없다. 그렇다면 우리가 할 일을 대낮에 하면 되지 않겠나. 세 사람의 의견이 일치했다.

"처음 뵙습니다, 노구치 게이치로라고 합니다."

키는 그리 크지 않지만 가지런하고 수려한 얼굴을 한 청년이다. 유이가 조언을 했는지 정장이 아니라 봄에 어울리는 감색 재킷을 걸쳤다. 분홍색 줄무늬 셔츠가 잘 어울린다.

"소소한 거지만 한번 드셔보시라고."

유명 양과자점의 종이봉투를 내민다.

"어머, 고마워요."

아내가 좋아하며 웃는 얼굴을 오랜만에 보는 것 같다.

"자, 자, 들어오세요. 1층이 진료실이라서 집 안이 어수선하긴 하지만……."

"그럼 실례하겠습니다."

청년은 구두를 벗어 가지런히 정돈했다.

그 자연스러운 동작에 알뜰한 가정교육이 드러난다.

"허허, 어서 오세요."

부부는 미소를 지으면서도 신경은 온통 위층으로 쏠려 있다. 부디 얌전히 자고 있으렴. 소리 내지 말고. 아무 말도 하지 말고. 평소 안 하던 짓은 하지 말아주렴. 부탁이다.

마사키와 세쓰코는 두서없는 질문을 이어 나갔다.

학창 시절에 어떤 서클 활동을 했는지. 무슨 운동을 하는지. 취미는 무엇인지. 쉬는 날 무엇을 하며 보내는지…….

노구치 게이치로는 붙임성 있는 말투로 성의 있게 대답했다.

학생 때는 라크로스를 했다. 동호회이긴 해도 훈련이 매우 고됐다. 몸 움직이기를 좋아해서 지금도 동창들과 풋살을 한다.

"쉬는 날은, 글쎄요, 영화 보러 가는 경우가 많습니다. 유이 씨하고는 영화 취향이 다릅니다만."

두 사람은 눈을 맞추며 후후, 웃었다.

"저는 대체로 일본 영화를 좋아합니다. 구로사와 감독의 팬입니다."

"호오, 구로사와라니, 레트로 취향이군."

마사키가 감탄하자,

"구로사와 아키라가 아니라 구로사와 기요시 감독을 말하는 거예요. 젊은 감독이요."

유이가 다소 꾸민 듯한 소리로 웃었다. 오늘은 분홍 트윈 니트를 입었는데 아마 지금 쑥스러운 심정을 똑 닮은 색조일 것이다.

"유이 씨는 할리우드 대작을 좋아하죠. 유명 배우가 잔뜩 나오는. 그래서 옥신각신할 때도 있습니다만."

"이 아이가 조금 완고한 데가 있죠?"

저도 모르게 말하고 말았다는 듯이 세쓰코가 말했다.

"아뇨, 대개는 제가 양보하니까 싸우거나 하진 않습니다."

"다행이네요."

아무래도 유이가 조신하게 처신하는 듯하다.

"게다가 영화 보러 일찌감치 집을 나가지 않으면 노동이 기다리고 있거든요."

"노동?"

부부가 동시에 대꾸했다.

"어머니가 갑자기 텃밭 일에 재미를 붙이셔서요."

"호오."

"할아버지가 돌아가시자 당신이 자랑하던 정원을 갈아엎으셨어요. 할아버지는 취미로 연못도 파고 소나무도 심으셨거든요. 어머니 말씀이, 이런 정원은 관리비가 많이 든다. 그보다는 실용적으로 써먹어야 한다면서 갑자기 텃밭으로 바꾸셨죠."

이 일화가 넓은 부지에 사는 부유함을 자랑하는 것인지 모친의 행동력을 알려주는 것인지 몰라 마사키는 잠깐 망설였다.

"그래도 싱싱한 채소를 먹을 수 있으니 좋겠군요."

"글쎄요, 여름에 갓 따낸 토마토나 가지는 정말 맛있지만, 당신

혼자 하셨으면 하는 거죠. 저나 아버지를 시키지 말고.”

부부는 소리 내어 웃었다. 호의적으로 받아들이기로 했다.

“주말에 제가 좀 늦잠이라도 자볼까 하면 잡초 뽑아라, 비료 가져와라, 하고 쉴 새 없이 불러서 요즘은 잽싸게 도망쳐 나옵니다.”

그는 이렇게 웃음바다를 만든 뒤 문득 말투를 가다듬었다.

“저어, 유이 씨에게 들으셨겠지만 결혼을 전제로 만나고 있습니다.”

부부는 자연스럽게 자세를 바로 했다.

“더 일찍 인사를 드렸어야 했지만…….”

“그건 내가 말렸던 거예요.”

유이가 끼어들었다. 애인을 조금이라도 더 잘보이게 하려고.

“잠시만, 잠시만 더 기다렸다가 하자, 라고…… 제가 말렸어요.”

“그래서 이렇게 빠듯하게 찾아뵙고 말았습니다만.”

빠듯하게, 라고 표현했다.

“일전에 유이 씨에게 프러포즈해서 수락을 받았습니다. 그래서 올해 안에 식을 올리려고 생각합니다.”

오, 하고 세쓰코가 큰소리로 감탄했다. 너무 기뻐 눈이 촉촉해지고 있다.

“반가운 이야기구나. 유이 짱, 축하해.”

“응.”

유이가 순순히 고개를 끄덕였다. 그때 유이가 엄마에게 살짝 보내는 눈짓을 마사키는 놓치지 않았다.

"오늘은 결혼 허락을 받으러 왔습니다. 허락해 주십시오."

"허락이나 마나, 당사자 두 사람의 결정에 반대할 이유가 있나. 좋은 인연이라 생각하고 기뻐하고 있어요."

세쓰코의 입에서 말이 술술 나왔다. 영화나 텔레비전을 볼 때마다 아마 나라면 딸의 남자에게 이렇게 말하겠지, 아니, 이런 말은 안 할 거야, 하는 생각을 줄곧 해왔을까. 하지만 아버지로서 마사키가 뱉은 말은 지극히 흔한 표현이었다.

"모쪼록 딸을 잘 부탁하네."

예. 노구치가 테이블 너머에서 머리를 깊이 숙였다.

이제 중요한 이야기를 해야 한다고 마사키는 마음을 먹었다. 그런데 세쓰코가 더 빨랐다.

"저어, 노구치 씨, 이 이야기는 그쪽 어르신들도 다 아시고 계신 거죠?"

"예, 물론입니다. 유이 씨가 벌써 몇 번이나 집에 놀러 왔으니까요. 어머니도 마음에 들어 하셨고, 아버지도 언제 식을 올릴 거냐고 재촉하십니다."

"저어……."

세쓰코는 이번에는 분명하게 딸에게 신호를 보냈다.

"딸한테 들었겠지만, 유이에게는 20살 되는 남동생이 있는데 벌써 몇 년째 방에서 나오지 않고 있어요. 이 일은 그쪽 어르신들도 아시나요?"

"아, 그 일 말이군요."

노구치는 스스럼없이 대답했다.

"어머니에게 말했더니, 요새 흔한 이야기지, 하시고……."

정말 흔한 이야기로 치부하고 넘어갈 수 있는 일일까.

"외할아버지는 정치가였지만 친척 중에 의사도 꽤 많습니다. 사촌 육촌 중에도 의사가 흔하고요. 개중에 의대 입시에 떨어져 방 안에 틀어박힌 아이가 몇 명 있거든요. 그래서인지 어머니도 개의치 않아 하세요."

역시 유이는 유리하게 각색해서 말했던 모양이다. 그래도 허용되는 범위의 거짓말이 아닐까. 딸은 노구치와 못내 결혼하고 싶은 것이다.

어떻게든 이 국면만 통과하면 된다고 마사키는 생각했다.

아들의 실상을 감춘 채 결혼까지 가져가면 된다. 마사키는 재빨리 궁리했다.

요즘은 폐백 교환은 생략하니 저쪽 부모가 이 집에 방문할 일도 없을 것이다. 양가 인사는 호텔 같은 데서 하면 된다.

식을 올리고 혼인신고를 하고 나면 실상이 알려져도 상관없다. 의대 입시에 실패해서 히키코모리가 되었는지 중학교를 중퇴하고 히키코모리로 지내왔는지는 그리 문제 될 리가 없다.

"그럼, 어머님은 히키코모리는 별문제 아니라고 분명히 말씀하신 거로군."

재확인하는 세쓰코도 마사키와 같은 생각을 하고 있는 게 틀림없었다.

"네. 말하자면, 어느 집에나 문제가 한두 가지 있지……라는 느낌이랄까요. 그래요, 어머니의 아버지, 그러니까 제 외할아버지께도 여자 문제가 좀 있어서 고생한 적이 있다고 합니다."

"호오……."

노구치의 외조부는 오랫동안 국회의원으로 일했다고 들었다. 부대신을 두 차례 역임했을 정도다. 그 시대 정치가는 여자 문제에 너그러웠을 텐데도 집안의 묵은 수치를 드러내면서까지 이쪽 마음을 편케 하려는 청년의 배려가 고마웠다.

"게다가 저도 동생이 생기는 거니까, 뭐든 제가 할 수 있는 일은 해줘야겠다고 생각합니다."

"노구치 씨, 아들 문제는 우리가 어떻게든 해결할 테니까 노구치 씨는 유이와 행복하게 살 생각만 하세요."

"그래요.……정말 고마워요. 그 말만으로도, 지금 우리는, 너무 기뻐서……."

눈물짓던 세쓰코와 마사키가 동시에 천장을 올려다보았다. 위층에서는 이렇다 할 소리가 들리지 않는다. 그렇다, '그'는 아무것도 모르고 색색 잠들어 있다. 부디 계속 잠들어 있으렴, 하고 마사키는 기도하는 심정이 되었다.

"우리, 맥주라도 마시며 축하합시다."

세쓰코가 일어섰다.

"아니, 샴페인이 좋겠네요. 선물로 받아둔 게 있는데 냉장고에 넣으면 금방 식을까 모르겠네."

"아, 저는 괜찮습니다."

"아뇨, 아뇨. 좋은 날이니까."

흥분하지 말라고 아내를 말리려던 마사키는 자신도 어느새 들떠 있음을 깨달았다.

"그래, 기쿠즈시가 있었지! 그 초밥집이라면 영업시간은 아니지만 사장님한테 부탁하면 배달해 줄 거예요."

마사키는 다시 위층을 올려다보았다.

아니, 방심은 금물이다. 노구치를 어서 이 집에서 데리고 나가야 하는데.

"배달이 아니라 우리가 가면 되지. 전에도 일찍 문을 열어준 적이 있잖아? 네 사람이 곧 도착할 테니까 카운터 자리로 부탁한다고 전화해 보라고."

"그래요, 그게 좋겠네. 귀한 손님이 오셔서 그런다고 부탁해 볼게요."

세쓰코는 전화기로 잔달음질했다.

"저어, 저는 정말로 괜찮습니다만……."

"게이 짱, 부모님이 너무 좋아하시니 말릴 수가 없네. 미안~."

딸의 이런 목소리는 처음 들어보았다.

그날 이후 혼담은 빠르게 진행되는 것 같았다.

보름 후 세쓰코가 알려주었다.

"식장을 가계약했어요."

장황할 정도로 긴 외래어 이름을 알려주었는데 요즘 각광받는 외국계 호텔인 듯하다.

"11월 29일 일요일, 그날 일진이 길일은 아니지만 그 날짜로 정했대요. 회사도 바쁜 연말에 들어서기 직전이라 괜찮다고."

젊은 두 사람은 마침내 신혼집을 찾기 시작했다. 얼마간 자금을 지원해주겠다는 부모의 약속을 잊지 않고 있던 유이는 그 돈으로 계약금을 일부 충당하겠다고 한다.

"저쪽 집에서도 상당히 도와줄 거니까 우리도 걸맞은 액수로 해달라고 하네요."

"우리가 무리하게 부잣집에 맞출 수는 없지. 처음부터 허세를 부려봐야 오래 계속되기도 힘들 테니까."

"유이 말로는 그렇게 부잣집도 아니래요. 집은 물론 크지만 네리마 변두리에 있고 지은 지 40년이나 됐다면서."

상대방 집안의 재산까지 조사한 딸이 좋게 보이지 않았다. 상대방이 흥신소를 이용하면 우리도 큰일 날 거라고 마사키는 말하고 싶었다.

노구치가 방문했을 때는 다행히 잘 넘어갔다고 생각했다. 다소, 아니 상당히 오해하고 있지만, 아들의 히키코모리 상태를 인정받았다는 사실에 한껏 들뜨고 말았다.

그러나 요즘 와서 느낀다. 이 술렁이는 불안은 어찌해야 하나. 세상일이 그렇게 만만할까?

"어제 어머니한테 전화하니까 우셨어요."

도치기에 사는 87세의 친정어머니.

"이제 증손주를 볼 수 있게 되었다면서."

"증손주라면 당신 오빠가 벌써 낳아드렸잖아."

"그게 아니죠. 엄마에게 손주나 증손주는 딸 쪽의 자손을 뜻해요."

여자들 생각을 마사키는 잘 모르겠다. 하지만 그날 이후 세쓰코가 변한 것은 분명하다. 눈에 띄게 밝아졌다. 식탁에 결혼식 답례품 카탈로그가 놓여 있을 때도 있었다.

"이런 건 보고 나면 바로 치워 둬. 쇼타 눈에 띄면 큰일 나."

하고 잔소리를 했을 정도다.

"어머니는 쇼타를 잊지 못하셔서, 한없이 불쌍하기만 한가 봐요. 정월에도 세뱃돈을 보내주시길래 테이블 위에 놓아두었더니 가지고 들어갔더라고요. 그 이야기를 했더니 또 우셨어요."

마사키는 잠자코 텔레비전 골프 프로그램을 보았다. 골프는 지역 치과 의사협회 대회에 출전할 정도로 잘 쳤다. 하지만 지난 몇 년 동안은 연습장에도 발길을 끊었다.

평소와 다르지 않은 일요일이었다. 세쓰코가 곧 역전 슈퍼마켓에 가서 저녁 찬거리를 사올 것이다. 두 명이지만 3인분 음식을 차리기 위해.

그때 현관 인터폰이 울렸다.

"예에."

세쓰코가 인터폰 화면을 보고 악, 하고 소리쳤다.

"세상에, 이걸 어떡하나!"

"실례합니다, 노구치입니다."

청년 옆에는 다소 통통한 중년 여성이 서 있었다.

"갑자기 찾아와 죄송합니다. 어머니가 꼭 채소를 가져다드려야 겠다고 하셔서."

"아, 예, 예. 지금 나갑니다."

인터폰을 끊은 세쓰코는 당황한 나머지 말을 잇지 못했다.

"아아, 어쩌나. 저, 저쪽 어머님이……."

"침착해. 뭘 그렇게 허둥대."

마사키가 말했다.

"연락도 없이 불쑥 찾아온 쪽이 이상한 거지. 우리가 허둥댈 일이 아니라고."

두 사람이 나란히 현관으로 나가 문을 열었다. 곤혹스러워하는 노구치와 방실방실 웃고 있는 모친이 서 있었다. 모친은 채소를 담은 종이봉투를 아들에게 맡긴 채 자신은 작은 상자를 안고 있었다.

"게이치로 엄마입니다. 그냥 여기서 말씀드릴게요. 배추와 소송채가 잘돼서 이걸 꼭 전해드리고 싶더라고요."

"저는 민폐라고 말렸습니다만."

"신선한 걸 드리고 싶어서요."

모친은 빠른 말투로 말했다. 생활하는 데 부족함이라고는 없는 사람 특유의 맑고 밝은 목소리였다.

"불쑥 찾아와서 죄송한데, 이거 드셔보세요. 토마토도 몇 개 넣어 두었어요. 그럼 저는 이만. 소란을 피우고 말았네요. 정말 죄송합니다."

떠나려고 하지만, 네, 그럼 안녕히 가세요, 라고 말할 수도 없었다.

"저어, 집 안이 지저분하긴 하지만 안으로 들어오셔요."

"아, 그렇게 말씀하시니 잠깐 실례할까요."

처음부터 그럴 작정으로 온 것처럼 노구치의 모친이 신발을 벗기 시작했다.

"어, 잠깐만요 어머니. 채소만 전달할 거라고 해놓고……."

"아뇨, 차라도 한 잔 하시지요."

양가의 식사 모임은 다음 달로 정해 두었지만, 노구치의 모친은 아마 그때까지 기다릴 수 없었던 모양이다.

"게이치로의 엄마입니다. 잘 부탁드립니다."

"유이의 엄마입니다. 저희야말로 잘 부탁드립니다."

"일전에 게이치로가 아주 융숭한 대접을 받고 왔다고 하더군요."

"아, 동네 초밥집에서 대접한 것이 못내 마음에 걸리는 걸요."

서로 장황하게 인사를 나눈다. 두 모친은 거의 같은 세대일 텐데 세쓰코가 훨씬 젊어 보인다. 노구치 모친은 옷차림에 그다지 신경 쓰는 사람이 아닌 듯했다. 볕에 그을린 화장기 없는 얼굴에는 턱살이 늘어져 있다.

"남편도 유이 씨를 맞아들이게 된 걸 아주 기뻐해요. 총명하고 반듯한 아가씨라고. 부모님께서 정말 잘 키우셨구나, 하고 생각했지만 역시 예상한 대로였군요……."

"아이, 아닙니다."

그때 마사키의 귀가 어떤 이변을 감지했다. 소리가 들렸다. 분명히 들렸다. 위층에서 '그'가 뛰고 있다. 이쪽으로 온다.

아, 계단을 급하게 뛰어 내려오는 소리다.

다가온다. 다가오고 있다.

"어어……."

세쓰코의 얼굴이 공포로 굳어졌다.

마사키도 공포에 질려 몸이 움직이지 않았다.

커다란 소리를 내며 '그'가 계단을 뛰어 내려온다.

쿵쿵쿵, 하는 소리가 눈사태처럼 몰려오고 거실 문이 힘차게 열렸다.

노구치와 모친이 입을 멍하니 벌리고 그쪽을 돌아다본다.

저지를 입은 쇼타가 서 있었다. 얼굴이 창백하다. 왜? 분노 때문이다.

"야! 시끄럽다고!"

분노는 세쓰코에게 쏟아졌다. 와락 멱살을 잡았다.

"야, 아침부터 왜 떠들어! 잠을 잘 수가 없잖아!"

"쇼 짱……."

세쓰코는 떨리는 목소리로 제 니트의 목깃을 움켜쥔 아들의 손목을 잡았다.

"쇼 짱……, 이게 무슨 결례니. 손님이 보시잖아."

"결례는 네가 하잖아. 사람이 자고 있는데 멋대로 손님을 부르고!"

"어, 아, 우리가 불쑥 찾아온 거예요."

노구치가 남자다운 모습을 보이려고 했다.

"쇼타 군이군요…… 저는 누나의 동료예요. 이쪽은 어머니인데 직접 가꾼 채소를 드리려고 온 겁니다."

"쓸데없는 짓 하지 말라고! 채소 같은 건 아무 데서나 살 수 있어!"

"쇼타, 입 다물어! 손님 앞에서 함부로 말하지 마라."

1초라도 빨리 이 자리를 수습해야 한다는 생각에 마사키는 초조하기만 했다. 일어나서 아들 앞에 섰다.

"우연히 들러주신 거다. 자, 어서 네 방으로 돌아가."

"내 말 못 들었어? 시끄러워서 잠을 못 자겠다고!"

이 집은 철근콘크리트 건물이라 방음이 잘 된다. 아래층 목소리가 위층에 들리지는 않을 것이다. 아마 쇼타는 인터폰 소리나 뭔가에 기척을 느낀 모양이다.

"아, 저희는 이만 실례하겠습니다. 모쪼록 편히 쉬세요."

노구치가 소파에서 일어섰다. 그의 눈에는 경악과 곤혹스러움이 생생하게 떠올랐다. 모친을 보니 기겁한 듯 주저앉아 있다. 대체 누구지? 아무래도 이 집 아들 같은데, 설마, 설마…… 하는 듯이 입을 멍하니 벌리고 있다.

"슬금슬금 돌아갈 거면 애초에 오질 말았어야지. 네가 그 여자가 만나는 남자냐?"

자극하지 않으려고 노구치를 소개하지 않았지만 쇼타는 이미 짐작한 듯했다.

"그 음란한 여자랑 결혼할 남자냐고. 역시 멍청하게 생겼네."

"쇼타!"

마사키가 쇼타의 팔을 힘껏 비틀어 올렸다. 어떻게든 해야만 한다. 어떻게든, 어떻게든…….

"너 오늘 대체 어떻게 된 거냐. 왜 이래."

"이거 놔, 씨팔!"

절규했다.

"손님 앞이라고 점잔 떨지 마! 난 원래 이렇잖아."

요전번처럼 의자를 번쩍 들어 올렸다. 한번 겪은 마사키가 재빨리 의자 다리를 붙들고 막았다.

"손님이 계시다! 그만해!"

"시끄러!"

아버지를 향하던 의자가 방향을 바꾸어 창문 쪽으로 날아갔다.

요란한 소리와 함께 유리가 깨져 유리 파편이 와장창 떨어졌다.

"지금 장난해, 장난하냐고!"

연달아 유리창을 깨뜨리는 살벌한 장면에 일동은 아무 소리도 못 했다.

가까스로 마사키가 쇼타 뒤로 돌아가 두 팔을 제압하려 했지만 쇼타는 가볍게 아버지의 팔을 뿌리쳤다.

"이것들이 진짜!"

잇달아 창문이 깨져나갔다.

"노구치 씨, 돌아가 주세요!"

예, 하고 대답하지만 노구치의 모친은 소파에서 일어서지도 못 했다.

"빨리 꺼져, 이 할망구야!"

의자가 이번에는 테이블을 향해 번쩍 쳐들렸다. 커피잔이나 쿠키가 공중으로 붕 떠올랐다가 사방으로 데구루루 굴러서 흩어졌다.

"다 때려죽인다!"

쇼타가 다시 한번 의자를 번쩍 쳐들었다. 몸을 뒤로 젖혀 반동을 준다. 의자가 날아간 곳은 식기장이었다. 와인잔과 위스키잔이 들어 있고, 아랫단에는 세쓰코가 수집하는 해외 브랜드 커피잔이 있었다. 유리가 연달아 깨지는 소리가 온 방 안에 울렸다.

"경찰에 신고해!"

마사키가 외쳤다. 부부뿐이었다면 참았으리라. 그러나 지금은 노구치 모자의 안전을 생각하지 않을 수 없다.

예? 하고 세쓰코가 움츠러들었다.

"빨리 신고해!"

"아, 네."

수화기를 들고 세쓰코가 뭐라고 소리치기 시작했다. 식기장으로 두 번 세 번 의자가 날아갔다. 수화기 너머로도 이 소리가 들리기를 마사키는 바랐다.

아들이 범죄자 취급을 받아도 할 수 없다. 이 자리를 넘길 수만 있다면.

순찰차 사이렌 소리는 으레 지나가는 거라고만 생각해 왔다. 잠깐 놀라지만 이내 멀리 사라지게 마련인 소리라고.

지금 순찰차는 집 앞에 멈추었다.

사이렌 소리가 들리자 쇼타는 움찔하며 동작을 멈추었다. 그 틈에 노구치 모자는 허겁지겁 밖으로 뛰쳐나갔다. 말썽에 연루되지 말자고 생각했을 것이다.

"정말 죄송합니다. 못 볼 꼴을 보여드려서……."

마사키가 문밖으로 나가 고개를 숙이자, 아뇨, 아뇨, 하고 노구치의 모친이 시선을 피한다. 게이치로가 빠른 말투로 말했다.

"저어, 일이 이렇게 돼서 저희야말로 죄송합니다."

"아닙니다."

사려 깊은 젊은이다. 어떻게든 이 청년과 딸을 맺어주고 싶지만 이제는 틀린 듯하다.

모자와 자리바꿈하듯 경관 두 명이 들어왔다. 집 안에서 경찰을 보게 될 줄은 몰랐다. 시내에서 볼 때와 달리 표정까지 시야에 똑똑히 들어왔다. 한 사람은 젊고 다른 한 사람은 중년이었다. 두 사람 모두 친절하지 않지만 고압적이지도 않았다.

"오오사와 씨인가요?"

젊은 쪽이 물었다.

"신고하셨죠?"

"예."

“오, 이거 상당히 심각하군.”

중년 경관이 실내를 둘러보았다. 유리창이 전부 깨져 있고 바닥에는 식기장 유리 파편이 흩어져 있으며, 내부의 술잔도 깨져 있었다.

“이놈입니다.”

마사키가 아들을 가리켰다.

“경관님, 이놈이 난동을 부렸어요. 어떻게 좀 해주십시오.”

그 순간 쇼타가 말했다.

“아빠…….”

아빠라는 말을 들은 것이 몇 년 만일까. 조금 전까지 공포와 분노를 안긴 상대방이 지금 투정을 부리듯 ‘아빠’라고 한다.

“아빠, 내가 잘못했어요.”

“아드님이세요?”

중년 경관이 물었다.

“네, 제가 아들인데 아빠랑 조금 다투다가 이렇게 되었습니다.”

“그래도 이건 너무 심하지 않나.”

“심했습니다.”

“보통은 기물 손괴죄로 바로 연행이야.”

“알고 있습니다.”

보통은, 이라니, 어떤 경우를 말하는 걸까. 마사키는 혼란스러웠다. 그럼 이 경우는 보통이 아니라는 말인가? 아들은 체포되지 않는다는 건가?

경찰이 아니면 막을 수 없다고 생각해서, 아들이 처벌받기를 바라서 신고했다. 그렇다, 처벌받았으면 좋겠다. 뭔가 커다란 힘으로 아들에게 벌을 주었으면 좋겠다. 본인이 벌인 짓을 후회하도록 만들고 싶다.

그러나 순찰차가 도착하자 쇼타가 갑자기 태도를 바꾸었다. 등을 웅크리고 눈길을 깔고 있다. 얌전한 모습이 더욱 위험하게 느껴져서 마사키는 소름이 돋았다. 아들의 내면에서 '교활'한 일면을 보았다. 생각해 보면 명문 사립에 합격한 아들은 결코 머리가 나쁘지 않았다.

"이봐, 아무리 화가 나도 집 안을 엉망으로 만들면 안 돼. 부모님 처지에서 생각해 보게."

중년 경관의 말투가 어느새 훈계조로 변하고 있지 않은가.

"잠깐만요."

마사키가 말했다.

"이걸로 끝내는 겁니까?"

"뭐, 아드님이 반성하는 것 같고……."

"조금만 더 늦었으면 크게 다칠 뻔했습니다."

"다친 사람이 없지 않습니까."

맞는 말이긴 하다. 쇼타는 창문이나 가구는 부숴도 부모나 노구치 모자를 다치게 하지는 않았다.

"저어, 아버님, 집안 일은 집안에서 해결해 주십시오."

"아니, 잠깐만요."

마사키가 소리쳤다.

"이런 짓을 저지른 놈을, 경찰이 그냥 내버려두는 겁니까?"

"부자지간 아닙니까."

경관이 말끝을 묘하게 끌었다.

"차분하게 대화해보세요. 아드님도 차분해졌으니까."

말을 마치자 경관은 나가버렸다. 집 안에 흩어진 유리 파편에 봄 햇살이 비껴들어 반짝반짝 빛나고 있다.

제일 먼저 입을 연 사람은 쇼타였다.

"지금 뭐하자는 거야……."

뱃속에서부터 나오는 목소리였다.

"부모 주제에 경찰에 신고나 하고."

"당연하지. 이런 짓을 저지른 놈은 설사 아들이라 해도 용서 못 해."

하지만 쇼타는 마사키의 시선을 피했다.

"나야말로 절대로 당신들을 용서하지 않을 거야."

거칠게 문을 닫고 거실을 나갔다.

마사키와 세쓰코는 우두커니 서 있었다. 방금 일어난 일이 현실이라고는 도저히 믿기지 않았다.

그때 인터폰이 울렸다. 반사적으로 세쓰코가 버튼을 누른다.

"네, 정말 죄송합니다…… 소란을 피워서, 네, 아들녀석이 아빠와 잠시 다투는 바람에…… 네, 네, 별일은 없습니다만, 마침 와 계시던 손님이 놀라서 경찰에 신고를 하고 말았네요."

인터폰을 끊은 뒤 세쓰코는 창가로 달려갔다. 유리가 거의 다 깨진 창문으로 밖을 내다본다.

“어떡해…… 이웃 사람들이 모여 있어요. 웬 순찰차냐고.”

“그만 됐어. 상관없어.”

마사키는 한 걸음 내딛기 위해 커다란 유리 파편을 주웠다.

“이웃에 알려져도 상관없어. 우리는 이미 체면 같은 거 따질 상황이 아냐. 오늘 똑똑히 알았어.”

그러더니 조용히 울기 시작한 아내에게 말했다.

“마음 단단히 먹어.”

2장

고뇌

이틀 후 저녁, 진료가 끝난 대기실에 마사키와 세쓰코, 유이 세 사람이 앉아 있다. 유이가 아무래도 2층 거실에는 가고 싶지 않다며 거절했기 때문이다.

"걔가 언제 내려올지 모르잖아. 절대로 그런 곳엔 가고 싶지 않아."

유이는 안경을 쓰고 있다. 눈이 퉁퉁 붓도록 울어서 콘택트렌즈를 낄 수가 없었기 때문이다.

유이는 약혼자에게 그날 있었던 일을 다 들었다고 했다. 집으로 돌아가는 차 안에서 노구치의 모친은,

"미리 알아서 다행이다."

라고 말했다.

결혼하고 나면 그런 동생이 있다는 걸 알아도 어쩔 수 없다. 그

전에 실상을 안 게 그나마 다행이라는 뜻이었다.

그 뒤 유이는 노구치를 다그쳤다고 한다.

"설마 이것 때문에 파혼하자는 얘기는 아니겠지?"

유이는 간밤에 노구치를 만나 많은 이야기를 나누었다. 그는 결혼 생각에는 변함이 없다고 단언했다.

"내가 유이 짱과 결혼하는 거지 동생이랑 하는 게 아니잖아."

그 대답에 유이는 소리 내어 울었다.

"다행이구나, 유이 짱. 노구치 씨가 좋은 사람이어서."

세쓰코도 덩달아 울기 시작했다.

"하지만 올해 안에 결혼하는 건 도저히 힘들대. 시간을 조금 더 달래……."

유이는 티슈에 코를 킁, 풀었다. 화장기 없는 얼굴에 안경까지 쓰니 중학생 때 모습이 보인다. 아무리 콘택트렌즈를 권해도 고집을 꺾지 않았다.

"못난이가 되어야 할 때는 미련 없이 못난이가 될래요."

공부할 때 쓸데없는 잡념을 차단하려는 의지였다.

딸은 이를 악물고 공부해 일류 대학에 들어가 일류 기업에 취직했다. 그리고 노력하지 않는 동생을 힐책하게 되었다.

갑작스러운 쇼타의 난동은 누나의 발언이 계기였다.

"나, 이대로는 결혼 못 해요. 어떻게든 해줘요."

부부는 딸의 요구가 타당하다 생각하고 행동에 나섰지만 결과는 최악이었다.

"그이가 그랬어요. 그놈이 의자를 번쩍 들고 달려드는데 죽는 줄 알았다고."

"설마 그렇게까지야……."

라고 말하려다가 입을 다물었다. 경찰을 부른 사람이 바로 자신이다. 부친인 자신도 공포를 느꼈는데, 쇼타를 처음 본 사람이라면 몇 배는 더했을 것이다.

"그쪽 어머님은 기절 직전이었대요."

"……."

"그이도 처음에는 동정적이었어요. 의대에 떨어지고 히키코모리가 되다니 얼마나 힘들었겠냐며."

노구치는 아직도 그 거짓말을 믿는 듯하다.

"이번에 쇼타를 직접 만나고 나서 분명히 말했어요. 솔직히 그 정도로 심각할 줄은 몰랐다고. 지금까지 무슨 일이 있었던 거냐고 묻길래 내가 다 얘기했죠. 그러자 정신과 진료를 받아야 한다고 했어요. 아마 정신질환일 거라고."

"잠깐만."

마사키가 딸을 노려보았다.

"쇼타가 정신병원에 가야 할 정도는 아니지. 아무리 약혼자라도 지나친 참견 아니냐."

"아뇨, 히키코모리는 대개 마음의 병을 앓고 있어요. 일이 이 지경에 이르렀으니 어디 병원에라도 입원시켜요. 평생 못 나오도록."

숨을 삼키고 말을 이었다.

"그러지 않으면 나는 평생 행복해질 수 없어요. 만약 결혼을 못 하면 언젠가 자살할지도 몰라요."

딸의 한마디는 부부를 두려움에 떨게 했다.

마사키는 전직 고위 공무원이 히키코모리 아들을 살해한 사건을 떠올렸다. 그의 아들도 오랫동안 방에 틀어박혀 지내며 가족에게 주먹을 휘둘렀다. 사건이 보도되었을 때, 사람들은 부친을 비난하기보다 오히려 동정했다. 살해된 아들에게 누이동생이 있었는데, 오빠 때문에 결혼이 깨진 뒤 괴로워하다가 끝내 자살을 하고 말았다는 보도가 나왔기 때문이다.

"세상에, 자살이라니, 아무리 엄포라고 해도 어떻게 그런 끔찍한 말을 하는지."

세쓰코는 '엄포'로 치부함으로써 어떻게든 상황을 누그러뜨리려는 듯하다.

"그쪽 어머님은 몰라도 노구치 씨하고는 잘 지내고 있잖아요. 여차하면 두 사람이 알아서 결혼해 버리는 방법도 있고."

게다가, 하고 덧붙였다.

"유이는 자살할 아이가 아니에요. 워낙 야무져서 어지간한 일에는 좌절하지 않잖아요."

물론 그렇지. 마사키는 대답했지만, 노구치라는 청년이 모친을 "어머니"라고 부르던 다정한 말투가 자꾸만 떠올랐다. 도시 중산층 집안 아들은 대부분이 엄마 말에 휘둘리는 마마보이다. 그 점은 넘어간다고 해도 어딘가 우유부단한 모습이 마음에 걸렸다.

지금은 유이에게 꽉 잡혀서 결별을 고하지 않고 있을 뿐, 조만

간 부모의 설득에 꺾이겠지. 그러면 유이는 큰 충격을 받을 것이
다.

열심히 노력해서 인생의 사다리를 올라온 딸은 자존심이 강하
다. 스스로 선택받은 사람이라고 믿는 듯하다. 그 믿음은 낙오해
버린 동생을 향한 가차 없는 말투에서 드러난다. 남다른 우월감
을 가진 사람일수록 좌절에 약하다. 자살까지는 아니더라도, 심
적으로 크게 무너질 수 있다.

"유이가 불쌍해요. 아무 잘못도 없는데 동생 때문에 행복이 깨
질 판이니."

"나도 아니까 그만해."

"그래도 병원에 입원시키라니, 말도 안 돼요."

병원에 동생을 가두라고 요구하는 딸이야말로 정신에 문제가
있는 건 아닐까, 하고 마사키는 생각했다.

7년 전까지 아들은 지극히 평범한, 아니 평균 이상으로 뛰어난
아이였지만 어느 날 갑자기 다른 인간이 되어 날뛰기 시작했다.
정말로 정신에 이상이 생긴 걸까. 의심이 들긴 하지만 어디까지
나 일시적인 현상이라 생각한다. 결코 유이의 말처럼,

"어디 병원에라도 입원시켜요. 평생 나오지 못하도록."

이라고 할 만한 상태는 아니다. 시간이 지날수록 불쾌감이 올
라온다. 쇼타의 뒤틀린 정신 상태에 유이까지 끌려들어가는 건
아닐까?

세쓰코는 딸에게 말했다.

"너…… 왜 그렇게 무서운 말을 하니. 동생을 병원에 가두라니."

"그럼, 아버지 엄마가 경찰을 부른 건 뭐예요."

언변이 좋은 딸이다.

"쇼타를 유치장에 가두려던 거잖아요. 폭력으로 체포해서 벌을 줄 생각이었잖아요. 입원이랑 뭐가 달라요."

아니야. 마사키는 속으로 소리쳤다. 경찰에 신고한 건 훈계이자 설득이었다. 공공기관으로부터,

'너는 크게 잘못하고 있다.'

라는 판정을 받고 싶었을 뿐이다. 그러나 허사였다. 출동한 경관은 집안일은 집안에서 해결하라고 말하고 떠나버렸다.

"내 말이 맞잖아요."

유이는 말 없는 마사키에게 이겼다는 듯이 웃었다.

"아버지, 일이 터지고 난 다음에는 늦어요. 저 애는 분명 뭔가 저지를 거예요. 지금은 집안에서 난동을 부리지만 조만간 칼을 들고 거리로 나갈 거라고요. 그러다 사건이 터지면 우리 가족은 그야말로 파멸이에요."

파멸. 그 전에 딸은 '폐인'이라는 말도 썼다.

파멸, 칼, 폐인…… 유이가 흉흉한 단어들을 쏟아내고 돌아간 지 사흘째다.

"정신과 병원으로 이송이라니, 그게 되겠어?"

"네? 이송이라뇨?"

"입원 말이야."

"그만해요, 사람 겁주는 말은."

세쓰코가 발끈해서 노려보았다.

"우리도 어느새 유이 말에 물들고 있어요. 물론 쇼타가 난동을 부렸지만, 평소에는 얌전하잖아요. 그쪽 어머님 목소리에 자극을 받았을 거예요. 원래는 어디 하나 이상한 데가 없는 아이잖아요. 그렇죠?"

"그래. 그렇지."

유이 말을 듣고 이것저것 알아보았지만, 일단 진단 이력이 없는 사람을 바로 입원시키기는 거의 불가능하다는 걸 알았다.

"그래도 한 번은 진료를 받아 보는 게 필요할지도 몰라."

의자를 번쩍 들어 창문을 깨뜨리던 쇼타의 모습을 떠올렸다. 뭔가에 씐 것 같았다. 무엇에 씌었는지 확인하는 일은 결코 의미 없는 일이 아니리라.

"조울증이든 통합실조증이든 진단이 나오겠지. 히키코모리는 대개 어딘가에 나사가 풀려 있어. 그런 생활을 7년이나 하다 보면 누구라도 이상해지지."

어느새 세쓰코는 고개를 주억거리고 있다.

"유이 말은 지나쳤어. 병원에 가두라니, 말도 안 돼. 하지만 제대로 진단은 받아 봐야 해."

당장 떠오르는 정신과 의사만 몇 사람 있다. 대학 시절 마사키가 활동하던 경음악 서클에서 친해진 의대생 친구들은 몇 년에

한 번씩 모이곤 한다. 휴대전화 번호도 아는 사이다.

"유이 말에 휘둘리면 안 돼. 지금 자기 일밖에 안 보이는 애한
테 끌려다니다가는 우리 집이…….."

파탄날지도 모른다.

옛 친구인 정신과 의사에게 전화하려고 진료실로 내려갔다. 오늘 오후는 3시와 4시에만 진료 예약이 있다.

파트타임 접수 직원 오무라 유리코가 조심스러운 얼굴로 말을 건넸다.

"선생님…… 저어, 아까 유리가게 사장님이 청구서를 보냈는데요……."

"고마워요."

근방에 소문이 쫙 퍼졌을 것이다. 창문이 요란하게 깨진데다 순찰차까지 출동했으니.

"저어, 선생님."

유리코는 머뭇머뭇 서 있었다.

"쇼 짱, 괜찮나요?"

"놀라게 해서 미안해요. 많이 놀랐겠지."

지난주 일요일에 벌어진 일이었다. 치과도 쉬는 날이어서 유리코는 출근하지 않았는데.

"2층 창을 깬 게 쇼 짱이었군요."

"뭐, 잠깐 나랑 다투다가. 나도 어른답지 못했어요."

"어릴 때부터 봐서 어떤 아이인지 저는 잘 알지만……."

남 흉보기 좋아하는 사람은 다르게 생각한다는 뜻일 것이다.

"저어, 예약 취소가 있어서…… 위층에서 유리 조각이 떨어질까봐 무섭대요."

각오는 했지만 쇼타에 대한 소문이 퍼질 대로 퍼졌다.

"하는 수 없죠. 이런 사람도 있고 저런 사람도 있게 마련이니까."

"순찰차가 세 대나 출동하다니, 아주 심각했나 봐요."

"한 대였어요. 바로 돌아갔고."

속이 뒤틀렸다.

"작은 문제가 있었을 뿐이에요. 다시는 그런 일 없을 테니 안심하세요."

진료실로 들어가 윗주머니에서 휴대전화를 꺼냈다. 대학병원은 지금쯤 점심시간이 아닐까 하는 짐작대로 바로 시미즈가 전화를 받았다.

"웬일이야. 자네가 전화를 다 하고."

"실은 상의할 게 있네. 지금 통화 괜찮나?"

"괜찮아."

마사키는 단숨에 털어놓았다. 7년간 히키코모리로 지낸 아들이 갑자기 폭력을 휘두르기 시작했다는 것. 정신과 치료가 필요하지 않을까 고민된다는 것. 간결하게 전할 생각이었지만 어느새 길어지고 말았다.

"혹시 자폐증 같은 건 아니겠지?"

"아주 평범한 아이였네. 명문 사립에 합격할 만큼 머리도 좋고."

"진단해 보기 전에는 알 수 없지만 통합실조증이 의심되는군.

뭐, 오랫동안 히키코모리로 지낸 사례에서 통합실조증인 경우가
종종 있네.”

감정을 제대로 조절하지 못하는 질환이다.

“치료하면 나을 수 있을까?”

“개인차가 있어서 뭐라고 단언할 수 없지만 방치해두면 점점
나빠질 뿐이지. 요즘 우리 병원에도 히키코모리 아들에 대한 상
담 건수가 늘고 있네. 8050문제가 세간의 화제니까 부모로서 불
안할 수밖에 없겠지. 70대 부모가 자기가 죽으면 아들은 어쩌냐
고 이제 와서 입원시키려는 경우도 있고.”

“입원 치료는 가능한 건가?”

“입원시키고 싶나?”

스마트폰 저편에서 비웃는 얼굴이 보이는 듯했다. 원래 그렇게
웃는 놈이었다.

“아니…… 역시…… 할 거면 철저히 치료하려고…….”

“부모로서는 입원시키고 싶겠지. 통합실조증은 대개는 약물로
좋아지네. 단기간은 아니야. 2, 3개월 걸릴 거야. 심하면 입원이
고.”

2, 3개월의 입원이라…… 저도 모르게 안도의 한숨이 새어나오
려 했다. 그 정도면 시간을 벌 수 있다.

“아무튼 일단 데려와 보게.”

“잘 부탁하네.”

“혹시 병원에 방문할 날짜가 정해지면 연락하게. 최우선으로

진료할 수 있게 해놓을 테니까."

통화를 끝낸 뒤 마사키는 반사적으로 위층을 올려다보았다. 그 사건 이후 습관처럼 되어 버렸다. 아들이 얌전하게 지내는지가 늘 걱정이다.

시계를 본다. 예약 환자가 오려면 아직 시간이 있다.

마사키는 내부 계단을 통해 2층으로 올라갔다. 세쓰코가 점심 설거지를 하는 주방을 지나 3층으로 가는 계단을 올랐다.

오랜만에 계단을 오른다. 늘 2층에서 아들이 내려오기만을 기다렸지만 지금은 직접 올라가야 한다고 마사키는 마음먹었다. 밤이 아니라 낮 시간이면 방에서 다소 난동을 부려도 이웃에 소리가 덜 들리지 않을까.

노크를 하자 왠지 모르겠지만 반응이 느껴지는 듯했다.

"쇼타, 자니?"

대답이 없다.

"잠깐 얘기 좀 하고 싶은데, 문 좀 열어볼래?"

안에서 움직이는 소리가 났다.

"뭔데—"

흐리터분한 목소리였다.

"거기서 얘기해."

"알았다."

호흡을 골랐다.

"쇼타, 잘 들어봐. 요전번 일은 엄마 아빠에게도 충격이었다.

대체 무슨 일이 일어난 건지 지금도 잘 모르겠다. 아마 너도 잘 모르겠지. 뭔가 욱해서 폭발해 버렸을 거야."

대답은 전혀 없었다. 마사키는 문의 나무무늬를 응시했다. 싸구려 티가 나는 문이다. 어쩔 수 없었다. 타계한 부친이 집을 지을 때, 돈을 의원 쪽에 쓰고 주거 공간은 최대한 저렴하게 지었으니까. 천장을 포함해서 벽지는 한 번 교체했지만 문까지는 손을 대지 못했다. 여기저기 긁힌 자국투성이다. 쇼타의 공부방이 된 뒤로 문을 난폭하게 여닫게 되었기 때문이다.

"그래서 말인데, 쇼타. 같이 병원에 가보지 않을래? 치대에 다닐 때 사귄 의대 친구가 있어. 예전부터 잘 아는 친구여서 충분히 상의했다. 약으로 고칠 수 있는 병이라고 하더라. 애야, 듣고 있니?"

저도 모르게 문을 두 번 세게 노크해 버렸다.

"아버지는 어떻게 하면 네가 예전 모습으로 돌아와 줄지 내내 생각했다. 역시 병원에 가는 게 가장 좋은 방법인 듯하다. 어때, 아버지랑 같이 가보겠니?"

아무 소리도 들리지 않았다. 침대에서 귀를 막고 있지는 않을까? 마사키는 흠집투성이 문을 발로 차고 싶은 충동을 꾹 눌렀다.

"뭐, 좋다. 아빠가 매일 여기 와서 얘기하마. 문 너머로라도 좋으니 차분하게 얘기해 보자. 알겠지?"

대답은 없다.

계단을 내려가자 세쓰코가 기다리고 있었다. 아무래도 마사키의 이야기를 듣고 있었던 듯하다.

"힘들지 않을까요……."

"그걸 어떻게 알아."

"7년이나 방 안에 틀어박혀 있던 아이를 어떻게 병원에 데려간다는 거예요? 목에 밧줄을 걸어서 끌고 갈 수도 없잖아요. 마취라도 시킬 거예요?"

"엉뚱한 소리 하지 마. 설득해서 데려갈 거야."

"설득에 따라줄 거였으면 7년이나 방 안에 틀어박히지도 않았죠."

오늘의 세쓰코는 사뭇 시비조다.

"실은 유이가 문자를 보냈어요."

"걔가 또 왜?"

이번에는 어떤 요구를 했을까.

"유이에게 쇼타를 정신과에 데려가는 건 도저히 무리라고 하니까, 딱 맞는 곳이 있다면서 문자를 보냈어요."

"그 애 말은 믿을 게 없어. KIGARU학교인지 뭔지 하는 것도 결국 상담료와 마중 비용만 뜯겼잖아."

상담료는 그럴 수 있다고 쳐도 마중 요금이라는 게 기묘했다. 청년 두 사람이 방문하여,

"같이 우리 학원에 갑시다"

라고 권유했을 뿐 아닌가.

그들은 적어도 다섯 번은 시도했으면 좋겠다고 했지만, 처음

한 번으로 그만두었다. 쇼타가 그들에게 가르쳐주었다는 아이디
도 가짜였던 것이다.

"이걸 봐요."

세쓰코가 구식 피처폰을 내민다. 거기에는 '엄마에게'라고 적혀
있었다.

'아무튼 쇼타를 병원에 입원시켰으면 좋겠어. 그때는 전문가의
힘을 빌려야 해. 비용은 들지만 병원까지 확실하게 보내줄 거야.'

'호프 이송 서비스'라는 상호가 적혀 있었다.

'히키코모리나 가정폭력으로 고민하십니까? 세심한 서비스를
자랑하는 이송 서비스에 연락주십시오. 반드시 당사자를 병원으
로 이송해 드립니다.'

설명문 옆에는 구급차 같은 차량 사진이 있었다.

유이의 글.

'난동을 부리는 사람도 확실하게 보내준대. 대신 비용이 꽤 드
는가 봐. 5백만 엔이라고 했던가.'

믿기지 않는 금액이었다.

밤 11시 반, 마사키는 아들 방 앞에 섰다. 아마 쇼타는 이미 깨
어서 아래층 상황에 신경을 곤두세우고 있을 것이다. 부모가 침
실에 들어갔는지 알아보려고 귀를 바짝 기울이며.

이 시간에 아버지가 올라오다니 뜻밖이라고 생각하겠지.

"쇼타, 문 좀 열어줄래?"

예상했지만 아무 반응도 없다.

"그럼 여기서 이야기하자. 시간이 좀 걸릴 것 같으니까 앉아서 얘기하마."

자칫 움츠러들려는 마음을 풀어주려고 복도에 털썩 주저앉았다.

"얼마 전 일 말이다. 유리창 교체 비용이 얼마나 들었는지 아니? 벌이가 시원치 않은 치과 의사에게는 상당히 부담스러운 액수였다."

우선은 부담이 덜한 화제로 시작하여, 그 일로 나무라지는 않겠다면서 계속했다.

"넌 유이의 혼담을 깨뜨리고 싶었겠지. 사실 그쪽 어머님은 이런저런 말을 했다지만 당사자인 노구치 군은 전혀 흔들림이 없다는구나. 보기와 다르게 배포가 두둑한 청년이야. 아니면 기가 센 유이에게 차마 말 못 하고 끌려가고 있을 뿐인지도 모르지. 뭐, 어쨌거나 앞일은 알 수 없다…….'

쇼타가 문 건너편에서 듣는다. 마사키는 확신했다.

"유이는 너를 병원에 데려가 보라고 했어. 아빠도 같은 생각이야. 너는 지금 분명히 마음에 병이 있다."

의자를 들고 몸을 한껏 뒤로 젖히던 아들, 그리고는 있는 힘껏 창문을 깬 아들. 병이 아니고 무엇이랴.

"낮에도 이야기했지만, 아버지 동창 중에 정신과 의사로 일하는 사람이 있다. 친절하고 좋은 사람이야. 정확하게 진찰해 줄 거다. 어떠냐, 아버지랑 같이 그 친구에게 가볼 마음은 없냐?"

문 안에서 부스럭, 종이 움직이는 소리가 났다. 쇼타가 책상 위의 물건을 만진 모양이다.

"7년 전에 만났던 의사 때문에 그러니? 네가 학교에 가지 않게 된 직후였지. 구 상담센터에서 소개한 병원인데 네 이야기를 충분히 듣지 않고 자기 의견만 말하던 작자였어. 불운한 일이야. 지금 생각해도 안타깝다."

이 대목에서 잠시 숨을 골랐다.

"쇼타, 이 자리에서 확실하게 얘기하자. 너는 병원에 갈 마음 없니? 아빠가 같이 갈 거야."

다시 부스럭, 하는 종이 소리 말고는 반응이 없었다.

"앞으로 평생 불운을 질질 끌고 살 거냐? 불운을 행복으로 바꾸자는 생각은 안 하니?"

마지막 말은 스스로 생각해도 너무 진부하다. 요즘 집중해서 책을 잔뜩 읽은 탓이다. 서점에 전문 코너가 있을 정도로 히키코모리에 관한 책이 많아서 꽤나 놀랐다.

"불운을 행복으로 바꾸자."

KIGARU학교 운영자의 명언이었다.

"유이는 강경한 방법을 쓰라더라. 누구든 병원에 데려가는 업체가 있다면서. 최소 5백만 엔은 들지만, 확실하게 보낸다는 말을 듣고 아빠는 깜짝 놀랐다. 5백만 엔이면 엄청난 금액이야. 어지간한 월급쟁이 연봉이지. 왜 그런 목돈이 드는지 궁금해서 아빠도 조사해 봤다. 신문 기사도 검색하고. 그 업체는 끔찍한 곳이더라.

싫다는 사람을 억지로 차에 실어 멀리 끌고 가는 거야. 병원 격리 시설일 때도 있고 아파트일 때도 있고. 스마트폰을 압수해서 부모에게 연락을 못 하게 하고 얼마 전에 감금된 사람이 도망쳤는데 기저귀를 찬 채 탈수 상태였다고 한다……."

어느새 마사키의 목소리는 떨리고 있었다.

"아빠는 그 사실을 알고 절망적인 심정이었다. 유이는 그곳이 어떤 업체인지 알면서도 우리에게 추천했을까. 두려워서 눈앞이 캄캄해졌다."

주먹으로 눈물을 훔쳤다.

"너희는 사이좋은 오누이였지 않니. 유이는 기가 세서 어릴 때부터 널 괴롭히곤 했지. 널 자주 울려서 엄마한테 혼나곤 했어. 하지만 네가 다른 아이에게 괴롭힘을 당하면 몽둥이를 들고 혼내주러 달려갔지. 입시 공부할 때도 여러 가지로 걱정해 주었어. 그때는 누나다운 모습을 보여주었는데 지금 유이는 자기 행복밖에 안중에 없는 거다. 가족이, 또 한 사람을 궁지에 몰아넣으려 하고 있어. 아빠는 두렵다. 우리 가족은 지금, 붕괴하고 있어. 얘야, 쇼타, 듣고 있니……."

목소리에 울음이 섞였다. 눈물을 이용하려는 것처럼 보이겠지만 어쩔 수 없다.

"아빠가 평생 가꿔온 가정은 이제 끝났다. 유이를 저런 인간으로 만들고 만 것도 아빠 엄마의 책임이지. 하지만 사람에게는 어쩔 수 없는 상황이란 게 있다. 유이는 지금 행복을 잡지 않으면 평생 기회가 없을지도 모르는 거야. 비정한 딸이라고 생각하지만, 유이의 바람을 들어주는 게 맞을지도 모른다. 그러니까 쇼타, 대답을 해줘. 아버지와 함께 아버지 친구한테 갈지, 아니면 낯선 남자들에게 강제로 끌려가서 허울뿐인 격리시설에 들어갈지. 자, 네가 정해다오. 말을 안 하면 아빠는 그 업체에 전화할 거다. 놀랍더라, 적발된 업체가 있는데도 인터넷을 검색해 보면 비슷한 업체가 수두룩해. 5백만 엔만 내면 그들은 기꺼이 너를 끌고 갈 거다. 겁주려는 게 아냐. 우리는 그렇게 하지 않으면 안 될 지경까지 온 거다. 그리고 우리 모두를 여기까지 몰고온 사람은, 유감스럽게도 너란 말이다……."

문을 두드렸다.

"애야, 쇼타, 듣고 있니? 대답이 없으면, 아빠는 24시간 언제라도 달려온다는 업체에 전화를 할 거다. 자, 어떡할래. 확실히 말해줘. 너는 늘 중요한 사실은 말하지 않았지. 이제 조용히 지낼 수 있는 시간은 끝난 거야……."

그때였다.

"앗."

마사키는 너무 놀라 소리를 질렀다. 문이 벌컥 열렸다. 눈앞에 저지 차림의 쇼타가 서 있었다. 때리려고? 반사적으로 몸을 움츠렸지만 그런 일은 없었다. 뜻밖에도 쇼타의 눈이 붉게 부어 있었다. 눈물을 참고 있는 듯하다.

그리고 입을 열었다.

"나는 미치지 않았어."

"안다."

"병에 걸리지도 않았어."

"아니, 그건 아니야."

이때라는 듯이 마사키가 응수했다.

"넌 감정을 조절하지 못하는 병이 있어."

"하지만 미치지는 않았어."

"그래, 미친 건 아냐."

대면하고 보니 아들의 키가 훌쩍 커 있다. 아들이 난동을 부릴 때, 한순간 뜯어말리기를 주저한 것도 본능적으로 키 차이를 느꼈기 때문인지 모른다.

"미치지 않았다고 증명하자. 병원에서."

"병원 같은 덴 가고 싶지 않아."

"안 돼, 쇼타. 너는 가야만 해."

"나는……."

말끝을 흐린다.

"나는 병원에 가도 사실을 말하지 않을 거야. 아무리 친절한 의사라도 진실은 이야기하지 않을 거야. 그러니까 가 봐야 소용없어."

"그럼, 지금 말해봐, 사실을 말해봐. 아빠한테 말해봐."

"……."

"너는 소리쳤었지. 그저 복수를 하고 싶은 거라고."

"……."

"아마 그건 무서운 복수를 뜻하겠지. 차마 입에 올릴 수 없어서, 네가 이토록 괴로운 거겠지."

아무 대답도 없다. 그러나 퉁퉁 부어오른 눈에 놀라움이 한순간 스쳤다.

"확실히 말해. 지금 말하라고. 너를 괴롭힌 그 세 놈에게 복수하고 싶겠지."

"그놈들을 어떻게 알았지?"

본심을 들킨 게 수치스러운지 쇼타는 다시 입을 다물어버렸지만 조금 전과는 전혀 다른 표정이었다.

"나는 네 아빠야. 너에 대해 전부 알고 싶다. 아니, 전부는 애초에 불가능하겠지. 그래도 하나는 알고 싶다. 너는 왜 이렇게 아픈 거냐. 말하지 않아도 좋아. 아빠가 찾아낼 테니까."

쇼타가 얼굴을 들었다. 빨갛게 부은 눈. 뭔가 말하려 하지만 고통스러워 몸부림치는 듯한 눈빛.

그때 생각도 못 한 무언가가 마사키를 뒤흔들었다. 마사키는 쇼타의 어깨를 잡았다.

"너, 복수해라."

"어?"

"철저하게 복수해. 아빠가 도울게."

"정말……?"

놀란 나머지 입을 멍하니 벌린다.

"당신까지 범죄자가 될 텐데."

그 말에 쇼타가 생각하는 복수가 뭔지 알 것 같아서 등줄기가 오싹했다. 하지만 여기서 주춤거릴 수는 없다. 몇 년 만에 아빠에 대한 신뢰가 희미하게나마 싹트려 하는 순간이니까.

"좋아! 결정했다. 병원에는 안 간다. 우리 둘이 변호사를 찾자. 어떠냐."

"변호사……."

처음 듣는 말인 양 중얼거렸다.

"아빠는 밤낮 고민하면서 5백만 엔을 마련했다. 적금을 헐었어. 걱정 말아라. 우리 집엔 아직 돈이 더 있으니까. 원래는 이송 업자에게 의뢰할 돈이었지만, 좋아, 이제 알겠다. 이 5백만 엔으로 변호사를 고용하자. 네가 원하는 복수를 하는 거다."

"무리야."

쇼타가 외쳤다.

"이제 와서, 뻔히 힘든 일이잖아."

"너는 복수를 하고 싶다고 했지."

"……."

"어떤 복수를 생각하는 거냐. 죽일 수는 없잖니. 고작해야 때리거나 차로 들이박는 정도겠지."

쇼타는 조용히 고개를 저었다.

"아니, 말 그대로 때려죽이는 거야. 항상, 어떻게 죽일까 어떻게 죽일까, 그것만 생각하고 있어."

과거형이 아니라 현재진행형이라는 점에 마사키는 오싹했다.

"조금만 기다려. 다른 방법이 있을 거다. 아빠가 변호사를 고용해서 네가 죽이고 싶을 만큼 증오하는 놈들에게 법으로 무서운 벌을 내리마."

"무리라니까. 벌써 7년이나 지났잖아."

"왜 무리라고 단정하지? 아빠가 당장 변호사 사무실에 가보마. 아직도 복수가 가능하다면 제대로 하는 거다. 아빠랑 같이."

"……."

"약속해라. 지금도 가능하다면, 아빠랑 같이 싸우겠다고."

쇼타는 묘하게 혈색 좋은 아랫입술을 깨물었다. 어릴 때 화가 나면 꼭 하던 버릇이다. 아버지 제안을 받아들이는 자기 자신이 못마땅한 듯했다.

"좋아! 결정한 거다."

마사키는 아들 어깨에 손을 올리려다 멈칫하며 그만두었다.

평범한 사람이 변호사를 고용하는 건 결코 만만한 일이 아니었다.

인터넷에 변호사 사무실은 수두룩했지만 선뜻 믿음이 가지 않았다. 변호사는 역시 누구 소개로 만나야 할 텐데 연줄이 없었다. 더구나 이번 경우는 소년 시절 당한 이지메라는 특수한 사건이다. 그런 사례를 다룰 줄 아는 변호사가 많을 리 없다.

예상대로 세쓰코는 반대했다.

"7년이나 지난 일인데 이제 와서 고소한다고? 그런 게 가능하기나 해요?"

믿기지 않는다는 듯이 고개를 저었다.

"그럴수록 그 아이는 과거에 매달리게 돼요. 고통스러운 과거에서 못 빠져나온다고요. 그보다 병원 치료가 먼저 아니에요?"

"녀석이 그건 싫대."

"그러니까 유이가 말하잖아요. 이송업자에게 의뢰하면 된다고. 나도 알아봤는데 멀쩡한 업체도 있더라고요."

"그것도 싫대. 싫다는 걸 억지로 끌고 가면 또 난동을 부릴 게 뻔해."

"그게 싫으니까, 빨리 그 업체에 의뢰하자는 거잖아요……."

논쟁은 헛바퀴를 돌릴 뿐이다. 마사키가 도중에 못을 박았다.

"이 일은 유이에게 말하지 마. 또 어떤 참견을 할지 모르니까."

"알아요. 이런 얘기를 어떻게 하겠어요. 또 난리 칠 텐데."

마사키는 못 들은 척하며 친한 치과 의사 마나베를 떠올렸다. 임플란트 비용 문제로 환자에게 고소를 당해 변호사를 고용한 적이 있다. 한동안 힘들었다고 술자리에서 투덜거렸던 기억이 난다.

마나베에게 전화해 사정을 털어놓자 스마트폰 너머에서 흐음, 하고 신음하는 듯한 소리가 들렸다.

"7년 전 이지메 사건이라…… 고소가 가능하겠냐가 문제군. 우리 변호사 선생은 의료 분쟁 전문이지만, 아마 다른 변호사를 소개해 주지 않을까? 잠깐 시간을 주게."

연락은 열흘 뒤에 왔다.

"유무라 선생이라고, 소년 사건에 해박한 변호사가 있대. 이 선생이라면 힘이 되어 줄지도 모르겠다는데."

주소와 전화번호를 받았다. 주소가 오오쓰카라는 사실에 왠지 마음이 놓였다. 긴자나 고지마치 같은 화려한 동네는 소년을 위해 싸우는 변호사와 어울리지 않는 느낌이다.

마나베에게 받은 번호로 연락하자 여성이 받았다. 소개해 준 변호사 이름을 말하니 잠시 뜸을 두었다가 사무적인 목소리로 대답했다.

"모레 2시는 어떠세요?"

예약 환자가 한 명 잡혀 있었지만 전화해서 날짜를 조정하기로 했다. 다른 병원으로 가버린다 해도 상관없다. 소중한 첫걸음이다. 무슨 일이 있어도 내디뎌야 한다.

그날 저녁, 마사키는 열흘 만에 쇼타 방 앞에 섰다.

"얘야, 듣고 있니?"

아무 소리도 없다.

"아빠가 소개받은 변호사를 모레 만나러 간다. 7년 전 일을 지금 고소할 수 있는지 물어보마. 아빠는 이미 행동을 시작했다. 아마 잘될 거다. 아빠는 믿어."

소리는 나지 않지만 아들이 침대에서 몸을 일으키는 기척이 느껴졌다. 마사키는 문 너머로 말했다.

"죽이기 전에 우리 둘이 해결해보자. 알겠지, 쇼타? 복수하는 거다."

오오쓰카 역에 내리기는 오랜만이다. 20년쯤 전에 은사의 퇴임 연회에 참석하려고 간 것이 마지막이었던가.

역전 광장을 지나 모퉁이를 한 번 돌자 그 빌딩이 나왔다. 1층이 커다란 편의점이어서 바로 알 수 있을 거라고, 전화 응대하던 여성이 말한 그대로였다.

엘리베이터로 4층까지 올라갔다. 마사키는 제법 긴장하고 있었다. 어쩌다 우연히 변호사와 술을 마신 적은 있지만 법률사무소에 들어가기는 처음이다.

엘리베이터를 내려 오른쪽으로 가자 '유무라 법률사무소'라는 명패가 붙은 문이 보여서 노크를 했다.

곧 문이 열렸다. 젊은 여성이 서 있었다.

"오오사와로 예약했습니다."

"어서 오세요."

사무실은 그리 넓지 않았다. 젊은 남자 하나가 컴퓨터 앞에 앉아 있었다. 그 옆을 지나 안쪽 방으로 들어갔다. 사무실 한쪽에 무리하게 만든 듯한 작은 개인실이었다.

안내받아 들어가자 테이블과 의자 두 개가 있었다. 장식이라고는 없었다. 내준 녹차 페트병도 이 자리에 걸맞게 쌀쌀맞은 느낌이다.

잠시 후 뒤쪽 문이 열리고 덩치가 듬직한 중년 남성이 들어왔다. 전화 목소리로는 좀 더 젊은 사람을 상상했기에 관자놀이에

흰머리가 섞인 모습은 의외였다.

"처음 뵙습니다. 오오사와라고 합니다. 니시무라 선생 소개로 왔습니다."

니시무라 선생—마나베가 물어봤다는 변호사—하고는 한 번도 만난 적이 없지만 예의상 한 말이었다.

"유무라입니다, 이쪽으로 앉으시지요."

유무라 변호사가 명함을 내밀었다. 이름 위에 '도쿄변호사회 소속'이라고 적혀 있다.

"아드님 일로 상담하실 게 있다고 들었습니다만."

"예, 그렇습니다."

부모가 멍청했다는 말을 들을까 무서워 마사키는 최대한 요령 있게 이야기를 시작했다. 말미에 가장 불안했던 질문을 꺼냈다.

"선생님, 아들을 괴롭힌 급우들을 7년 지나서도 고소할 수 있을까요?"

황당무계하다는 반응이 나오면 끝이다.

"시효라는 것은 이미 지났나요?"

"가능합니다."

"네?"

이쪽에서 맥이 빠질 만큼 간결한 대답이었다.

"문제없습니다. 가능하다고 봅니다."

"정말입니까?"

마사키는 저도 모르게 몸을 내밀었다. 커다란 문 하나가 열린 기분이었다.

"말씀을 들으니 폭행죄가 성립할 소지가 있습니다. 소각로에 가둔 건 감금죄로 볼 수 있지요. 방금 말씀하신 대로 형사소송은 시효가 있는데, 가령 감금죄는 5년입니다."

"아, 예……."

그렇다면 왜 가능하다고 단언했을까.

"민사에서 과거 이지메에 대한 손해배상을 명한 판결이 몇 건 있습니다. 잠깐 이걸 보시죠."

변호사가 아까부터 신경 쓰였던 파란 파일을 꺼냈다.

"오오사와 씨 전화를 받고 자료를 정리해 보았습니다."

파일에서 뽑아낸 프린트물 몇 장을 내민다.

고베 지방재판소의 재판 뉴스였다. 28세 남성과 모친이 중학 시절의 급우와 마을을 상대로 1억 9600만 엔 배상을 청구한 사건이었다.

또 하나는 조금 오래된 기사지만, 21세 여성이 13년 전의 이지메를 고소한 것. 이 경우는 520만 엔에 합의가 성립되었다.

"예전 같으면 오래된 이지메 사건을 호소한들 접수조차 받아주지 않았을 테지만 이제 세상이 확실히 바뀌었습니다. 저는 오래전부터 소년 사건을 전문으로 해 왔는데, 지금은 이지메 개념이 달라졌습니다. 사회가 이건 안 된다고 분명하게 인식하게 되었죠."

"그렇군요."

마사키는 기사를 파먹을 것처럼 읽었다. 제소한 여성이 21세 대학생이라니, 쇼타와 비슷한 나이 아닌가.

가능하구나.

할 수 있구나.

불가능한 게 아니다.

지금 당장 이 말을 쇼타에게 전하고 싶었다.

"다만 기사를 보시면 조건이 두 가지 있습니다."

"여기 나오는 심적 외상후스트레스장애, PTSD를 겪고 있다는 점이군요."

"그렇습니다. PTSD 때문에 지금도 취업을 못 하고 있다, 즉 후유증이 있다는 사실을 증명해야 합니다."

"알겠습니다. 아들을 바로 병원에 데려가겠습니다."

"네? 그럼 지금까지 한 번도 간 적이 없나요?"

"아뇨…… 7년 전에, 정신과에 가서 조언을 들은 적은 있습니다."

"그것뿐입니까…….."

변호사는 못마땅한 듯 코로 흐음, 하는 소리를 냈다.

"민사 시효는 손해 사실이 있고 나서 3년입니다. 아드님 경우는 정신적 손해가 발생한 시점을 소멸 시효의 기산점으로 생각할 수 있습니다. 우선 이 허들부터 넘어야 합니다. 증거도 충분히 준비해야 합니다. 아시겠습니까, 소송을 제기하는 것과 주장을 인정받는 건 별개입니다. 아드님 경우도 시간이 7년이나 지나서 증거는 사라졌을 가능성이 크겠죠."

"그 말씀은, 증거만 있으면 된다는 건가요?"

"그 부분이 대단히 힘든 일입니다."

"해보겠습니다. 아들을 구할 방법이 그것밖에 없으니까요."

"오오사와 씨, 제가 질문을 해도 될까요?"

변호사가 허리를 똑바로 폈다. 순간 오만한 분위기가 감돌기 시작했다.

"실례되는 질문인지 모르지만 묻겠습니다. 아드님을 구할 방법이 그것밖에 없다고 하셨는데, 어째서 7년 전에 시작하시지 않았을까요?"

"그것은……."

"오오사와 씨는, 지난 7년간 대체 뭘 하셨는지를 묻고 싶군요."

마사키는 심호흡을 했다. 한꺼번에 생각이 흘러 넘친다. 실례, 하고 말하고 눈앞의 녹차를 한 모금 마셨다.

"처음엔 금방 원래대로 돌아올 거라고 생각했습니다. 등교를 거부하긴 했지만 입시를 치러 어렵게 들어간 학교입니다. 아이가 쉽게 포기할 리 없다고……."

그보다도 학교를 믿었다. 널리 알려진 명문 사학이니 평판을 중시할 터. 이지메가 있을 리 없고, 설령 있었다고 해도 학교가 나서서 해결해 줄 거라고 생각했다.

"마냥 손 놓고 있었던 건 아닙니다. 다만 일을 너무 시끄럽게 키우면 아들이 학교에서 곤란해질 거라고 생각했습니다."

"그 심정은 이해가 갑니다. 부모들 생각이 대개 비슷하죠."

"기대를 배신하더군요. 등교를 거부한 직후 몇 번 찾아갔는데, 학교는 이지메는 없었다고만 했습니다. 해마다 4번 실시하는 설문조사에도 그런 사실은 나오지 않았다며 전혀 움직이지 않았습니다."

그럴 리가 없다며 책상이라도 쳐야 했을까. 언론에 제보하겠다며 한바탕 뒤집었어야 했을까. 그러나 당시는 '진상 학부모'라는 말이 한창 유행할 때였다. 그런 사람이 될 수는 없다는 자존심에 추궁의 기세를 늦추고 말았다.

"그 뒤 아들이 히키코모리가 되었고 저희도 이런저런 방법을 써 보았습니다. 꾸짖기도 하고 아이가 좋아하는 시골 할머니에게 부탁해서 설득해 보려고도 했습니다."

할머니는 세쓰코에게 수상쩍은 점술사를 소개해 주었다. 집안에 내려오는 악연이 자식에게 씌었다고 떠드는 점술사였다. 점술사는 세쓰코의 등 뒤에 새의 날개를 쥐어뜯는 남자가 보인다고 말했다.

"아무래도 우리 조상이 새를 잡는 사냥꾼이었나 봐요. 조상한테 죽은 새 수만 마리의 원한이 쇼타에게 씌었대요."

아내의 말에 마사키는 격노했다. 그런 점술사를 찾아가느니 쇼타에게 아무런 변화도 없는 편이 낫겠다고 생각할 정도였다.

"게다가 아들은 지난 7년간 얌전했습니다. 그래서 언젠가 지금 사는 집을 팔아 아파트를 지을까 생각했죠. 우리가 죽어도 임대

료로 평생 살 수 있지 않을까 하고요."

"냄새나는 물건에 일단 뚜껑을 덮어놓자는 발상이군요."

"그렇게 들릴 수도 있겠죠."

"오오사와 씨, 먼저 짚어두겠습니다. 이 재판은 이겨야만 의미가 있습니다. 이기지 못하면 오오사와 씨만 세상의 빈축을 살 뿐이에요."

"네?"

"7년이나 지났습니다. 말씀을 들으니 아드님 문제가 이지메 때문인지 가정 문제 때문인지 모호합니다."

"모호하다니, 무슨 말씀이신지?"

"아드님을 7년간이나 방치하셨다는 겁니다. 재판소가 어떻게 볼지, 쉽지 않을 것 같군요."

"사정이 복잡했다니까요. 처음에는 우리도 필사적으로 대책을 찾았습니다."

목소리가 거칠어진다. 하지만 겨우 잡은 단서 하나를 언쟁으로 잃고 싶지는 않았다.

"오오사와 씨, 이 재판이 반년이나 1년이면 끝날 거라고 생각하지 마십시오. 시간이 오래 걸릴 겁니다. 그래도 하시겠습니까?"

"하겠습니다."

마사키는 반사적으로 대답했다. 만약 여기서 멈칫거리면 다시는 아들을 볼 낯이 없다.

그날 오오쓰카에서 돌아와 환자 진료를 끝내고 3층으로 올라갔다.

"애야, 일어나 있지?"

강하게 노크했다.

"단둘이 이야기 좀 하자. 아빠가 오늘 변호사 사무실에 다녀왔다. 좋은 소식이 있어. 7년이 지났어도 널 괴롭힌 놈들에게 배상을 받을 수 있대. 애야, 듣고 있니?"

지금까지의 정적과는 다르다. 귀를 바짝 세우고 있다는 게 느껴진다.

쇼타의 박동마저 들리는 듯했다.

"아빠는 시작했다. 너도 약속을 지켜. 거기서 나와라. 그리고 고소하고 싶은 놈들 이름을 대. 안 그러면 아무것도 시작할 수 없어."

마침내 작은 목소리가 들렸다.

"밤에."

오늘 밤, 자기가 돌아다니는 시간에 만나겠다는 의미 같다.

"그래, 알았다. 밤 12시에 거실에서 기다리마. 됐지?"

어, 하는 대답이 희미하게 들렸다.

그날 밤 세쓰코는 자신도 동석하겠다고 했지만 마사키는 받아들이지 않았다.

"모르겠어? 이건 마지막 기회야. 실패하면 쇼타는 영원히 방에서 나오지 않겠지."

마사키는 목욕을 마치고도 잠옷으로 갈아입지 않고 조용히 기다렸다.

심야 뉴스를 보고 있는데 문이 조용히 열렸다. 티셔츠와 저지 차림의 쇼타가 서 있었다. 배는 조금 출렁거리지만 눈에 띌 정도는 아니다. 거리에서 흔히 마주치는 청년들과 다를 바 없다. 미친 듯 난동을 부리던 사람처럼 보이지는 않는다.

"그래, 앉아라."

쇼타는 소파 끝에 걸터앉아 다리를 꼬았다. 하얗고 딱딱하게 튀어나온 발꿈치가 눈에 들어왔다.

"오늘 변호사를 만나고 왔다."

파일을 탁자에 툭 던졌다. 유무라 법률사무소에서 복사해 준 이지메 관련 재판 기사였다.

"아빠도 몰랐는데, 네가 방에 틀어박혀 있는 동안 세상이 많이 변했더구나. 몇 년씩이나 고통받았다고 증명할 수만 있다면 시효는 관계없다는 거야."

"진짜야?"

쇼타는 이쪽을 흘기듯 쳐다보았다. 흉포한 눈길에 마사키는 움찔했다. 시험당하는 느낌이었다.

"너에게 주려던 돈이 있다. 세상에 복귀할 때 사용하라고 모은 건데 그 돈을 재판에 쓸 생각이야, 괜찮겠지?"

"괜찮냐니…… 별로……."

"내 돈을 너한테 쓰겠다는 거다. 별로라니, 무슨 말이지?"

소리가 튀어나왔다.

"이제 아빠는 네 인생을 꼬이게 만든 놈들을 찾아내서 소송할 거다. 알겠니? 아빠도 인생을 걸었어. 허풍이 아냐."

쇼타의 눈에 놀라움과 곤혹스러움이 스친다. 설마…… 하며 입술이 조금 벌어졌다.

"아빠는 진지해. 너도 진지해져야 해."

아들을 지그시 쳐다보았다. 강렬한 아버지의 눈에 아들은 멈칫거렸다.

"너, 진지해질 수 있니? 못하겠다면……."

마사키는 말했다.

"아빠랑 죽자."

"응?"

"네가 창문을 깨뜨릴 때 아빠는 결심했다. 이 아이를 세상에 남겨둘 수 없겠구나. 남들에게 폐만 끼칠 뿐이다. 7년 동안 마땅한 대책도 못 세우고 번번이 미루기만 한 내가 이 지경까지 만든 거다. 너를 완전히 낯선 사람으로 만들고 말았다. 솔직히 말하자. 이대로는 너를 향한 애정도 사라질까 두렵다. 그러니 지금 하는 수밖에 없어. 네가 싫다면 너를 없애고 나도 죽는 수밖에 없다. 하지만 네가 진지하게 복수하고 싶다고 하면, 아빠가 끝까지 함께하마. 어떠냐, 정말로 할 거냐?"

쇼타의 눈이 크게 벌어져 있다. 낯선 외국어를 듣고 있는 것처럼 대답이 없다. 목울대가 꿈틀 움직였다. 건강하고 젊은 목울대.

저 목을 조르는 일이 쉬울 것만 같다.

"대답은 지금 안 해도 된다."

마지막으로 고했다.

"대신 꼭 대답해라."

쇼타는 말없이 등을 돌리고 자기 방으로 돌아갔다.

그것이 열흘 전 일이다.

마사키는 문을 박차고 들어가서라도 대답을 듣고 싶은 심정이었다. 하지만 그럴 수 없었다.

"아빠랑 죽자."

라는 말을 뱉고 제풀에 크게 놀랐기 때문이다. 창문을 깨뜨리며 난동을 부리는 아들을 볼 때,

'이놈을 세상에 남겨둬서는 안 되겠다.'

라고 결심하긴 했지만, 솔직히 정말로 죽이겠다고까지 생각한 건 아니었다. 소송 가능성을 설명하는 말에도 반응을 보이지 않는 아들에 대한 분노가 거친 말을 튀어나오게 했다.

초조해해선 안 된다. 마사키는 애써 자신을 달랬다.

유무라 변호사 쪽에서는 아직 연락이 없다.

"우선은 학교 측과 접촉해 보겠습니다."

라고 했었는데 어떻게 되고 있는지.

유무라 변호사의 이야기는 세쓰코에게 자세히 전했다.

"소송이라니……."

세쓰코는 잠시 아무 말도 하지 못했다.

"돈도 시간도 들고, 재판정에 서서 시시콜콜 신문을 받는 거잖아요. 무서운 사람들이 이런 소리 저런 소리 할 거고……."

"당신은 드라마를 너무 많이 봤어."

"7년 전 일로 소송하다니 그런 이야기는 들어본 적이 없어요."

"아냐, 가능해."

변호사가 준 파일을 보여주었다. 훑어본 뒤에도 세쓰코의 표정
은 밝아지지 않았다.

"이렇게 신문에 보도되잖아요. 우리도 만약 소송을 하면 신문
에 실리겠죠."

"그거야 알 수 없지."

"얼마 전 그 일 때문에 이웃들의 입방아에 올랐어요. 환자도 줄
었잖아요……."

순찰차 출동은 세쓰코에게 큰 충격이었다. 마사키도 마찬가지
였다. 다만 마사키는 그 일을 계기로 소송이라는 한 걸음을 내디
디려 한다. 반면에 세쓰코는 소송이라는 말만 듣고도 두려움에
떨고 있다.

"변호사는 반드시 이겨야만 한다고 했어."

이기지 못하면 빈축만 살 거라는 부분은 전하지 않았다.

"승산이 있으니까 한 말이겠지."

"가능하겠어요? 7년이나 지난 일인데. 봐요, 쇼타와 친했던 호
리우치 군도 옛날 일은 말하고 싶지 않다고, 괴롭힌 애들 이름을
안 가르쳐주잖아요."

"그러니까, 그걸 쇼타한테 듣겠다는 거야."

"쇼타는 여전히 방에서 안 나오는 걸요."

세쓰코가 마사키를 노려보았다.

"소송은 무리예요. 그런 짓 하면 사방팔방 소문나서 유이 결혼
도 어떻게 될지 몰라요."

"유이 신랑감이랑 그쪽 모친은 못 볼 꼴까지 다 봤어. 이제 감출 것도 없어."

"그렇다고……."

"당신은 어떤 대책이 있는데? 말해봐."

"히키코모리를 수용하는 시설이라든지…… 병원에 잠시 입원시킨다거나……."

"바보 같은 소리!"

소리를 지르고 말았다.

"내가 알아봤다니까. 변두리 열악한 아파트에 가둬 놓고 자물쇠를 채워 놓는 곳이라고 했잖아."

"잘 찾아보면 제대로 된 곳이 있을 거라고 유이가 그랬어요."

"그런 곳에 쇼타를 집어넣으면 쇼타는 평생 우리를 용서하지 않을 거야. 믿지도 않을 거고. 진짜 범죄자가 될지도 몰라. 소송을 해야 해. 재판으로 싸울 거야. 그렇게라도 하지 않으면 쇼타를 구할 수 없다고."

"쇼타가 재판 같은 건 싫다고 하잖아요."

세쓰코가 반격에 나선다.

"진짜 복수할 거라면 재판할 마음을 먹겠죠. 괴롭힌 애들 이름도 바로 말하고요. 하지만 쇼타는 아무것도 안 하잖아요. 여전히 방에 틀어박혀 있어요. 그러니 재판 같은 건 관둬요. 결국 당신 자기만족 아니에요?"

마사키는 꾹 참고 듣고 있다가 말을 끊었다.

"됐어! 그만해! 쇼타는 지금 망설이고 있을 뿐이야. 아무튼 나는 할 거야. 그렇게 결정했으니까."

"당신 그런 태도 때문에 더 심각해졌던 거 아니에요?"

"뭐라고!"

"당신은 언제나 자기만 우월하고 자기 말이 옳다는 식이죠. 쇼타는 그걸 못 견딘 거예요."

이런 비난은 처음이 아니었다. 쇼타가 등교를 거부했을 때도 부부는 서로 책임을 전가하며 말싸움을 했다. 그러지 않고는 속이 풀리지 않았기 때문이다. 다만 그때는,

"아버지도 엄마도 그만하세요!"

하고 울면서 말리는 대학생 딸이 있었다. 지금은 둘만 남아 언쟁을 계속하고 있다.

"애초에 자식 교육은 엄마 책임이잖아. 당신은 실격이야. 솔직히 인정하지그래."

"내가 왜 그걸 인정해요?"

세쓰코는 결코 물러서지 않고 평소와는 전혀 다른 일면을 보여주었다.

"나는 내 할 일을 열심히 했어요. 당신한테 그딴 소리 들을 일 없어요."

"당신은 전업주부잖아. 복에 겨웠지. 자식들과 보낼 시간도 남아돌 만큼 많았다고. 그런데 아들이 길을 벗어나는 걸 까맣게 몰랐어. 레이코를 보라고. 직장에 다니면서도 자식 둘을 명문대에

입학시켰잖아."

레이코는 마사키의 여동생이다. 해외 식기 제조사에서 관리직으로 일한다.

친인척 이름을 들먹이자 세쓰코의 안색이 변했다.

"작작 해!"

벌떡 일어선다. 눈에서 눈물이 넘쳐나고 있었다.

"전부 내 탓이네. 알았어, 다 내 잘못이야. 내가 목매달고 죽어야 속이 풀린다면 그렇게 해주지."

"무슨 엉뚱한 소리야. 내가 언제 그랬어."

"아니, 당신은 그랬어. 전부 내 탓이라고. 내 책임이라고. 그 말, 죽어도 못 잊어. 절대로."

쾅, 문이 닫혔다. 마사키만 남았다.

내내 속에 묻어 두었던 생각을 말했을 뿐이다. 아니, 실은 7년 전에도 같은 말을 했다.

"당신 책임이야. 당신이 아이들을 제대로 보살피지 않았지."

한 마디 한 마디 또렷이 되살아난다. 그리고,

"그만해요, 두 사람 모두 멈춰요!"

하며 방으로 들어오던 유이의 파란 카디건도.

새삼 실감이 난다. 7년 전은 먼 옛날이 아니다. 손만 뻗으면 바로 닿을 듯한 시간이다. 그때는 멈췄지만 이제는 피할 수 없다. 아내와 딸이 울부짖어도 계속할 수밖에 없다.

이튿날 마사키는 문 앞에 앉았다.

“어제는 식사가 한심했지. 편의점 도시락이라 깜짝 놀랐을 거다. 오늘 저녁도 도시락이야. 어쩔 수 없어. 엄마가 화가 나서 저녁을 안 하니까…….”

잠시 호흡을 가다듬었다. 문 너머에서는 변함없이 아무 소리도 나지 않는다.

“너에게 사과할 일이 생겼다. 오늘 변호사한테 편지가 왔다. 아니, 편지라기보다 보고서지. 변호사가 학교에 통지서라는 걸 보냈다는구나. 7년 전 귀교에서 이러저러한 이지메가 있지 않았습니까, 그 일에 대하여 알려주십시오, 하는. 학교 측 답변은 안 봐도 알겠지. 그런 일은 없었습니다. 설문조사에서도 나오지 않았습니다…… 그래서, 재판은 무리라고 하는구나…… 쇼타, 화장실 좀 다녀오마. 나이를 먹으면 이래서 문제야. 술을 마시면 금방 화장실에 가고 싶어져서…….”

2층으로 내려가니 기척이 느껴졌다. 세쓰코가 엿듣고 있었나 보다. 그제부터 말을 섞지 않고 밥도 안 하지만 변호사의 보고는 못내 걱정스러웠던 모양이다.

볼일을 마치고 마사키는 다시 3층으로 올라갔다.

“아무 도움도 못 줘놓고 청구서는 떡하니 보냈더구나. 처음부터 어딘지 마뜩치 않은 중늙은이였어. 나한테 아들을 제대로 키웠냐고 자꾸 묻더라만. 그런 질문에 바로 대답할 수 있는 부모가 몇 명이나 있겠냐. 겁먹고 망설이면서도 자신 있는 척하고, 때로는 소리치고 때로는 기분 맞춰주고 하는 거지. 안 그러냐, 쇼타?"

문 너머에서 침묵이 깊어진다. 지금은 침대에 똑바로 누워 아버지의 푸념을 듣고 있을 것 같다.

"네가 이렇게 된 것도 우리 탓일지 모르지. 그게 다는 아니려나. 얘야…… 7년 전에 대체 무슨 일이 있었던 거냐. 부탁이다, 얘기 좀 해주지 않겠니……."

마사키는 입가를 훔쳤다. 술이 조금 과했다.

"하지만 말이다, 아빠는 결심했다. 재판을 하기로. 쇼타, 너는 아빠를 믿지 않을지도 몰라. 에이, 역시 안 되잖아, 라고 생각할지 몰라도, 너한테 다 말하고 있잖니. 변호사한테 형편없는 편지가 와도, 너에게 숨기지 않잖아. 이제 다 이야기하겠다고 결심했다. 지금 느끼는 솔직한 마음을 다 말할 거다."

그 대목에서 호흡을 가다듬었다.

"빌어먹을 변호사놈! 아무 보탬도 안 되는 삼류 변호사 자식. 기억해 둬라, 너는 포기했지만 나는 포기하지 않아. 반드시 소송을 할 거다!"

마지막으로 문을 두드렸다.

"내일 또 올게. 오늘도 편의점 도시락이지만, 참아라. 나도 참고 있으니까."

그날 밤 늦게 세쓰코는 라인 메시지를 보냈다.

'계단 아래서 듣고 있자니 도저히 눈물을 참을 수 없었어요. 남편은 돈키호테가 되기로 작정했나. 그렇다면 나는 산초판사겠지. 남편을 뜯어말리는 수밖에 없겠구나.'

상대는 예전의 직장 동료 오노 나쓰코였다. 상사의 장례식에서 오랜만에 재회해 메일 주소를 교환하고, 이제는 폰을 스마트폰으로 바꾼 덕분에 이틀에 한 번은 라인으로 대화를 나눈다.

중년여성들의 라인은 길고 장황하게 마련이고,

'직접 통화해요'

라고 보내고는 전화로 이야기하는 경우도 많다.

나쓰코의 아들은 도쿄 변두리 대학에 번번이 떨어지고 지방 사립대에 입학했다. 편차치가 바닥이라 판정 불능인 대학이라고 한다. 심지어 같은 과 여학생과 사귀다가 임신과 낙태로 이어져 거액의 위자료를 물었다.

'그때도 변호사를 썼는데, 전혀 도움이 안 됐어요.'

라인으로 바로 답변이 왔다.

'아무래도 상대방 모녀에게 변호사가 넘어간 것 같아요.'

'네? 우리 쪽 변호사잖아요?'

'그런 일이 종종 있대요. 일본은 미국과 달리 법정에서 싸우기를 싫어하거든요. 그 전에 합의금으로 적당히 타협하려고 하죠.'

'그렇군요.'

‘진짜 분했어요. 그때 어떤 사람이 그러더라고요. 변호사도 궁합이 있다고. 오오사와 씨도 그 변호사랑 궁합이 나빴던 거죠.’

‘자세히는 모르지만 처음에는 이길 수 있다고 기세를 올리던 변호사가 학교랑 연락하고 나서는 바로 안 되겠다고 했대요.’

‘한심하네요.’

‘남편이 딱할 정도로 풀이 죽었어요. 모처럼 소송을 결심했는데 초장에 엎어지고 말았으니.’

‘나도 아는 변호사는 그 사람밖에 없지만, 혹시 좋은 변호사 알게 되면 연락할게요.’

‘고마워요.’

‘저번에 이야기한 냉동 고로케, 보냈으니까 한번 드셔봐요. 우리 동네 줄 서서 사는 가게예요.’

‘정말 고마워요.’

예전에도 그랬다. 나쓰코는 세심해서 어디 여행을 다녀와도 기념품 선물을 거르지 않았다. 긴 연휴가 끝나면, 어디에 다녀왔느냐고 묻는 것도 아니니 입 다물고 모르는 척하면 그만인데도, 나쓰코는 반드시 지역 명물을 사와서 선물을 돌렸다. 버블 시절이었던 만큼 하와이나 유럽산 과자를 받았던 기억도 있다.

스스로 생각해도 조심스러운 편인 세쓰코가 나쓰코와 재회한 뒤 거침없이 가까워진 것은 나쓰코도 아들 문제로 동병상련의 처지에 있었기 때문이다. 라인으로 두서없는 대화를 나누고 재미난 동영상을 공유할 때마다 세쓰코는 생각했다. 아아, 나는 지금까지 외로웠구나.

아들이 등교를 거부한 뒤로 학부모 모임에 전혀 나가지 않았다. 딸의 '마마토모_{학부형끼리 만나 친해진 지인}'에게도 쇼타 이야기가 알려질까봐 끝내 마음을 터놓는 일이 없었다.

'나쓰코 씨가 있어서 얼마나 든든한지 몰라요.'

얼마 전 라인으로 속마음을 털어놓았다.

'아들 얘기를 제대로 들어주는 사람이 시골 사는 어머니 말고는 없었거든요.'

나쓰코의 답신은 '미 투!'와 익살맞은 고양이 캐릭터였다. 세쓰코는 이런 점도 좋았다.

그 주 목요일, 더는 저녁밥을 굶길 수 없어서 세쓰코는 죽순밥과 전갱이튀김을 만들었다. 평소처럼 쇼타 몫을 랩으로 싸놓고 설거지를 하는 중이었다.

"여보."

마사키의 목소리가 들렸다.

"휴대폰 울려."

주방 테이블 위에서 스마트폰이 작게 울리고 있었다. 이 시간에 전화할 사람은 친척 말고 없는데. 살짝 긴장했다.

"저기, 지금 통화 괜찮아요?"

나쓰코였다.

"괜찮아요. 무슨 일이에요?"

"그게, 좀 복잡해서요. 라인으로 쓰려니 답답해서."

“잠깐만요.”

세쓰코는 복도로 나갔다. 텔레비전을 보는 남편 옆에서 통화하기가 꺼려졌다.

“변호사, 아직도 구하고 있어요?”

“네, 아마 그럴 거예요.”

마사키와는 거의 말을 섞지 않고 있지만 뭔가 진전되는 기미는 없었다.

“찾았어요, 변호사. 나도 참, 왜 진작 기억하지 못했는지. 정말 깜짝 놀랐지 뭐예요.”

나쓰코는 꽤 흥분해 있었다.

“아들 친구 중에 형이 변호사를 하는 사람이 있어요.”

그렇다면 꽤 가까운 사이다.

“도립이라고 다 같은 도립이 아니라 우리 아들 같은 꼴통들만 가는 고등학교가 있어요. 그 변호사도 그런 학교 출신이래요. 걔네 형제가 학교 가는 길에 우리 집에 자전거를 맡기고 다녀서 잘 알거든요. 근데, 들어본 적도 없는 사립대를 졸업하더니 국립대 로스쿨에 진학했다는 거예요. 아들이 말하길 신스케네 형이 요즘 아주 바쁘대요. 고등학교 동문 중에 변호사가 된 사람이 한 명밖에 없으니까 무슨 일만 생기면 상담하러 몰려온대요. 이지메 당한 아이를 대신해서 학교에 쳐들어가기도 한다니까 오오사와 씨한테 딱 맞는 변호사 아녜요?”

3
장

결의

세쓰코는 옛 직장 동료 오노 나쓰코가 알려준, 사뭇 색다른 변호사 이야기를 남편에게 전하지 않았다.

"아들이 저렇게 된 건 다 당신 책임이야!"

그 말이 가슴에 못으로 박혔기 때문이다. 처음 들은 말도 아니다. 쇼타가 등교를 거부한 뒤 7년 동안 부부는 크고 작은 다툼을 숱하게 벌였다.

"당신 탓이잖아. 당신이 제대로 돌봤다면 이렇게는 안 됐어."

수도 없이 들은 말이었지만 그때는 튕겨낼 수 있었다. 세쓰코가 아직 젊었고 희망을 완전히 놓지 않았기 때문이다.

등교 거부가 7년짜리 히키코모리 생활로 이어질 줄은 생각도 못 했다. 그동안 남편과 함께 고민하며 고통받았다고 생각해왔다. 아들이 난동을 부린 지금은 막판까지 몰려 있다고 여겼다.

그런데 너무나 단순하고 조잡한 말을 또다시 들어야 했다.

"당신 책임이야!"

세쓰코는 혼란과 분노에 휩싸였다. 새로운 정보가 들어와도 남편과 공유하고 싶은 마음이 생기지 않았다.

일요일, 세쓰코는 근처 터미널로 향했다. 딸 유이가 집에서는 만나고 싶지 않다며 역 안에 있는 레스토랑을 지정한 것이다.

레스토랑이라지만 패밀리레스토랑을 살짝 고급화한 이탈리안 식당으로, 가족 동반 손님이 꽤 많다. 유이는 이미 자리에 앉아 스마트폰을 만지고 있었다.

회색 원피스에 하얀 카디건이 자못 초여름다운 옷차림이다. 머리를 대충 감아 올려 묶은 모습도 세련됐다. 안경을 쓰는 등 외모에 전혀 신경을 쓰지 않았던 유이의 중학생 시절이 문득 떠오른다.

"그래, 노구치 씨하고는 어떠니?"

주문을 마치고 걱정하던 것부터 물었다.

"뭐, 잘 되고 있어. 사이 좋아."

"다행이구나."

"그쪽 집안에서는 이런저런 말이 많은 모양이지만."

노구치의 모친 이야기일 것이다. 남동생이 갑자기 눈앞에서 창문을 깨뜨렸으니 결혼을 반대해도 이상하지 않다. 하지만 유이에게 그런 말을 하면 길길이 날뛸 게 뻔하다.

"그쪽 아버님까지 합세해서 일단 헤어져라, 헤어져라, 대합창

이래. 근데 요즘 재미있는 일이 벌어지고 있다는데.”

아이스티 빨대를 만지작거리다가 유이가 문득 입술을 일그러뜨렸다.

“그 사람 조부가 참의원 의원이었다고 전에 얘기했잖아.”

“아, 그래. 오랫동안 역임했댔지.”

“그래, 맞아. 참의원만이 아니라 부대신도 두 번이나 했지만, 벌써 잊힌 정치인이지. 돌아가신 지도 오래됐고. 그런데 최근 그이에게 조부 자리를 승계하지 않겠느냐는 제안이 들어왔대.”

“뭐? 노구치 씨가 국회의원으로 출마한다는 거야?”

“설마. 그이는 마음이 전혀 없어. 그걸 빌미로 그이를 협박하려는 어머님 작전이지.”

“그렇다고 어떻게 정치가가 되라고 하니.”

그때 전채 요리가 나왔다. 볼품없는 연어와 문어를 방울토마토와 섞은 마리네 요리였다.

“돈도 없고 기반도 없는걸. 지역구 노인네들 중에 이상한 말을 하는 사람이 있긴 하다지만, 무엇보다 그 사람이 정치가가 돼야 할 이유가 없잖아.”

왠지 승리라도 한 듯이 유이는 문어를 입에 넣고 우물거렸다.

“쇼타 일은 어떻게 되고 있어? 내가 가르쳐준 업체에 연락했어? 아버지는 할 생각이 있는 거야?”

추궁하듯 말이 빨라졌다.

“그게 말이다, 아버지가 이송업체에 대해서 알아본 모양인데 악질 업체가 많더래. 병원은 이름뿐이고 산골 시설에 감금해 두는 곳도 있다더라. 얼마 전에 고소를 당해서 신문에도 크게 나왔잖니.”

“그건 극단적인 사례고.”

유이는 나이프와 포크를 세게 내려놓았다.

“무조건 강하게 대처해야 한다고 내가 엄마한테 말했잖아. 내가 알려준 곳처럼 제대로 하는 업체도 있어.”

“그 업체는 어디로 데려가는 거니?”

“당연히 정신과지. 세상에는 가족도 감당 못하는 사람이 널렸어. 경찰도 어떻게 해주지 못하는 사람들이지. 가족이 마지막으로 매달리는 게 내가 말한 업체라고. 엄마, 이대로 가다가는 언젠가 쇼타에게 맞아 죽어.”

레스토랑에 쏟아지는 한낮의 빛 속에서 유이는 또렷하게 ‘맞아 죽어’라고 발음했다.

“잘 들어, 엄마, 이제 좀 눈을 떠. 창문 깨고 난동을 부렸잖아. 다음에 무슨 짓을 할지 누가 알아. 위험해. 그 녀석은 이제 우리가 아는 쇼타가 아냐. 더 냉정해져야 해.”

“네 아버지는 조사하면 할수록 안 되겠다고 하던데. 최후의 수단을 쓰겠다며 요즘은 매일 쇼타 방 앞으로 가고 있어.”

“방 앞에 가서 뭘 하는데? 상황은 하나도 달라지지 않았잖아.”

“아니, 그게 말이다, 아버지도 나름대로 생각하고 있어. 그날 무섭게 날뛰는 쇼타를 보고 각오를 굳혔다고나 할까, 죽기 살기로 해본다고…….”

“아버지는 항상 큰소리나 치지 결국 아무것도 안 하잖아. 이번에는 진짜 한다고 했으면서 아무것도 변한 게 없고.”

어느새 유이는 눈물짓고 있었다. 파스타가 나왔지만 하얀 크림에 버무린 파스타에 손도 대지 않았다. 세쓰코도 식욕이 없었다.

쇼타 문제가 제자리걸음인 것처럼 유이와의 관계도 마찬가지였다. 딸은 늘 부모를 힐책하고 안이하다며 화내고 울었다.

“나도 인터넷으로 이송업자에 대해서 알아봤어. 도나 구에서 지원하는 정책도 알아보고. 그런데 엄마한테 알려줘도 계속 무시하잖아.”

“무시한 거 아니야. 그래서 아버지도 여기저기 알아본 거 아니니.”

“근데 진전이 없잖아. 한 번 시도했다가 또 엎어지고. 늘 그랬어. 이러는 동안에도 녀석은 점점 흉포해지면서 나이만 먹고 있는데. 아버지가 도대체 한 게 뭐 있어.”

“그렇지는 않아. 얼마 전에는 소송도 하려고 했어.”

“소송이라고?”

세쓰코는 아뿔싸, 싶었다. 소송 이야기는 절대로 딸 귀에 들어가지 않게 할 생각이었는데, 이야기하다 보니 그만 입이 먼저 나가고 말았다.

“무슨 소리야? 소송이라니, 무슨 말이냐고!”

세쓰코가 하는 수 없이 설명하자 유이는 예상대로 반응했다.

"말도 안 돼!"

무슨 까닭인지 유이는 파스타를 난폭하게 입에 쓸어 넣었다.

"황당해서 말도 안 나오네. 7년 전 이지메를 고소한다고? 괴롭힌 놈들도 벌써 잊어버리고 뭔 소리냐고 할걸."

"그게, 변호사는 7년이 지나도 고소할 수 있다고 했다는구나."

"말도 안 돼. 시효라는 게 있잖아."

"그때 받은 정신적 피해가 지금까지 이어지고 있다고 증명하면 소송은 가능하다는 거야."

"도저히 믿기지 않아. 괴롭힌 놈들은 뭐래? 학교 측은? 변호사가 우리 듣기 좋은 말만 한 거 아냐?"

"처음 만난 변호사는 무리라고 했대. 아버지가 쇼타 방 앞에서 울었단다."

"그것 보라니까."

유이는 입술에 묻은 크림을 냅킨으로 닦았다.

"애초부터 무리라는 걸 알면서 아버지는 왜 시작했대? 정말 지겹다. 이쯤에서 그만 결말을 내줬으면 좋겠네."

"그래도 희망이 있을지 몰라. 포기하면 안 되잖니. 아버지도, 나도."

나도, 라고 말한 순간, 세쓰코는 그 별난 변호사 이야기를 남편에게 말하자고 결심했다.

이번 법률사무소는 시부야에 있었다. 경찰서 앞에서 꺾어져 롯폰기도리를 잠시 걸으면 중간 규모의 빌딩이 나온다. 법률사무소는 7층에 있었다.

'와타나베 법률사무소'라고 적힌 문 앞에서 세쓰코는 불안스레 마사키를 올려다보았다. 세쓰코가 변호사를 직접 만나는 건 처음이었다.

노크하자 예, 하는 여성 목소리가 들렸다. 전과 다르지 않다. 이번에는 흰 재킷을 입은 젊은 여성이 문을 열어주었다.

"2시에 예약한 오오사와라고 합니다."

"네, 기다리고 있었습니다."

응접실 문이 열리기 전에 마사키는 재빨리 주변을 훑었다. 요전번 사무소보다 훨씬 넓다. 여섯 명쯤 되는 남녀가 컴퓨터 앞에 앉아 있다. 그중 한 사람이 고개를 들고 씩 웃어 보였다. 젊은 남자다. 은테 안경에 요즘 유행하는 식으로 옆머리를 살짝 늘어뜨렸다. 머리 오른쪽이 조금 뻗쳐 있다.

"이쪽에서 잠시 기다려주십시오."

응접 세트가 있지만 요전번 사무실처럼 살풍경하진 않았다. 벽에 걸린 그림과 야구 페넌트 덕분이다. 소장으로 짐작되는 중년 남성이 유명 야구 선수와 웃는 얼굴로 나란히 찍은 사진도 있었다. 아무래도 한신 팬 같다.

세쓰코는 살펴볼 여유가 없는지 가만히 아래만 내려다보고 있다. 많이 긴장한 기색이다.

나흘 전, 세쓰코에게 변호사 이야기를 들었을 때 마사키는 놀랐다. 소송에 그토록 반대하던 아내 아닌가.

"여기까지 왔으니 전진하는 수밖에 없겠다 싶어서……."

마사키로서는 뜻밖의 말이었다. 대체 무슨 일이 있었냐고 묻자, 옛 직장 동료에게 어떤 변호사 이야기를 들었다고 했다.

"그 사람도 아들 때문에 마음고생을 많이 해서 우리 심정을 잘 이해해 줘요."

아내 말로는 학교에서 벌어진 이지메 사건을 맡아 법률로 싸우는 변호사라고 한다.

"혼자 끙끙대며 울고 있게 놔두지 않는대요. 학교 측이나 괴롭힌 아이들 부모를 상대로 확실하게 대응해준다더라고요."

"글쎄, 아직 학생일 때 얘기겠지. 우리처럼 20살이 넘어버린 아들을 변호해줄까?"

"나쓰코 씨는 괜찮을 거라고 했어요. 벌써 전화로 연락해 놓았대요. 한번 가봅시다. 이번에도 안 된다고 하면 그때 가서 생각하기로 하고."

대화 끝에 마사키는 아내에게 끌려가듯 이곳에 왔다. 정작 아내는 이런 일이 처음이라 표정이 딱딱하게 굳어 있다.

"오, 저것 좀 봐."

마사키가 가리켰다.

"우승 사진이네. 유명 투수인데, 으음, 이름이 안 써 있잖아.

그…… 유명한.”

“이가와 게이조.”

그 소리와 함께 문이 열렸다. 아까 본 젊은 안경잡이 남자였다. 조금 전까지 와이셔츠 차림이었는데 지금은 감색 재킷을 걸치고 있다.

“실례했습니다. 하시는 말씀이 들려서 그만. 저는 다카이 마모루라고 합니다.”

“오오사와입니다. 잘 부탁합니다. 이쪽은 아내 세쓰코입니다.”

명함을 교환하자마자 다카이가 우렁찬 목소리로 말했다.

“오노 군이 불쑥 전화하더군요. 어머니 친구분이니까 제대로 못 하면 가만두지 않겠다고. 어머님께서도 전화하셔서 비슷한 말씀을 하셨습니다.”

“나쓰코 씨…….”

세쓰코는 한결 마음이 놓여 미소를 지었다.

“나쓰코 씨 아드님과 선생님 동생분이 동창이라고 하더군요.”

“네. 그래서 제가 오노 씨에게 이리저리 신세를 많이 졌죠.”

“나쓰코 씨 아드님은 지방에서 지낼 때 풍파가 많았다고 들었습니다.”

“뭐, 그랬던 모양입니다. 저는 벌써 몇 년째 오노 군을 만나지 못했지만.”

능숙하게 화제를 피해 나간다. 다카이는 자기 앞에 페트병 녹차가 놓이자 집어 들고 꿀꺽꿀꺽 마셨다.

“어머님께는 정말 신세 많이 졌죠. 매일 아침 자전거를 맡아주신 데다 핸들에 간식 봉투를 매달아 주시기도 하고.”

“역시 그분답네요.”

세쓰코는 재미있다는 표정으로 고개를 끄덕였다.

“오노 씨에게 들으셨을 줄 압니다만, 저희가 다니던 고등학교는 도립 중에서도 최저 수준이어서, 동창 중에 대학에 간 아이가 거의 없었습니다.”

“요즘도 그런 학교가 있습니까.”

대체 몇 살이나 되었을까 궁금한 마음으로 마사키는 다카이의 하얀 이를 쳐다보았다. 치아와 피부가 말끔하다. 30대쯤 되었을까. 그렇다면 이미 대학 진학이 보편적인 시절이었을 텐데.

“개천에서 용이 난 격으로 변호사가 된지라 일거리가 부족하지 않습니다.”

“무슨 말씀이신지?”

세쓰코가 문득 허물없는 투로 물었다. 나쓰코 이름이 나온 뒤로 이 청년 변호사는 마치 편한 잡담이라도 하는 투로 말하고 있다.

“고등학교 동문들이 고향에 많이 사는데, 야, 나 이혼한다, 야, 내가 운전하다 차를 박았다, 야, 내가 다니던 회사가 망했다, 이러면서 많이들 의뢰하거든요. 주변에 변호사라는 사람이 저 하나밖에 없으니까요. 엄청 요긴하게 쓰이고 있습니다.”

“그렇군요.”

이번에는 마사키가 고개를 끄덕였다. 아무래도 변두리 서민들의 생활과 밀착된 변호사라는 점만은 확실히 알겠다.

"이지메 사건도 여러 건 해봤습니다."

그는 대뜸 본론을 꺼냈다.

"오노 씨에게 말씀을 듣고 나라면 할 수 있겠다고 생각했습니다. 저는 지금까지 여러 학교와 싸웠습니다. 학교는 다루기가 까다롭죠. 개인정보 보호란 미명 아래 숨기려고만 해서요. 학교 측과 싸우려면 혼자서는 절대로 못 이깁니다. 아버님과 아드님이 진짜 싸우겠다고 하시면 저는 온 힘을 다하겠습니다. 어떻습니까. 정말 싸울 마음이 있습니까?"

예, 라고 대답하려다가 한순간 주저했다. 지난 번 변호사의 말이 머리에 남아 있었기 때문이다.

"오오사와 씨, 이 재판은 이기지 않으면 의미가 없습니다. 지면 오오사와 씨만 빈축을 삽니다."

빈축을 산다. 세상의 웃음거리가 되어도 좋으냐, 라고 결의를 확인하는 질문이었다. 그때 자신은 뭐라고 대답했던가.

"하겠습니다."

라고 말했다. 마사키는 지금 같은 말을 입에 담았다.

"물론 하겠습니다."

"좋습니다."

다카이는 웃었다. 위쪽 덧니가 보인다.

"반드시 이길 필요는 없으니까요."

"네?"

부부가 동시에 외쳤다.

"변호사가 할 말은 아니지만, 이런 재판은 져도 괜찮습니다. 진다고 끝나는 게 아니니까요. 아드님은 부모님이 자기를 위해 싸워주었다는 사실만으로도 든든해집니다. 그리고 지금 방에 틀어박혀 지내는 것도 내가 잘못해서가 아니다, 괴롭힌 놈들이 잘못한 거라고 세상을 향해 말할 수 있게 됩니다. 이걸로 충분해요. 그래서 저는 합니다. 아시겠죠. 아무튼 쇼타 군을 빨리 만나봐야겠군요."

변호사 다카이는 말했다.

"만나야 일을 시작할 수 있으니까요."

"고맙습니다."

"내일은 어떻습니까?"

수첩도 안 보고 말한다. 빠른 진도에 마사키는 세쓰코와 얼굴을 마주 보았다.

"일정이 있으십니까?"

"오후 1시에 환자가 한 명 있고, 다음 환자는 저녁때로 잡혀 있습니다."

"그렇다면 내일 2시에 찾아뵙죠."

"저어, 선생님……."

지금 설명해 두어야 한다.

"집에 오셔도 아들이 만나려고 하지 않을 수 있습니다. 전에도 히키코모리 기숙학교 사람들이 데리러 왔지만 전혀 반응이 없었어요."

"마중 요금을 받는 자립지원학원이니 이송업자니 하는 사람들 말이군요."

"……."

"그런 사람들이 와서 꾸며댄 목소리로 인사하는데 싫은 게 당연하죠. 분명히 말씀드리지만 저는 한다면 합니다."

"저어, 그게요……."

세쓰코가 끼어든다.

"아까 말씀드렸지만, 얼마 전 아들이 난동을 부려 창문을 깨뜨렸어요. 순찰차까지 출동했죠. 만약 뭔가 억지로 하다가 그때 같은 소동이 나면……."

"괜찮습니다."

다카이가 흰 이를 드러냈다.

"한다면 한다는 말이 난폭하게 하겠다는 뜻은 아닙니다. 지금 쇼타 군 안에 쌓인 게 많을 겁니다. 저는 그걸 제대로 터뜨려 주고 싶어요. 오오사와 씨, 하루라도 앞당기는 게 좋습니다. 제게 맡겨주세요."

변호사가 온다니, 부부는 역시 긴장했다. 초여름다운 더운 날이어서 점심은 소면으로 때웠다. 말없이 면을 빨아들이는 마사키에게 세쓰코가 물었다.

"이따 오시면 수제 과자랑 차를 대접하면 되겠네요. 언제쯤 차를 내야 좋을까."

"그게 무슨 소리야. 차 마시러 오는 것도 아닌데."

마사키 머릿속에 장면이 떠올랐다. 헛되이 방문을 두드리는 다카이 변호사. 아무 반응도 없는 방. 2층에서 내려온다. 역시 안되는군요, 하며 차를 마시는 상상. 그런 판국에 수제 과자와 차가 왜 필요한가…….

말을 꾹 참고 있다 보니 마사키는 자연히 말수가 줄었다. 점심 식사를 마치고 1시 예약 환자를 보러 진료실로 내려갔다.

치조농루로 오래 내원한 초로의 남성이다. 누차 주의를 주어도 칫솔질은 엉성하고 나이가 나이인지라 어금니가 심하게 흔들리고 있다.

"역시 발치해야 하나…….

"영 틀렸습니까, 선생?"

라이트 아래 호소하는 눈빛으로 말한다.

"노력해 보았습니다만…….

지금까지 대체 이를 몇 개나 뽑았을까, 문득 생각했다.

젊은 시절 치아 관리를 소홀히 하면 중년이 되어서 뒷감당을 해야 한다. 엉성한 칫솔질에 극단적인 편식으로 어금니를 전부 잃은 여성이 있었다. 30대에 일찌감치 어금니를 틀니로 바꾸었는데 결혼을 하고 남편에게 들키기 싫어 반드시 먼저 일어나 틀니를 끼운다고 했다.

지금은 40대 중반일 텐데 여전히 남편에게 들키지 않았을지…….

"다음 주에 발치하시죠."

눈앞의 환자에게 선언하자 그는 슬프게 눈길을 내렸다. 나이가 들어 치아를 잃는 게 얼마나 고통스러운 일인지를 마사키는 잘 안다. 생명의 일부가 빠져나가는 기분일 것이다.

조금 우울한 기분으로 2층에 올라가니 세쓰코가 3층으로 가는 계단 밑에 서서 눈짓을 한다. 다카이 변호사가 벌써 와 있다는 표시다. 희미하게 분노가 묻어나는 목소리가 들린다.

"쇼타 군, 듣고 있지? 나는 자네 아버님의 의뢰를 받은 변호사야. 그래, 변호사. 얼마 전 아버님이 만난 뜨뜻미지근한 변호사랑은 달라. 나는 이지메 사건도 여러 번 다뤄봤어……."

대답을 기다리지만, 응답은 없었다.

"왜 왔는지는 알고 있겠지. 아버님은 자네를 괴롭힌 놈들을 확실하게 고소할 생각이야. 그래서 내가 고용된 거니까. 알겠지?"

예상대로 문 너머에서는 아무런 기척이 없다.

"이봐, 듣고 있나!"

다카이의 말투가 문득 돌변했다.

"이대로 계속 못 들은 척할 거야? 계속 틀어박힐 거냐고. 잘 들어, 행동하지 않으면 아무 일도 시작되지 않아. 입 꾹 다물고 있으면 그걸로 끝이라고. 자네가 움직여야 해. 나는 밑에서 기다리지. 식구들 앞에서만 활개 치지 말고 내려와. 알겠어?"

발소리가 들리고 다카이가 내려왔다. 어제와 같은 감색 재킷을 입고 안에는 흰 폴로셔츠. 입술에 미소를 달고 있다.

"틀림없이 내려올 겁니다."

"설마……."

자신도 모르게 반응하고 말았다.

"그럴 리가……."

"아니, 반드시 내려옵니다."

다카이는 소파에 앉았다. 세쓰코가 홍차를 내오자 곁들인 마들렌을 반가운 듯이 입에 넣었다.

"여기서 기다리죠."

"아마……."

세쓰코도 같은 말을 하려다가 도중에 어, 하는 소리를 냈다. 소리도 없이 쇼타가 거기 서 있었기 때문이다.

티셔츠에 청바지 차림이었다. 난동을 부리던 날보다 머리는 짧아졌다. 어느 틈에 미용실에 다녀왔구나. 안도와 불안이 뒤섞인 기묘한 심정에 사로잡힌다.

"오, 쇼타 군, 안녕."

다카이는 소파에서 일어나 빙긋이 웃으며 윗주머니에서 명함

지갑을 꺼냈다. 의외로 차분한 컬러의 고슈인덴^{甲州印伝} 야마나시 현의 4백 년 역사를 가진 명품 가죽공예. 사슴 가죽에 옻칠로 마감하는 것이 특징이다. 명함 한 장을 꺼내 양손으로 반듯하게 들고 쇼타의 눈앞으로 내밀었다.

"변호사 다카이라고 하네. 앞으로 잘 부탁해."

쇼타는 당황하면서도 명함을 받았다.

"쇼타 군, 여기 앉아서 얘기할까."

"아뇨……."

고개를 젓는다.

"그럼 그냥 서서 간단하게 이야기하지. 나는 변호사야. 앞으로 자네, 아버님, 나, 셋이서 팀을 짤 거야. 잘 부탁해."

쇼타가 다카이를 지그시 응시했다. 한 마디 한 마디를 새기려는 것처럼.

"우리가 팀으로서 제일 먼저 할 일이 뭘까. 나와 아버님은 함께 학교에 갈 거야. 그러려면 자네를 괴롭힌 세 놈의 이름을 알아야 해. 알겠지? 팀은 벌써 굴러가고 있어. 그러니까 이름을 말해줘. 당장 여기서 말하라는 건 아니야. 내 명함에 휴대전화 번호와 메일주소가 있으니까 거기로 보내주면 돼. 알겠지? 그리고……."

잠깐 말을 끊었다.

"쇼타 군, 자네가 이대로 입을 다물어 버리면 그걸로 끝이야. 스스로를 돕지 않으면 누구도 자네를 도울 수 없어."

쇼타는 입을 다문 채 돌아섰다. 그러나 손에 명함을 꼭 쥐고 있었다. 생각해 보면 14살부터 방 안에 틀어박혀 지냈으니 명함을 받는 경험도 처음이리라.

그날 저녁 마사키는 다카이에게서 문자를 받았다.

'오오사와 씨, 드디어 시작입니다. 쇼타 군이 제게 세 명의 이름을 보내주었습니다.

데라모토 와타루

사토 요이치

가나이 리쿠토'

마사키는 문자 속 이름들을 응시했다. 세 명의 소년들은 이미 청년이 되었다. 그들이 어떤 인생, 아니 어떤 청춘을 보냈는지가 몹시 궁금했다. 아들이 방 안에 틀어박혀 지내는 동안.

아들이 다니던 학교는 7년 만이다. 건물도 교정도 거의 변하지 않았다.

"7년이 지났어도 주요 인물들은 그대로 남아 있을 겁니다. 사립학교는 교장이나 교사가 어지간해서는 바뀌지 않거든요. 그게 좋은 점인지 나쁜 점인지는 모르겠지만."

교정 옆 도로를 다카이와 나란히 걸었다. 방과 후 운동장에서는 럭비부가 한창 훈련 중이었다. 소년들이 공을 쫓아 달린다. 문무를 겸비한다는 모토로 럭비가 강해 고등부는 전국대회에도 출전한 적이 있다. 중학교에도 럭비부가 있었기에, 입시원서를 낸 쇼타도 럭비에 관심을 보였던 일이 떠올랐다.

"교장이 만나 줄까요?"

"물론이죠. 저번 변호사는 통지서 한 번 보내는 데서 멈췄죠. 그러니 학교 측도 대비하고 있을 겁니다. 반드시 응할 거예요. 엄청 경계하면서."

방과 후의 교사는 조용했다. 다카이는 사무실 창구를 향해 인사했다.

"안녕하십니까!"

"네."

사무원으로 보이는 중년 남성이 나왔다.

"4시에 무라카미 교장 선생님과 약속한 다카이라고 합니다만."

"아, 그렇습니까."

남성은 표정 없이 대답하고 용지 한 장을 내밀었다.

"여기에 방문 시간과 성함, 용건을 기입해 주십시오."

다카이는 커다란 글씨로 '면담'이라고 적었다.

안내받은 대로 복도를 오른쪽으로 돌아 걸어갔다. 기억이 어렴풋이 살아난다. 오른쪽에 교장실이 있을 것이다.

기억하는 대로였다. 다카이가 노크한다. "들어오세요"라는 목소리에 문을 열자 세 명의 남자가 보였다. 두 사람은 낯이 익다. 무라카미 교장과 전 담임교사 한다였다. 한 사람은 처음 보지만, 교과주임이라고 소개했다.

하얀 천 커버를 씌운 의자도 그대로였다. 모두 자리에 앉자 아까 본 사무원이 페트병 생수를 나눠주었다.

"일전에 보내드린 통지서, 읽어보셨겠지요."

먼저 다카이가 용건을 꺼냈다.

"네, 답신을 보냈습니다. 무엇보다 7년 전 일이어서 저희 기억도 분명하지 못합니다. 기록을 찾아서 조사했지만 이지메 사실은 발견할 수 없어서 그대로 답신을 보냈습니다."

쇼타의 전 담임교사 한다는 언변이 좋은 사람이었다. 논리 정연한 말이 매끄럽게 나왔다. 외모도 말투만큼 단정하지만, 7년이 지나니 역시 주름이 지고 새치가 늘었다. 50대가 된 것이다.

그에 비하면 무라카미 교장은 전혀 달라지지 않았다. 벌써 70살이 다 되었을 텐데, 검도 수련 덕인지 허리가 꼿꼿해 처음 만나는 이를 압도한다.

하지만 다카이는 주눅 든 기색이 전혀 없었다.

"이걸 봐주십시오. 오오사와 쇼타 군의 진단서입니다. 지난주에 정신과 진단을 받았고, 그 결과 PTSD가 확인되었습니다."

"호오."

교과주임이 시큰둥한 목소리를 냈다. 비쩍 마르고 체구가 작은 남성이다. 머리숱이 안쓰러울 정도로 성글다. 빈티 나는 남자로 보이지만, 묘하게 만만치 않은 기세가 느껴졌다.

"이 진단서와 본교가 무슨 관계라도 있다는 말입니까?"

"그렇습니다. 오오사와 군은 7년 전 이 학교에서 자행된 악질적이고 집요한 이지메 때문에 등교를 거부했고, 지금도 집안에 틀어박혀 있습니다. 그리고 이런 정신질환을 앓게 된 겁니다."

"무슨 증거라도 있습니까?"

교장이 물었다.

"있습니다. 오오사와 군이 자신을 괴롭힌 급우 세 명과 이지메 내용을 제게 말해주었습니다. 이를 근거로 저희는 세 명을 고소하기로 했습니다."

"고소를 한다……."

믿기지 않는다는 듯 교장이 고개를 젓더니 전 담임교사에게 말했다.

"한다 선생, 오오사와 군을 기억하세요?"

"예, 물론입니다."

그는 고개를 크게 끄덕였다. 말을 하고 싶어 근질거렸던 게 틀림없다.

"등교 거부는 본교에서 드문 사례여서 당시 부모님과 여러 번 이야기를 나눴습니다. 설문조사도 하고 홈룸 시간에 몇 차례 대화할 기회도 가졌습니다. 그 결과 이지메는 없었다는 결론이 나왔고 부모님도 납득하셨습니다."

"납득 같은 거 한 적 없습니다!"

마사키가 그만 언성을 높였다.

"이지메는 없었다는 주장만 반복했을 뿐, 그 뒤로 진전이 없었지 않습니까."

다카이가 이어서 말했다.

"당시는 그렇게 넘어갔는지 모르지만 지금은 다릅니다. 정보공개 의무가 생기지 않았습니까. 그 설문조사 결과를 보여주십시오."

"그게 말인데……."

교과주임이 낯을 찡그렸다.

"설문지는 오래전에 폐기돼서 지금은 없습니다."

"그럴 줄 알았습니다. 그럼 저희가 조사하기로 하죠. 학교는 이 세 명의 현재 주소를 파악하고 있겠죠?"

한다는 노골적으로 낯을 찡그렸다.

"그건 개인정보보호법 위배 아닐까요. 졸업생의 주소를 우리가 알려드릴 수는 없습니다."

"그럴 줄 알았습니다."

다카이는 같은 말을 반복했다.

"다행히도 당시는 학생 연락망이 있었죠. 오오사와 군 어머님이 잘 보관해 두셨더군요. 그걸로 세 명의 주소와 전화번호를 확인했습니다. 이사를 갔어도 주민표를 추적하면 바로 알아낼 수 있을 겁니다."

잠시 침묵이 흘렀다. 창밖에서는 럭비부 학생들의 목소리가 들려온다.

"자～, 뛰어, 뛰어!"

"태클, 태클!"

7년 전 쇼타가 빼앗긴 건강한 소년의 목소리였다.

무라카미 교장은 자세를 고치고 말했다.

"오오사와 씨, 책임자로서 말씀드리고 싶습니다. 7년 전 불행한 일이 있었을지도 모릅니다. 하지만 전부 교육 현장 책임으로 돌리는 건 참으로 유감입니다. 더구나 이제 와서 소송이라니, 저희로서는 대단히 유감스럽고 협조해드리기 어렵습니다."

"그렇게 나오실 줄 알았습니다."

다시 다카이가 나섰다.

"급우들은 저희가 조사하겠습니다."

"소용없는 일이라고 봅니다."

교장은 엄숙하게 말했다.

"세 사람의 진로에 대해서도 본교로서는 가르쳐드릴 수 없고요."

"그들은 지금 대학 3학년이죠."

"그렇습니다, 슬슬 취직 활동을 시작할 시기입니다. 본교 졸업생이니 나름대로 괜찮은 대학에 들어갔지요. 그런 젊은이들을 7년 전 일로 괴롭히고 싶지 않습니다. 신문에 이름이라도 실리면 취직에도 영향이 갈 겁니다. 앞날이 창창한 젊은이를 혼란에 빠뜨리지 말아 주십시오."

"교장선생님, 오오사와 쇼타 군도 앞날이 창창한 젊은이입니다. 하지만 세 사람 때문에 과거와 현재를 빼앗기고 말았습니다. 미래 역시 상당한 노력을 하지 않으면 파괴당할 겁니다."

"그렇게까지……."

"과장이 아닙니다. 세 소년이 고등학교와 대학에 진학하고 여행을 즐기고 연애하는 동안에도 마음이 부서진 오오사와 군은 내내 방 안에 틀어박혀 있었습니다. 학교에도 가지 못했어요. 지금은 PTSD 진단까지 받았습니다. 책임을 묻는 건 당연한 일입니다."

마사키는 분노를 누르느라 애썼다. 7년 전 나는 왜 이들의 말을 받아들이고 말았을까. 왜 어쩔 수 없다고 생각했을까. 이런 교활한 인간들 말을 왜 그냥 듣고만 있었을까.

"자기들도 기억 못할 겁니다. 대수롭지 않은 장난으로 생각하겠지요."

"바지 벗겨서 사진을 찍고, 그걸로 협박하고, 소각로에 가두는 게 대수롭지 않은 장난이군요?"

“본인이 어떻게 인식하느냐의 문제겠지요.”

“맞습니다. 인식의 차이를 놓고 다투는 곳이 재판입니다. 여기서 더 논쟁해 봐야 의미가 없겠네요. 교장선생님, 여기 조무원을 만나볼 수 있습니까? 설마 그것까지 거부하지는 않겠지요.”

“조무원 말입니까…….”

그때 교과주임의 입술이 미묘하게 일그러졌다.

“조무원이라면 4년 전 그만두고 지금은 다른 사람이 일하고 있습니다.”

“정말입니까.”

“정말입니다. 의심스럽다면 직접 만나보시든지.”

“그럼 전에 일하던 조무원의 이름과 연락처를 가르쳐주시겠습니까?”

“그건 좀…….”

“또 개인정보보호법이군요. 뭐, 좋습니다. 조사하면 이름 정도는 바로 나오니까.”

세 남자가 한순간 얼굴을 마주보았다. 이름 정도는 괜찮지 않을까, 하며 교장이 고개를 끄덕이자 교과주임이 마지못해 대답했다.

“마스다 씨였던가, 저도 잘 기억이 안 납니다만…… 학생들이 맛 상, 맛 상, 하고 불렀으니까 틀림없을 겁니다.”

“알겠습니다, 마스다 씨군요.”

다카이는 짐짓 연극처럼 수첩을 꺼내 볼펜으로 이름을 적었다.

“정말 조사하실 겁니까?”

교과주임이 주저주저하며 물었다.

“합니다, 소송을 위해서.”

“우리로서는 실현 불가능한 일처럼 느껴집니다만.”

“변호사니까요.”

수첩을 넣으며 다카이가 일어섰다.

“다시 찾아뵐 일이 있을 텐데, 그때도 잘 부탁드립니다.”

세 사람은 대답하지 않았다.

역전 스타벅스 2층으로 갔다. 갈증을 느낀 마사키가 아이스커피를 단숨에 비웠다.

묻지 않을 수 없었다.

"학교 측은 어떻게 나올까요. 느낌이 영 안 좋습니다만. 그렇게 비열한 자들인 줄은 몰랐습니다……."

"오오사와 씨, 급우들을 고소하겠다는 사람을 학교가 호의적으로 맞이할 리가 있습니까."

다카이는 웃었다.

"그렇군요. 교장이나 담임이 7년 전보다 비협조적이어서 분했습니다."

"7년 전이면 쇼타 군도 아직 학생이었으니까요. 수업료를 받고 있으니 친근한 척하는 건 당연합니다."

"저어, 앞으로 저는 뭘 하면 좋을까요. 어떻게 도우면 되겠습니까?"

"돕다니요?"

다카이가 고개를 들었다. 안경 너머로 보이는 눈동자가 번쩍 빛났다.

"돕다니요. 오오사와 씨, 변호사는 탐정이 아닙니다. 드라마처럼 미행하고 탐문을 할 만큼 변호사는 한가롭지 않아요. 팩트를 정리해서 소송을 어떻게 유리하게 가져갈지 생각하는 게 저의 소임입니다."

"……."

"변호사가 하는 일은 2할이고 오오사와 씨가 할 일이 8할이라고 생각해 주십시오."

뒤통수 맞는 느낌은 들지 않았다. 조금 전 학교에서 그의 활약을 보았기 때문이다.

"앞으로의 일을 잠깐 정리해 보죠."

다카이는 작은 노트를 꺼냈다. 그리고 볼펜으로 '휴대전화' '조무원'이라고 적었다.

"7년 전, 쇼타 군이 쓰던 폰은 피처폰인가요 스마트폰인가요?"

"피처폰이었습니다. 최신 스마트폰이 갖고 싶다고 했는데, 분에 넘친다며 야단친 기억이 있으니까요."

"당시 14살이면 아마 친구들도 피처폰이었을 겁니다. 사진은 남아 있을 가능성이 있는데, 이번 일로 옛날에 쓰던 피처폰은 폐기했을 겁니다."

'증거인멸'이라는 말이 머리를 스쳤다.

"하지만 전송받은 쪽에는 사진이 남아 있을 겁니다. 오오사와 씨, 쇼타 군이 전에 쓰던 피처폰, 아직 있겠죠."

"모르겠습니다."

"쇼타 군 폰에 사진이 남아 있으면 좋을 텐데. 그보다 더 좋은 건 제삼자의 휴대전화에 남아 있는 겁니다. 그쪽이 증거 가치가 높으니까요."

"제삼자라면, 예전 급우 말이군요."

"그렇습니다. 전에 말씀하신 호리우치 군이라는 청년에게 한 번 더 물어볼 수 있을까요? 호리우치 군이 이렇게 말했다고 하셨죠. 오오사와 군 바지를 벗긴 사진을 근처 여학교 학생에게도 보냈다고."

"예, 맞습니다."

"그 여학생을 찾아낼 수 없겠습니까."

근처 가톨릭계 여학교라고 했다. 오래전부터 양갓집 규수들이 다니는 학교로 유명했지만, 요즘은 진학 명문으로 평판이 높다. 고등부를 졸업한 학생들 대부분이 외부 대학 수험을 치르고, 재단에서 운영하는 대학에 진학하는 학생은 몇 명 안 된다. 예쁜 여학생이 많다는 소문에 매년 학교 축제 때면 근처 남학교 학생들이 몰려든다.

"그중에서 한 명을 찾아낸다는 게……."

"시간이 걸려도 됩니다. 저는 그 여학생이 열쇠를 쥐고 있다고 기대하고 있습니다. 7년 전 바지가 벗겨진 또래 남학생 사진을 보고 그 여학생은 무슨 생각을 했는가. 그게 이지메 여부를 판단하는 중요한 잣대가 될 거라고 봅니다."

"그렇습니까……."

변호사는 탐정은 아니라고 했지만, 방금 말투는 그야말로 탐정이 아닌가.

"저는 즉시 세 명에게 접촉해 볼 테니 오오사와 씨는 이쪽을 부탁드립니다."

‘조무원’이라는 글자를 가리켰다.

“잠깐만요. 학교가 주소를 가르쳐주지 않았는데 조무원 주소를 어떻게 알아내죠?”

“방법을 총동원하세요. 쇼타군을 위한 겁니다.”

그래도 방법을 전혀 알 수 없었다.

다음날 마사키가 제일 먼저 한 일은 학교에 전화하는 것이었다. 사무원으로 짐작되는 여성에게,

“전에 그곳에서 일하던 조무원 마스다 씨의 지인입니다만 연락처를 알 수 있을까요?”

라고 물어보았다.

“저희도 모릅니다만…….”

“마스다 씨는 다른 학교로 옮기셨나요?”

“아뇨, 그건 아닌 것 같은데요, 저희는 모릅니다.”

그런 대답뿐이었다. 교장이 입막음을 한 느낌도 아니었다. ‘모릅니다’라는 말투에 경계하는 기색은 없다.

“조무원 연락처는…….”

다양한 허드렛일을 하는 조무원은 학교에 반드시 한 명씩은 있다. 자신의 학창 시절을 떠올려도 초등학교, 중학교, 고등학교에는 작업복을 입은 초로의 남성이 있었다. 아니, 내가 노인이라고 느꼈을 뿐, 그들은 의외로 젊었는지도 모른다.

쇼타의 방 앞으로 가서 노크했다.

“얘야, 듣고 있니?”

"……."

최근에는 움직이는 기척이 대답을 대신한다.

"네가 중학교 때 학교에 마스다 씨라는 조무원이 있었니?"

"……."

기분이 상한 듯하다. 소각로에 갇힌 사건은 어떻게 알아냈느냐며 불쾌해하는 기척이 문 너머에서 뚜렷하게 전해져온다.

그러나 이제 마사키는 주저하지 않기로 했다.

—세 사람이 팀을 짜는 거다.

—앞으로는 쇼타 군을 최대한 조사에 참여시켜 주세요.

다카이의 말에 힘을 얻었으니까. 그래도 배려는 필요하다. 소각로 이야기는 꺼내지 않았다.

"당시 상황을 아는 사람을 찾아서 여기저기 알아보고 있다."

문 너머로 살짝 목청을 높였다.

"그 마스다 씨라는 사람은 늙은 사람이냐 젊은 사람이냐."

잠시 후 목소리가 들렸다.

"할아버지였어."

그리고,

"아주 좋은 분이었어."

어쩌면 소설이나 드라마를 너무 많이 봤는지 모른다.

"막혔을 때는 현장으로 돌아가라."

그 말이 떠오른다.

이것저것 생각한 끝에 마사키는 다시 학교로 갔다. 평일 오후 학교는 교문이 굳게 잠겨 있다. 예전과 달리 함부로 드나들 수 없다.

'용건이 있는 분은 인터폰을 눌러 주십시오'

라는 문구를 잠시 바라보았다.

만약 학부모였다면, 얼마나 보안이 충실한 학교인가 감탄했겠지. 그러나 지금 처지에서는 자신을 거부하는 장애물로만 보인다. 오늘은 여기 볼일이 있는 것도 아니다.

"자, 그럼……."

주변을 둘러보았다. 학교 근처에 상점 몇 군데가 있었다. 조무원이 이용할 법한 가게는 세 군데 정도였다. 문구도 파는 작은 서점. 중화요리점, 빵집. 빵집 창가에는 과자도 진열되어 있고 내부에 손님이 앉아서 먹는 공간도 있다. 그래 봐야 카운터 앞에 가죽이 찢어진 둥근 의자 네 개가 놓여 있을 뿐이지만.

"안녕하세요."

인사를 건넸다. 안에서 하얀 위생모를 쓴 중년 여성이 나왔다. 아무것도 사지 않고 질문만 하기는 뭣했다.

진열대를 보니 호빵과 크림빵이 80엔이었다. 드물게 '시베리아'

도 있었다. 마사키는 시베리아 세 개와 크림빵 세 개를 싸달라고
했다.

"참 오랜만이네……."

양갱을 카스테라로 싼 시베리아를 두고 한 말인데, 여성은 다
르게 받아들인 모양이다.

"여기 졸업생이세요?"

"예, 그렇습니다."

졸지에 거짓말을 했다.

"졸업하신 분들이 근처에 오면 꼭 들르거든요."

여성은 방긋 웃으며 빵 봉지를 내주었다. 그 웃음이 기운을 북
돋아 주었다.

"저어, 예전에 마스다 씨라는 조무원이 있었는데, 혹시 아십니
까?"

"글쎄요, 우리 가게엔 맨 학생들만 와서."

고개를 갸웃거린다.

"고맙습니다. 옛날 생각이 나서요."

봉지를 든 채 옆에 있는 중화요리점으로 들어갔다. 포렴이 걸
려 있지만 손님은 없었다. 구석 테이블에서 주인이 신문을 보고
있다.

"오, 어서 오세요."

반갑게 일어서니, 역시 주문을 하지 않을 수 없다. 카운터에 앉
았다.

"완탕면 부탁합니다."

좋아하는 음식인데 벌써 몇 년이나 먹을 기회가 없었다.

"조금만 기다려주십시오!"

살짝 기름기가 도는 국물을 마시며 마사키는 입을 열었다.

"아들이 이 학교를 졸업했어요."

아까처럼 거짓말을 하기가 꺼려지기도 했고, 사람 좋아 보이는 주인이 몇 년도에 졸업했냐고 물어볼 것 같았다.

"아들이 여기 라면이 맛있었다고 하더군요."

"그거 반가운 말씀이네요."

주인은 만면에 웃음을 지었다. 50대 초반이나 되었을까, 커다란 쌍꺼풀 눈에 애교가 엿보인다.

"중학생 때 아들이 조무원 마스다 씨에게 신세를 많이 졌는데, 지금도 건강하게 근무하십니까?"

"마스다 씨라면 몇 년 전에 그만두셨는걸요."

"그렇습니까, 아쉽네요."

시간을 벌려고 천천히 국물을 떠먹었다.

"어디 계신지 혹시 아십니까? 정말 신세를 많이 져서 한 번은 인사를 드리고 싶은데."

"글쎄요."

주인이 고개를 갸우뚱했다.

"종종 식사하러 와주셨죠. 우리 마누라하고도 얘기가 잘 통했는데. 벌써 몇 년이나 안 보이시네요."

“저어, 사모님은 마스다 씨를 잘 아십니까?”

“그게, 마누라가 작년에 덜컥 저세상으로 가버려서요. 바로 전날에도 가게에서 설거지하던 사람인데 얼마나 놀랐는지.”

“그렇습니까……”

국물 맛이 갑자기 사라졌다. 단서가 끊겼다.

“잘 먹었습니다.”

1000엔 지폐를 내고 거스름돈을 받았다.

“저어, 혹시 마스다 씨 소식을 아시게 되면 가르쳐주시겠습니까.”

“그럼요. 알게 되면요.”

“저는, 이런 사람입니다.”

치과 의사 명함을 건넸지만 주인은 아무 관심도 보이지 않고 조금 지저분한 가운 주머니에 넣어버렸다.

“마스다 씨가 가게에 오시면 주소를 여쭤보죠. 하지만 아마 오시지 않을 거 같은데. 으음, 사이타마 쪽이었나…… 아, 잠깐만 기다려보세요.”

안쪽으로 들어갔다가 엽서 한 장을 들고 나왔다.

“마스다 씨가 왜 기억에 남아 있나 했더니, 얼마 전 마누라 1주기 때 엽서를 보냈더군요. 조문도 잊지 않고, 참 의리 있는 사람이에요.”

엽서에는,

‘만페이켄 귀중’

이라고 중화요리점 상호가 적혀 있고 왼쪽에,

'사이타마 현 아사카 시'라는 주소와 '마스다 요시유키'라는 이름이 분명히 적혀 있었다.

마스다는 아사카 역에서 버스를 타면 된다고 가르쳐주었다.

"버스 타기 전에 전화를 주세요. 정류장에서 기다리겠습니다."

버스 시각표를 보니 출발까지 30분이나 남아 있었다. 택시를 탈까 잠깐 고민했지만, 마중을 나온다는 후의를 무시하는 것처럼 느껴졌다.

택시를 탈 수 있다는 가능성은 아예 생각지도 않는 사람에게 성의 없는 인간이라는 첫인상을 줄까 저어되었다.

결국 역 카페에서 시간을 보내다가 일러준 대로 버스를 탔다. 목적지는 다섯 번째 정류장이었다.

마스다로 짐작되는 노인이 차창으로 보였다. 여기서 하차한 승객은 마사키 한 명이어서 마스다도 바로 알아보았을 것이다.

"처음 뵙습니다. 오오사와입니다."

"마스다입니다. 먼 길 오시게 해서 미안합니다."

정중한 답장을 보고 짐작하던 대로 마스다는 솔직하고 친절한 사람이었다. 수척하고 허리가 조금 굽었지만, 이목구미는 또렷하고 짙은 쌍꺼풀 눈은 아직 처지지 않았다. 다만 손질하지 않은 긴 눈썹이 축 쳐져 있었다.

"번거롭게 집까지 오시게 해서 죄송합니다. 역으로 나갈까도 생각했지만 요즘 몸이 좀 좋질 못해서."

"날이 부쩍 더워져서 건강을 해치기 쉽지요."

어련무던한 대답을 했다고 생각했는데,

“얼마 전 간암 수술을 한 참이라서요.”
라고 마스다가 불쑥 밝혔다.
“어, 그것 참…….”
마사키는 대답이 궁했다.
“그래도 지금은 좋아지셨겠지요.”
“암 수술은 대개 성공이죠, 나쁜 곳을 잘라내면 그만이니까. 뭐, 재발할지 어떨지는 신만이 안다고 하고요.”
마스다는 중얼거리듯 말하면서 블록담 사이 좁은 길을 걸었다. 막다른 골목의 펜스 너머로 꽤 넓은 마당이 보였다. ‘마스다’라는 문패가 달려 있다. 모르타르로 마감한 평범한 2층 집이지만, 지저분한 느낌이 없다. 창문이나 외벽이 말끔하게 손질되어 있고 앞마당에는 은방울꽃이 자라고 있었다.
“두 내외만 살아서 지저분하긴 하지만 안으로 드시지요.”
마스다가 손잡이를 잡으려는데 안쪽에서 먼저 열렸다. 아내로 보이는 백발 여성이 고개를 숙인다. 도저히 환영한다고는 보이지 않는 딱딱한 표정이다. 사정을 들은 것이 틀림없다.
주방 한쪽의 소파에 앉자 노파가 보리차를 내주고 나가려고 했다.
“저어, 이거, 소소한 겁니다만.”
세쓰코가 준비해 준 유명 제과점의 쿠키를 건넸다.
“아이고, 고맙습니다.”
받아 들고는 옆방으로 건너갔다.

"학교를 그만두고 이곳으로 이사했습니다. 저희 부부는 자식이 없지만 조카 가족이 근처에 살거든요."

"그러시군요."

"이 집은 셋집인데, 주인이 조카의 지인이라 저렴하게 빌려주었습니다. 우리 부부가 마당 일을 좋아해서 넓은 마당이 딸린 집을 찾았지요."

"마당이 잘 손질되어 있군요."

"네, 제가 입원해 있을 때도 아내가 부지런히 가꿨어요."

마스다는 이야기하기를 좋아하는 사람이었다. 그는 씨익 웃으며 하얀 이를 드러냈다. 부자연스러운 흰색을 보니 틀니겠지. 예순을 조금 넘긴 정도일까.

"실은 그 학교에 6년 정도밖에 근무하지 않았습니다."

"그랬습니까."

"그 전에는 교재 영업 일을 했습니다. 50살이 지나서 정신적으로 조금 힘들다고 느끼던 차에 마침 연줄이 닿아서 조무원 자리를 소개받았습니다. 아이들 사이에서 느긋하게 일하는 것도 좋겠구나 생각했지요."

"그렇군요."

"제법 즐겁게 일했습니다. 그런데 4년 전 폐에 암이 발견되어서 퇴직하고 여기로 이사한 겁니다."

"힘드셨겠군요."

인사는 이 정도면 됐겠지, 생각한 마사키가 용건을 꺼냈다.

"편지에도 썼지만 제 아들 일로 찾아뵈었습니다. 마스다 씨, 7, 8년 전에 소각로에 갇혀 있던 제 아들을 구해주셨다고 들었습니다. 늦었지만 정말 감사드립니다."

"그 일 말인데요……."

마스다는 눈을 깜빡거렸다.

"그게 언제 적 일인지 궁금해서 일기를 꺼내 보았습니다. 사실 소각로에서 학생을 꺼내주는 일은 2년에 한 번쯤 있었거든요."

"뭐라고요!"

"아버님도 아시겠지만, 그 학교는 예전에 해군병학교 합격자를 배출했다고 자랑하는 곳이었습니다. 실질강건을 강조하지만 입시 명문도 지향하는, 앞뒤가 맞지 않는 구석이 있었지요. 그래서 학생들 마음도 차분하지 못하다고 할까, 거칠어지더군요."

"그런 일이 한 번이 아니었다는 겁니까?"

거칠게 말허리를 잘랐다.

"그렇습니다. 아드님 일은 8년 전 마지막 사례였더군요."

"확인을 위해 아들 사진을 가져왔습니다."

7년 전 14살 때 찍은 스냅사진이다. 교복을 입고 똑바로 서 있다. 배경을 보니 집에서 찍은 사진인데, 왜 찍었는지 기억도 나지 않는다. 이렇게 보니 특별할 것 없는 평범한 중학생이다.

"이 아이가 맞는 것 같습니다……."

고개를 끄덕였다.

"당시 학교에는 특이하게 큰 소각로가 있어서, 방과 후에 당번이 쓰레기를 버리게 되어 있었어요. 그 나이대 아이들이라 장난을 치다가 밀려서 안에 들어가는 경우가 있습니다. 대개는 웃으면서 바로 꺼내주지만 개중에는 계속 갇혀 있는 아이도⋯⋯."

"여러 명 있었군요."

"아, 그래, 가을이 끝날 무렵이었어요. 낙엽을 쓸어서 가져간 날이라 기억이 납니다. 소각로 안에서 문을 두드리는 소리가 들렸어요."

"그래서 꺼내주셨군요."

"그렇죠."

"학생이 갇혀 있었다고 학교 측에 보고하셨겠고요."

"물론 했습니다. 아이가 울고 몹시 겁에 질려 있어서 조무원실로 데려갔습니다."

마사키의 숨결이 거칠어진다. 겨우 13살 아이였다. 어두운 밀실에 갇혀 얼마나 두려웠을까. 만약 자신이 그때 바로 알았더라면 즉시 경찰에 신고했을 텐데. 그런데도 '이지메는 없었다'고 주장하는 교장과 담임이 정말 미웠다.

"마스다 씨, 다시 한번 잘 봐주십시오. 울던 학생이 이 아이 맞습니까."

"⋯⋯이 아이 같습니다. 얼굴 인상이 기억에 있으니까⋯⋯."

"그때 그 학생이 뭐라고 했습니까. 기억에 남아 있는 대로 뭐든 말씀해주세요."

"어디 보자⋯⋯."

일기로 시선을 돌렸다.

쌍꺼풀 눈이 문득 크게 벌어졌다.

"아, 그래, 울면서 리쿠토를 죽여버리겠다고 했어요. 리쿠토가 무슨 말일까 했는데 생각해 보니 급우 이름 같더군요. 이름이 특이해서 기억에 남았나 봅니다."

마사키는 충격 때문에 고꾸라질 뻔했다. 리쿠토. 틀림없다. 쇼타가 이지메 범인으로 지목한 세 급우 가운데 한 명이다.

"가나이 리쿠토."

역시 그렇다, 마스다가 마지막으로 구해준 소년은 쇼타가 확실하다.

"마스다 씨."

자세를 가다듬었다.

"편지에도 썼습니다만 아들을 괴롭힌 급우를 고소할 생각입니다. 부디 이 사실을 증언해주시겠습니까."

"그 일이라면……."

머리를 긁적였다.

"아내와 상의하니 재판 같은 일에는 끼지 말라고, 그만두라고 하네요."

"심정은 충분히 이해해요. 폐를 끼치지 않도록 하겠습니다. 약속드립니다."

다시 몸을 숙이며 고개를 조아렸다. 이마에 테이블 유리가 느껴진다.

"마스다 씨, 부탁드립니다. 아들이 앞으로 제대로 살아갈 수 있을지가 걸린 중요한 문제입니다."

"그렇겠지요. 아버님이 걱정이 많겠군요."

머리 위에서 차분한 목소리가 들려왔다.

"하지만 저도 암이 전이되어 버렸으니 하시려면 빨리 해 주세요. 언제까지 살아 있을지 알 수 없으니까."

고개를 조아린 마사키의 눈시울이 뜨거워졌다.

"그래요? 조무원이 증언하겠다고 했다니, 정말 다행입니다."

전화 저쪽에서 다카이의 목소리가 흥분한다.

"게다가 유리한 내용이네요. 학교에 분명히 보고했다고 했으니까요."

마스다는 학교에 보고했다. 그런데 왜 학교 측은 아무것도 하지 않았는가. 이지메를 방치한 학교 측에도 복수해야 하지 않는가.

"역시 학교도 고소하는 게 좋을까요?"

"당연히 고소해야 한다고 생각합니다."

"하지만 마스다 씨가 퇴직할 때 학교에 관해 일절 발설하지 않겠다는 문서에 서명했다고 들었습니다."

"이 경우에는 효력이 없다고 생각합니다. 학교 측에 그런 걸 강제할 권리는 없습니다."

"그렇습니까."

"그리고 세 동창에게 각각 연락했습니다. 제 이름으로 내용증명을 보냈어요."

"깜짝 놀랐겠군요."

통쾌한 기분이다. 변호사 명의로 자신을 고소한다는 서류가 도착했으니 놀라서 허둥댔을 게 틀림없다.

"물론이죠. 사무소에 확인 전화가 왔어요. 사기도 장난도 아니라는 걸 알고 가나이 리쿠토의 부모는 즉시 변호사를 고용했습니

다. 그쪽 집안은 병원을 경영하는 모양이던데요. 장남 리쿠토는
의대 3학년입니다. 사립대 중에서도 편차치가 매우 높은 곳이죠.
귀한 장손 이력에 흠이 생기면 큰일이니 예의주시하고 있을 겁니
다.”

“리쿠토, 로군요.”

마사키의 마음에서 그 이름은 단순한 인명이 아니다. 8년 전 아
들은 울면서 말했다고 한다.

“리쿠토를 죽여버리겠어.”

다카이가 말을 이었다.

“사토 요이치는 국립대 경제학부 3학년입니다. 부친이 전화를
해서 당신 바보 아냐, 하고 펄펄 뛰더군요. 이제 막 취직 활동을
시작하는 중대한 순간인데 왜 흠집을 내려고 하는 거냐. 아들에
게 물어보니 7, 8년 전에 장난을 조금 친 적이 있다고 하던데, 그
정도는 중학생 남자애들에게 흔히 있는 일 아니냐고요. 물론 다
예상했던 범위입니다. 여보세요, 오오사와 씨, 듣고 계세요?”

“듣고 있어요.”

이런 이야기를 들을 때마다 13살 쇼타의 모습이 눈앞에 떠오른
다. 소각로에 갇혀 울고 있는 아이.

“그런데 오오사와 씨, 마지막 한 명, 데라모토 와타루를 추적할
수가 없네요.”

“무슨 말입니까.”

“행방이 잡히지 않습니다. 모친도 아들이 어디 사는지 모른다

고 하고요."

"회피하려고 하는 말 아닙니까?"

"저도 그런 줄 알고 이리저리 조사해 보았는데, 중요한 사실을 알게 되었습니다. 데라모토 와타루는 고등부를 졸업하지 않았더군요."

"그럼 전학을 갔나요?"

"아뇨, 그렇게 이름난 학교에서 굳이 전학하는 일은 없죠. 해외에 나가기라도 하지 않는 한."

"그럼 해외로 유학을 갔거나."

"모친의 말은 그런 느낌이 아니었습니다. 중도 퇴학했을 가능성이 있어요."

"그럴 리가요. 그놈들은 아들을 철저히 괴롭혔는데 그런 놈이 중도 퇴학했을 것 같지는 않군요."

"오오사와 씨, 이지메에서는 가해자가 피해자로, 혹은 피해자가 가해자로 쉽게 바뀝니다. 이 데라모토라는 급우의 행방은 이번 사건에서 아주 중요한 일이라고 봅니다."

"그것도 제가 조사해야 합니까."

"부탁합니다."

다카이는 말했다. 자신은 탐정이 아니다, 부모가 8할을 해주기 바란다, 자기가 할 일은 나머지 2할이다, 라고.

그날 저녁, 마사키는 쇼타의 동창 호리우치에게 편지를 썼다. 긴 편지를 쓰는 것이 몇 년 만인가. 어쩔 수 없다. 그가 휴대전화

번호를 알려주지 않았기 때문이다.

'오랜만입니다. 일전에는 여러 가지로 바쁠 텐데 일삼아 시간을 내주어서 고맙게 생각합니다.

지금 당신에게 편지를 쓰는 것은 마침내 본격적으로 소송을 하게 되었기 때문입니다. 이런저런 우여곡절이 있었지만 정말로 쇼타를 걱정해 주는 좋은 변호사를 만났습니다.

호리우치 군은 그때 말했지요. 그런 일을 해봐야 소용없다고. 그렇게 생각하는 것은 당연합니다. 젊은이에게 시간은 눈앞에 넘쳐나고 굉장한 속도로 지나갑니다. 중간에 한 번 넘어지면 이미 게임은 끝난 거 아닌가. 놓친 시간을 이제 와서 따라잡을 수 있을 리가 없지 않은가 생각할 겁니다.

그러나 50년을 살아보면 생각이 완전히 달라집니다. 앞으로 남은 시간은 빠르게 줄어듭니다. 거기 비하면 20살 쇼타가 잃어버린 7년 따위는 잠깐이라고 느껴집니다.

정말이지 아직 어립니다. 그 아이가 한두 번 넘어진 것이 무슨 대수입니까. 얼마든지 다시 일어설 수 있다는 생각이 당신 눈에는 부모의 이기심으로 보일지 모릅니다.

그래도 나는 당신의 감성에 기대를 걸어보고 싶습니다. 영문학을 전공하는 당신은 아마 타자에 대한 상상력이 풍부하겠지요.

아들을 구하고자 하는 부친의 절박함을 희미하게나마 느끼리라 믿습니다.

쇼타가 마침내 자기를 괴롭힌 급우들 이름을 밝혔습니다. 한심하게도 내가 아니라 변호사 선생에게 알려줬습니다.

가나이 리쿠토

사토 요이치

데라모토 와타루

당신도 이 이름을 기억하겠지요. 예상대로 가나이 군과 사토 군은 순조롭게 대학교에 진학했더군요. 다만 데라모토 군의 행방은 알 수 없었습니다. 혹시 알고 있다면 부디 가르쳐주었으면 합니다.

단순히 미워서 심판하려는 게 아닙니다. 아니, 밉지 않다면 거짓말이겠죠. 미운 마음도 있고 원망도 있습니다. 그러나 증오라고는 할 수 없습니다. 나는 그저 진실을 알고 싶을 뿐입니다.

그리고 진실은 법정에서만 밝힐 수 있다는 것을 알기에 이렇게 필사적인 것입니다.

부디 도와주십시오. 부탁합니다.'

4장

재회

'휴대전화 번호가 적혀 있어서 실례를 무릅쓰고 메일로 답장을 대신합니다.

오오사와 군을 괴롭힌 급우 세 명의 이름이 적혀 있어서 놀랐습니다. 오오사와 군이 말했군요. 하지만 한 가지 의문이 있습니다. 정말 그 세 명뿐이었을까요. 중학생의 이지메는 반 전체가 가담하는 거라고 저는 생각합니다.

소송한다고 하셨는데, 저는 협력할 수 없습니다. 분명히 말씀드립니다. 데라모토 군도 아마 그럴 겁니다.

데라모토 군은 하쓰다이의 'NOTE'라는 바에서 일하고 있습니다. 저는 여기까지밖에 모릅니다. 이제 연락하지 말아 주십시오.

호리우치 신지'

인터넷은 편리하다. '하쓰다이' 'NOTE'로 검색하자 금방 세 군데가 나왔다. 하나는 레스토랑, 하나는 지류 제품을 파는 상점 같았다. 주점 'NOTE'는 한 곳밖에 없었다. 지도를 보니 신국립극장 뒤쪽이었다. 화요일 진료가 끝나고 마사키는 게이오신선을 탔다.

동료 치과 의사 중에 오페라 팬이 있어서 신국립극장에 몇 번 따라간 적이 있다.

엘리베이터로 올라가 극장 쪽으로 가지 않고 왼편으로 향했다. 프랜차이즈 음식점이 늘어선 거리의 뒷골목에서 'NOTE'라는 간판을 발견했다.

생각보다 큰 가게였다. 카운터 옆에 커다란 스크린이 있는데, 가라오케 용은 아닌 듯했다.

"어서 오세요."

흰 셔츠를 입은 청년이 의아한 시선으로 쳐다본다. 단골 위주로 장사하는 가게가 틀림없다.

"들어가도 괜찮습니까."

"물론입니다. 앉으시죠."

청년이 얼른 미소를 짓는다. 귀한 손님의 마음을 불편하게 만든 것은 아닌가 싶어 배려하는 모습이다. 카운터 의자를 권했다.

"원하시는 자리에 앉으세요."

"고맙습니다."

이른 시간이라 손님은 아무도 없었다.

"뭘로 드시겠습니까."

물수건을 내주며 묻는다.

"위스키로 할까요."

"어떤 위스키로 드릴까요. 다양하게 구비해 놨습니다."

"버본을 온더록으로."

"알겠습니다."

작은 조명 아래서도 청년의 피부에 탄력이 느껴졌다. 20살쯤 되었을까. 데라모토 와타루가 틀림없다.

요즘 청년다운 조그만 얼굴에 시원한 눈매와 보기 좋은 코, 얇은 입술이 조화롭다. 미청년이라고 해도 좋다.

뛰는 가슴을 가라앉히려 마사키는 먼저 위스키를 절반 비우고 주위를 둘러보았다.

"저 스크린은 뭐죠? 꽤 큰데."

"영화를 틉니다. 고전 영화도 틀고 가끔 최신 드라마를 틀 때도 있습니다."

"호오……."

"각본가 사쿠라이 준타로 씨가 취미 삼아 운영하는 가게거든요."

"실례…… 드라마는 거의 안 봐서."

"보통은 잘 모르시죠. 재작년에 〈닥터 형사〉라는 드라마를 쓰셨어요."

"아, 그 드라마라면 들어본 적이 있지."

거짓말이지만 그렇게 대답하는 수밖에 없었다.

“다행이군요.”

청년은 씽긋 웃었다. 어려서 교정했을 듯한 고른 치열이다. 인상 좋고 말끔한 이 청년이 쇼타가 ‘복수’를 다짐할 정도로 잔혹한 짓을 했단 말인가. 아들을 소각로에 가두었을까…….

“같은 걸로 한 잔 더.”

“예.”

잔을 비우자 그제야 여유가 생겼다.

“그쪽도 각본가인가요?”

“천만에요. 사쿠라이 씨가 거두어주셔서 가게 일을 돕고 있을 뿐입니다.”

‘거두어주셔서’라는 말이 마사키를 움직였다.

“혹시 아니라면 미안하네만, 자네, 데라모토 와타루 군이지?”

“네?”

청년이 눈을 크게 뜨고 그렇다고 대답했다.

“나는 오오사와 쇼타의 아버지네.”

“…….”

데라모토는 표정이 굳어서 눈길을 떨어뜨렸다.

“오오사와 쇼타를 기억하는군.”

고개를 끄덕였다.

“짧게 말하지. 자네들에게 괴롭힘을 당한 탓에 아들은 등교를 거부하고 히키코모리로 지내고 있네. 7년이야. 내 가족은 잃어버린 7년을 되찾기 위해 소송을 하기로 했네.”

"소송?"

전혀 이해하지 못하겠다는 듯이 데라모토가 중얼거렸다. 더 몰아세워야 해. 마사키는 생각했다. 이건 시작일 뿐이다. 협박이 아니다. 정말로 소송을 할 거니까.

"우리 변호사가—"

변호사라는 단어를 무겁게 발음했다.

"자네들 세 명에게 연락했는데, 자네만은 도무지 찾을 수 없었네. 그래서 내가 직접 찾아내서 이야기하려고 온 거야."

"나머지 두 명은 누구죠?"

"가나이 리쿠토와 사토 요이치."

어느새 그들의 이름을 말할 때는 '군'도 '씨'도 붙이지 않게 되었다.

"그렇습니까……."

"자네들이 제대로 책임져야 한다고 생각하네. 피하지 말고 소송에 진지하게 임해주었으면 해."

데라모토는 말없이 시선을 내린 채였다. 마사키는 오기 전에 다양한 장면을 상상했다. 놀라서 벌벌 떨거나 '무슨 개소리야!'라고 소리치거나 둘 중 하나일 거라고. 데라모토는 어느 쪽도 아니었다. 차분한 표정에 체념마저 비쳤다.

더 매섭게 비난할 작정이었는데 상대방이 슬쩍 비켜선 기분이었다. 침착한 반응이다.

"오오사와 씨."

데라모토가 입을 열었다.

"무슨 생각을 하시는지는 알겠습니다. 저는 도망치지 않고 숨지도 않을 테니 오늘은 일단 돌아가 주시겠습니까. 제 휴대전화 번호를 알려드리겠습니다. 지내는 곳도 이 건물 2층이니까 걱정하지 마시고요."

"부모 집에서 사는 게 아닌가?"

변호사 다카이는 데라모토가 부모를 떠난 것 같다고 했는데, 아무래도 그 말이 사실인 듯하다.

"네, 2년 전부터 여기 2층에 삽니다."

"대학은 어떻게 하고?"

그때 문이 활짝 열리고 커플이 들어왔다. 흐트러진 차림의 남자와 정체 모를 금발 여성이었다.

"유 짱, 맥주!"

여자가 코맹맹이 소리로 외쳤다.

"방금 저기 중극장에서 시스컴퍼니 공연 보고 왔어. 끝내줬어."

"와, 울트라 플레티넘 티켓 공연 말이죠. 부럽다—"

데라모토의 얼굴이 명랑하게 바뀌었다. 살았다는 표정이다. 한순간 이 청년이 가엾다고 생각한 마사키는 곧 불쌍하다는 생각을 지우며,

"계산."

이라고만 말했다.

"오, 데라모토 와타루를 용케 찾아내셨군요."

휴대전화 저편에서 다카이가 흥분한 목소리로 말한다.

"제가 계속 연락했더니 그쪽 어머니가 제 번호를 차단해 버렸거든요."

"그런 일이 있었습니까. 사실 옛날 아들 친구가 드디어 가르쳐 줘서요."

마사키는 저간의 사정을 짤막하게 이야기했다.

"바에서 일하고 있었군요. 명문학교 학생이었으니 탈락했다고 봐야 할까요."

"눈치 빠르고 인상이 좋은 청년이었습니다."

"그래요? 그럼, 나름 잘나가는 건지도 모르겠군요."

다카이가 자기도 보고하겠다며 설명을 시작했다.

"가나이 쪽에서 바로 변호사를 고용했다는 사실은 말씀드렸지만, 사토의 부모도 변호사를 붙였어요. 사토 쪽 변호사는 처음 듣는 이름이지만 가나이 쪽은 무나카타 선생이라고 해서 저작권 분야에서 수완가로 알려진 변호사입니다."

"그렇습니까."

"상당한 거물을 고용해서 놀랐어요. 아마 우리가 언론에 흘릴까 봐 겁을 먹고 언론 대응 경험이 풍부한 변호사를 고용한 게 아닐까 싶습니다."

가령 이쪽이 언론 취재를 받거나 기자회견이라도 할 경우 언론사에 압력을 넣겠다는 말이다.

"다카이 선생, 저는 매스컴에 호소하는 수단은 고려하지 않고 있습니다."

"언론이 냄새를 맡을 거예요. 우리가 이길 경우 워낙 특수한 사례라 기사화될 가능성이 충분히 있어요."

"이름이나 사진이 나가게 될까요?"

"그렇지는 않을 겁니다. 지금까지 사례를 보더라도 신문기사에는 원고 A씨라는 식으로 보도됩니다. 다만 인터넷에서 예상 못한 경로로 실명이 유출될 수 있다는 점은 각오해 주셔야 합니다."

"만약 쇼타 이름이 언론에 공개되고, 지어낸 이야기가 보도되기라도 하면 피해가 더 치명적이지 않을까요. 평생 재기하지 못할 수도 있어요."

"오오사와 씨, 네티즌이라는 종족은 오늘 쏟아진 소식을 내일이면 까맣게 잊어버립니다. 인터넷을 무서워해서는 아무 일도 못합니다."

"그런가요…… 아, 참."

마사키는 중요한 일을 떠올렸다. 애초에 그것 때문에 다카이에게 전화했던 것이다.

"하쓰다이에서 돌아오자마자 간밤에 데라모토에게서 전화가 왔습니다. 만나자고 하더군요."

"좋은 일 아닙니까. 상대 쪽에서 만나자고 하는 것은."

"그런데 그 자리에 각본가를 데려오고 싶다고 했어요."

"각본가요?"

"자기 보호자랄까, 형 같은 존재라고 합니다. 지금 일하는 곳도 그 사쿠라이…… 라는 각본가의 가게래요."

"각본가 사쿠라이…… 잠시만요."

잠시 침묵이 흘렀다.

"아, 알겠습니다. 10년쯤 전에 〈연애할 만큼 한가롭지 않아〉가 히트쳤고 최근에는 〈닥터 형사〉를 만들었군요……."

"잘 아시네요."

"아뇨, 아뇨, 그냥 검색해봤을 뿐입니다."

"그래서 저도 모르게 변호사와 함께 나가겠다고 해버렸습니다. 혹시 동행을 부탁드려도 될까요?"

"오오사와 씨, 동행을 부탁드린다니, 그건 형사가 피의자를 연행할 때나 쓰는 말입니다."

아하하, 하는 웃음소리가 들렸다.

"알겠습니다, 같이 가시죠. 데라모토라는 청년은 틀림없이 중요한 열쇠가 될 겁니다. 온갖 정보가 술술 흘러나올 것 같네요."

처음에는 다카이의 사무소에서 만날까 생각했지만, 그러면 필요 이상으로 경계할 거라고 다카이가 만류했다.

"이럴 때는 호텔 라운지가 제일입니다. 테이블 사이 거리도 넉넉해서 편하게 말할 수 있죠. 라운지 특유의 분위기가 감정이 격해지는 상황을 막아주기도 하고요."

다음 주, 다카이와 함께 시내 호텔 라운지에 도착하니 데라모토는 이미 와서 사쿠라이와 앉아 있었다. 사쿠라이는 금방 알아볼 수 있었다. 위키백과에 이름이 올라 있을 정도로 유명한 인물이었기 때문이다. 세련된 수염에 체인 목걸이가 누가 봐도 '업계인'이었다. 사쿠라이는 오오사와 일행을 보고 "처음 뵙습니다"라며 일어섰다. 데라모토에게도 인사하라고 채근한다.

교환한 명함을 보니 하쓰다이가 아니라 아카사카 주소가 적혀 있었다. 두 번째 아내가 20살이나 어린 배우라는 사실도 위키백과에서 읽었다.

"지난주에 가게에 가보니 와타루의 얼굴이 창백하더군요. 소송을 당할 것 같다. 어쩌면 감옥에 갈지도 모른다…… 라면서요. 근데 정말인가요? 아니겠죠?"

"그럼요, 그렇지 않습니다."

다카이가 대답했다.

"이지메에 관한 재판으로 형무소에 수감된 사례는 거의 없습니다. 다만 사회적 명예 문제는 생길 수 있지요. 요즘은 대기업에서도 직장내 괴롭힘을 단속하는 추세라, 그런 사람을 채용하려고 하지는 않겠지요."

"저어, 변호사 선생……."

배우로 활약한 적도 있는 사람답게 사쿠라이가 제법 낮선 저음으로 말한다.

"어린 사람을 위협하는 건 어른들이 할 일이 아니라고 생각합니다. 이 녀석, 2년 전까지 신주쿠 이세탄 뒷골목 주점에서 정신없이 일하고 있었습니다. 그 동네는 니초메二丁目 신주쿠 니초메는 게이바가 많은 환락가 바로 옆이라 좀 미묘한 곳이에요. 그런 것도 모르고 일할 정도로 아무 생각이 없더군요. 게다가 보시다시피 얼굴이 이렇잖습니까. 아니나 다를까 말썽이 생겨서 가게 주인 부탁으로 제가 데려온 겁니다. 학교도 중퇴하고 잘 곳도 없었어요. 나쁜 어른들에게 딱 좋은 먹잇감이었죠. 이렇게 귀여운 녀석이 왜 소송을 당해야 한다는 겁니까."

"데라모토 군이 중학교 때 저지른 이지메 때문입니다."

"선생, 중딩 시절은 좀 괴롭히기도 하고 몇 대 얻어맞기도 하면서 크게 마련 아닙니까. 일일이 소송을 걸면 나 같은 놈은 20년형 정도는 받을 겁니다."

"실례합니다만 사쿠라이 씨, 지금 하려는 건 그런 목가적인 이야기가 아닙니다. 데라모토 군의 행동으로 피해를 입은 사람이 실제로 있습니다."

"저도 알아요."

데라모토가 불쑥 입을 열었다.

"우리는 정말, 오오사와에게 못할 짓을 했어요. 반성하고 있습니다. 미안하게 생각해요."

"이봐, 데라모토 군."

마사키는 참지 못하고 끼어들었다.

"지금 내 아들은 누가 반성한다고 해결될 상황이 아닙니다. 당신들은 아들 인생을 망쳐 놓고 인격마저 파괴했습니다. 앞으로 몇 년이 걸리든 아들을 원래대로 돌려놓고 싶지만, 내 헛된 꿈에 그칠지도 모릅니다. 그만큼 심각한 짓이었다는 겁니다. 알겠어요? 한 인간을 망가뜨리고 사회 부적응자로 만들어버렸어요. 그쪽이 즐겁게 학창 생활을 보내는 동안 아들은 방 안에 틀어박혀 살았습니다. 그쪽은 모르겠지만."

"압니다……."

"알긴 뭘 알아!"

그만 언성을 높였다. 데라모토가 마사키를 쳐다보았다. 그 눈에서 이내 눈물이 흘러내렸다. 세 남자는 숨을 죽이고 그 눈물을 쳐다보았다.

"저도 알아요. 오오사와가 등교 거부를 시작하면서 제가 오오사와 군 역할을 떠맡게 되었으니까요. 두 사람에게는 늘 괴롭힐 사람이 필요했고, 제가 제일 만만해서 표적이 되었습니다. 지옥이었어요. 고등학교는 다른 곳으로 가고 싶었지만 부모님이 반대했어요. 그래서 1학년이 끝날 때부터 학교에 가지 않았습니다."

"데라모토 군, 자네는 처벌을 받고 싶지 않다고 했다지?"

다카이의 말투에 살짝 야유가 배어 있지만 그의 버릇이라는 것은 이미 알고 있다.

"예, 그야, 그렇지만……."

"자네만은 민사로 좁혀줄 수도 있어."

"민사라는 건 뭡니까?"

"경찰 조사 없이 당사자 사이에서 해결하는 거지."

"그게, 그게 좋습니다."

"민사로만 끝낼 수 있느냐는 오오사와 군의 마음에 달려 있네. 그러니 자네는 오오사와 군의 마음을 풀어주려고 노력해야 해. 노력에 따라서는 민사재판도 피할 수 있을지 모르지. 우리 조사에 적극 협력해 줘."

"사법 거래라는 건가요?"

"조금 달라. 사법 거래는 형사 사건에서 하는 거니까."

다카이는 남은 아이스커피를 조금 마시고 탁 소리가 나도록 내려놓았다. '자, 시작합시다'라는 신호 같았다.

"데라모토 군, 자네는 7년 전, 오오사와 쇼타 군에게 난폭한 행동을 했지."

"그건…… 인정합니다."

어깨를 떨어뜨렸다.

"구체적으로 어떤 행동이었는지, 간단히 말해주겠나?"

"어…… 그건."

데라모토는 살짝 마사키 눈치를 보았다.

"다리를 걸어 넘어뜨리거나 가방으로 머리를 때리거나…… 그런 거 말인가요? 그때는 거의 장난이라고 생각했습니다."

"이봐, 괴롭히는 쪽은 누구나 장난이었다고 말해. 상대방이 얼마나 상처를 받는지는 모르지."

“지금은 압니다. 저도 중3이 되고 똑같은 짓을 당했어요. 제가 오오사와 군에게 얼마나 심한 짓을 했는지 진짜로 이해할 수 있게 됐어요.”

“그렇다면 분명히 말하지. 자네는 재판정에서 사실을 있는 그대로 증언해 주게.”

“예. 시키신다면.”

“그런 태도는 곤란해. 자네에게는 이미 일어난 비극을 배상할 의무가 있잖나?”

“저어, 변호사 선생…….”

옆에 앉은 사쿠라이가 끼어들었다.

“말씀이 좀 심하지 않습니까. 예민한 아이예요. 고민하는 아이에게 의무니 뭐니 하는 강한 말은 삼가주셨으면 합니다.”

“사쿠라이 씨. 법정에서는 더 강하고 어려운 말이 난무할 겁니다. 거기서 버텨야 하는데 ‘의무’ 정도에 주눅이 들어버리면 곤란합니다.”

“네? 제가 법정에 서나요?”

데라모토의 눈에 공포가 떠올랐다.

“당연하지.”

다카이가 대답했다.

“법정에서 불리해지고 싶지 않다면 협력하라고 말하는 거잖아. 자네도 이지메를 당했고.”

“그렇죠…….”

데라모토는 다시 어깨를 떨어뜨렸다.

"자네 일행 세 명은 오오사와 군의 바지를 벗긴 적도 있다고?"

"……."

"그 사진을 가지고 돈을 가져오라고 시킨 게 사실인가?"

"그렇긴 하지만 진짜 돈을 뜯어내려던 건…… 그냥 괴롭히려고 말로만 그랬어요. 휴대전화에 있는 사진을 보여주며, 2만 엔이면 지워줄 수 있다고 말한 기억은 있습니다."

바지가 벗겨진 13살 소년이 얼마나 굴욕을 당했을지 눈에 선하다. 다카이는 질문을 계속했다.

"그때 바지만 벗겼나, 팬티까지 벗겼나?"

"거기까진 아니었을 겁니다. 오오사와 군도 강하게 저항했고요."

"아무튼 팬티 차림의 오오사와 군을 폰 카메라로 마구 찍었군."

"그렇죠……."

"사진은 갖고 있겠지."

"제 휴대전화에도 있었던 것 같은데, 그게……."

"뭐지?"

"7년 전에 쓰던 피처폰이라 이제 없을 것 같은데요."

그럴 리가! 마사키는 소리치고 싶었다. 7년 전이든 피처폰이든, 어딘가 처박아 놨을 거 아닌가.

"부모님 댁에 남아 있지 않을까."

"아마, 없을 것 같아요."

"어떻게 단정하지?"

"제가 가출한 뒤 엄마가 화가 나서 방에 있던 물건을 전부 버렸거든요."

"그렇군."

마사키도 그 광경을 상상할 수 있었다. 명문교에 다니던 아들이 갑자기 중퇴하고 집을 나갔다. 모친의 분노와 낙담은 심상치 않았을 것이다.

방 안에 틀어박힌 아들.

집을 뛰쳐나간 아들.

서로 반대 방향이지만 어느 쪽 부모가 더 불행할까. 마사키는 전자라고 생각한다. 거리는 위험하지만 대신 가능성과 희망이 있으므로.

"데라모토 군, 아무튼 부모님 집에 한번 들러서 찾아봐 주지 않겠나. 어머니가 아무리 화가 나셨어도 아들이 쓰던 휴대전화를 쉽게 버릴 수는 없을 것 같은데."

"네, 알겠습니다."

데라모토는 내키지 않는 얼굴로 고개를 끄덕였다. 부모님 집에 돌아가고 싶지 않겠지.

"자네들은 오오사와 군의 팬티 사진을 A학교 사람에게 전송하지 않았나?"

"보냈던 것 같습니다."

"자네가 보냈나?"

"저는 거기까지는 안 했어요, A학교에 아는 여학생이 있는 것도 아니어서요."

"나머지 둘이 A학교 여학생들에게 사진을 보냈군."

"둘이 아니라 가나이 군 하나였죠. 걔 사촌이 A학교에 다녔거든요. 친한 여학생이 있었던 게 아닐까요."

"예쁜 학생이 많기로 유명한 곳이지."

"사촌 여동생의 친구 중에 아주 예쁜 애가 있다고 가나이가 자랑했어요."

"그 아이에게 보냈군."

"따로 미인대회가 있는 학교는 아니지만, 학교 축제에 간 아이들이 미스A라고 부르던 아이가 있었죠."

"그 학생이 사진을 보았나?"

"그럴 겁니다. 이런 거 싫다, 고약한 취향이다, 하고 화를 내더라고 가나이가 웃었거든요."

흥분하지 않으려고 마사키는 배에 힘을 주었다. 오늘 데라모토를 너무 공격하지 말라고 다카이 변호사가 미리 주의를 주지 않았다면 벌떡 일어나 고함을 질렀을 게 틀림없다.

너희가 그러고도 사람 새끼냐, 이 자식들아! 남의 귀한 아들 바지를 벗기고, 그 사진을 여자애들한테 보여주며 키득키득 웃어? 중학생씩이나 돼가지고 그런 비열한 짓을 저질렀다고!

옆에 앉은 다카이가 종종 마사키의 손가락 끝을 건드렸다.

꾹 참으세요, 라는 신호였다.

"그렇다면 미스A라는 학생이 사진을 갖고 있겠군. 삭제하지 않았다면."

"글쎄, 어떨지요"

"여학생들은 쓰던 휴대전화를 쉽게 버리거나 하지 않지. 파일을 삭제하지 않았을 가능성이 있겠어. 데라모토 군, 자네는 그 학생과 연락이 닿나?"

"아뇨."

"왜지?"

"이름을 모르니까요."

"그럴 리가. 그럼 가나이 군은 그 학생을 뭐라고 불렀지?"

"그냥 미스A라고 불렀습니다."

"남학생들이 동경하는 대상이었다면 이름 정도는 알았을 텐데."

"정말 모릅니다. 가나이의 사촌동생 센을 만나면 알 수 있지 않을까요?"

"그건 힘들 거야. 가나이 측이 불리한 정보를 하나라도 말해줄 것 같나?"

"저어, 변호사 선생……."

다시 사쿠라이가 나섰다.

"다른 학교 여학생 이름을 대라는 건 상당히 어려운 질문 아닙니까. 생각해 보세요, 우리도 어릴 때 옆학교에 예쁜 여자애가 있으면 닮은 탤런트 이름으로 부르지 않았습니까. 앗 짱이니 하루

카니 하며……."

마사키는 전혀 모르는 이름들이다.

"그렇군요."

다카이는 고개를 끄덕였다.

"각본가들은 사람을 찾을 때 어떻게 하십니까?"

"우리는 픽션을 쓰니까 실존 인물을 찾는 경우는 별로 없죠."

"그런가요."

"만약 어떤 직업을 가진 사람을 찾아야겠다 싶으면 스태프에게 부탁합니다. 가부키초에서 일하는 여성을 취재하고 싶다면 연줄을 통해 찾아내죠."

"호오!"

"한번은 이런 일이 있었어요. 단막극을 쓸 때 교통사고로 부친을 잃은 여성의 수기를 읽었습니다. 좋은 글이었는데 그대로 차용하면 표절이 되고 말죠. 그래서 사방팔방 사람을 풀어서 겨우 저자를 찾아냈습니다."

"저는 업계 사정은 모르지만 출판사에 문의하면 가르쳐주지 않나요?"

"그게요, 선생, 자비 출판이었는데 심지어 출판사도 이미 망한 뒤였거든요."

"용케 찾아내셨군요."

"힘들었죠. 스태프도 포기하자고 했지만, 나는요, 그 책에 나오는 일화를 꼭 쓰고 싶었습니다."

“그래서 어떻게 하셨습니까?”

“페이스북을 이용했죠.”

사쿠라이는 자신만만한 미소를 지었다.

“텔레비전 쪽 사람들이 그런 걸 잘합니다. 교통사고 유가족 NPO 같은 단체를 꾸준히 추적했더니 그쪽 분들과 연락을 취할 수 있게 되었어요.”

“대단하군요!”

다카이가 감탄하며 고개를 살살 저었다.

“사쿠라이 씨, 한 가지 부탁이 있는데요, 이 미스A를 사쿠라이 씨께서 찾아보실 수는 없겠습니까?”

“네, 내가요?”

“사쿠라이 씨는 유명한 각본가 아닙니까. 명성을 아는 사람이 많을 겁니다. 실마리를 잡을 수 있지 않을까요?”

“하지만 중간에 변호사가 불쑥 등장하면 속는 기분이 들지 않겠습니까?”

“아뇨, 미스A의 이름과 주소만 알면 됩니다. 그다음에는 제가 정식으로 편지를 쓰겠습니다. 사쿠라이 씨에게 폐를 끼치는 일은 없을 겁니다.”

“어쩌나, 오늘은 그냥 동석만 해주러 왔는데.”

“사쿠라이 씨는 데라모토 군의 부친이나 형님 같은 분이라고 들었습니다. 이번 일은 데라모토 군 인생에서 매우 중요해요.”

데라모토 군, 이라고 다카이가 부르고 정중하게 말했다.

"당신이 앞으로 어떤 인생을 살게 될지는 나도 모릅니다. 하지만 양심에 걸리는 게 하나라도 남았다면 이참에 깨끗이 해결합시다. 오늘 분명히 느꼈겠지요. 오오사와 군을 위해 싸우는 일은 당신 자신을 위해 싸우는 일이기도 하다는 걸요."

아니, 그건 아니야, 마사키는 속으로 외쳤다. 아직은 용서할 마음이 들지 않는다. 이놈은 자기도 당했다고 하지만, 이지메에 가담한 쪽 이야기를 해야 할 때가 오면 태도가 달라질 게 분명하다. 그러나 지금은 대범하게 받아들이는 척해야 한다. 협력을 끌어내기 위한 휴전협정이니까.

"이야, 텔레비전 쪽 사람들은 역시 대단하군요."

전화 저쪽에서 다카이의 들뜬 목소리가 들린다.

"부탁한 지 열흘도 안 됐는데 미스A를 찾아냈답니다."

"정말입니까."

"아무래도 사쿠라이 씨가 정공법으로 밀어붙인 것 같습니다. 가나이의 사촌동생이 외가 쪽일 가능성도 있지만, 친가 쪽이라면 성이 똑같겠죠. 그래서 아는 졸업생에게 A학교 졸업생을 찾아달라, 가나이라는 성을 쓰고 현재 대학교 3학년일 거라고 했더니 찾아주었답니다. 다무라 리리카라는, 우리가 찾던 미스A를 알아냈어요."

"다무라 리리카 씨라……."

"이름부터가 분위기 있지 않습니까. 다무라 씨는 남녀공학인 미션스쿨 대학에 입학했습니다. 안타깝게도 지금 일본에 없다는군요."

"유학인가요?"

"네. 보스턴에 있는 대학에서 저널리즘을 공부하고 있답니다."

"멀군요."

"멀죠. 제가 바로 의뢰서를 작성할 생각인데 만약 그녀가 아직 사진을 가지고 있으면……."

"네."

"가지고 있다고 치고, 증인이 되어 주겠다고 하면 우리가 일본으로 초청해야 합니다. 비용을 지불할 생각이 있으신지요?”

“물론입니다. 도쿄—보스턴 항공료 정도는 기꺼이 지불해야죠. 이코노미가 아니라 비즈니스석이어도 낼 겁니다.”

“아직 학생이니 그 정도까지 하지 않아도 됩니다. 그럼 항공료에 대해서도 전해두겠습니다.”

통화 후 마사키는 쇼타 방 앞에 섰다. 조사 경과 보고는 이제 습관이 되었다.

“쇼타, 너에게 조금 언짢은 이야기일지 모르지만 잘 들어봐라.”

늘 그렇지만 이럴 때는 방 안에서 귀를 기울이는 기미가 느껴진다.

“아빠도 이런 얘기는 하고 싶지 않지만 너를 괴롭힌 놈들이 바지를 벗기고 사진을 찍은 적이 있었지.”

침묵 속에서 희미한 숨소리가 들리는 것 같다.

“다카이 선생은 휴대전화에 남은 사진을 필사적으로 찾고 있다. 너한테도 확인했는데 오래전에 버렸다고 했다지?”

어쩌면 피처폰을 버리지 않고 갖고 있을지도 모르지만 쇼타에게 무리하게 내놓으라고 강요해서는 절대 안 된다고 다카이는 말했다.

“그래서, 너는 마음에 안 들지 모르지만 그 사진을 갖고 있을 법한 사람을 두 명 찾아냈다. 한 사람은 예전에 A학교에 다니던 리리카 짱이라는 여자애다. 가나이가 전송했다고 하더라. 또 한 사람은 요전에 말한 데라모토 군이다. 이번에 부모 집에 들러서 찾아보기로 약속했다. 애야, 듣고 있니?”

듣고 있는 것 같다. 요즘 대화를 거부할 때는 컴퓨터 스피커 볼륨을 키우기도 한다.

“데라모토 군은 과거에 한 짓을 후회하고 이번 소송에 최대한 협력하겠다고 했다. 그래도 너는 용서 못 하겠지. 아빠도 쉽게 용서할 마음은 없어. 하지만 이번에 협력하는 모습을 봐서 그놈만큼은 다르게 봐줄 수 없을지…….”

그때 문 틈새로 종이 한 장이 쓱 나왔다. 볼펜으로,

‘용서 못 해’

라고만 적혀 있었다.

"잠깐 얘기 좀 하자. 방에서 나오렴."

마사키는 문 너머로 말했다.

"드디어 소송 계획이 얼추 나왔다. 오늘은 제대로 이야기해봐
야지."

기척이 들린다. 요즘은 승낙 신호를 알 수 있게 되었다.

거실에서 잠시 기다렸지만 12시가 지나도록 계단을 내려오는
소리가 들리지 않았다.

"저 먼저 잘게요."

세쓰코가 일어설 때였다. 거실 문이 열리는 소리가 나고 은밀
하다는 표현이 딱 어울릴 정도로 조용하게 쇼타가 내려왔다.

거실로 들어선 쇼타의 하얀 팔뚝이 먼저 눈에 들어왔다. 마사
키가 거리에서 보는 젊은이들과는 다른, 햇빛을 보지 못한 색조
였다.

"그래, 앉아라."

쇼타는 말없이 앉았다.

"쇼 짱, 보리차 마실래? 연양갱도 있어."

평소처럼 세쓰코가 부산스럽게 맞이한다. 곧 테이블에 보리차
잔과 과자, 물수건까지 놓였다.

"우리 팀 보고서다. 읽어보렴."

변호사 다카이가 보낸 경과 보고서였다. 원래 마사키는 쇼타의
이메일로 보내려고 했는데 다카이가 말렸다. 종이로 출력해서 보

여주라는 것이다.

"조무원 마스다 씨의 증언도 들어 있으니 잘 읽어봐."

쇼타도 천천히 보고서를 집어 들었다. 하지만 눈동자만 봐도 알 수 있다. 자세히 읽지 않는다. 당연히 그렇겠지, 자신이 당했던 체험이 낱낱이 적혀 있으니 읽고 싶지 않을 것이다.

"이 정도 증언이면 충분하다고 다카이 선생이 말하더구나. 가을에는 제소할 거라고 한다."

"제소?"

"드디어 재판이 열린다는 말이야. 팀이 움직이기 시작한 거지."

쇼타는 내키지 않는 표정이다.

"왜, 불안하니?"

고개를 끄덕인다.

"모르겠어……."

"물론 리스크는 있어. 사람들이 떠들어 대겠지. 어쩌면 언론에 나갈 수도 있고."

쇼타의 눈이 겁먹은 듯 휘둥그레졌다. 얼굴이 팔뚝처럼 창백하다. 마사키는 아들이 잃어버린 일곱 번의 여름을 생각했다.

"어쨌든 이미 시작했다. 그만둘 수는 없어. 할 거냐고 물었을 때 너는 분명히 오케이했어."

"당신, 그런 식으로 말하지 말아요."

세쓰코가 외쳤다.

"재판이라니, 나는 처음부터 반대였어요. 당신은 한다면 꼭 하고야 말죠. 그건 알지만 세상은 그런 사람들만 사는 게 아녜요. 쇼타가 망설이는 건 당연하잖아요? 7년이나 틀어박혀 있었어요. 그런 아이에게 갑자기 재판이니 제소니 하니까 주저할 수밖에.”

마사키는 멍하니 아내의 열변을 듣고 있었다. 이제 와서 반격하리라고는 생각도 하지 못했다.

“쇼타도 분명히 하겠다고 말한 건 아니잖아요. 이 아이가 가만히 있던 걸 당신이 승낙이라고 받아들인 거지. 혼자서 마구 달려나갔잖아요. 왜 그렇게 막무가내예요? 방 안에 틀어박혀 있는 아들이니까 의사를 제대로 확인하지 않아도 된다고 생각하는 거예요?”

“정말 그러냐?”

쇼타 쪽을 보며 물었다.

“쇼타, 그런 거냐? 너는 재판 같은 거 하고 싶지 않은 거냐? 확실하게 대답해.”

“몰아세우지 말라니까요!”

세쓰코 목소리에 분노가 담겼다.

“어중간한 태도를 왜 받아들이지 못해요. 왜 모든 일에 여유를 요만큼도 두지 못하는 거예요.”

“어중간한 부분을 없애는 게 재판이야. 그걸 모르겠어? 쇼타, 잘 들어라. 네가 당한 일이 범죄인지 아닌지, 아빠는 분명히 하고 싶을 뿐이다. 너도 그렇게 생각했지. 아니냐?”

“모르겠어……..”

"모르겠다니, 무슨 뜻이지?"

추궁하는 마사키에게,

"이것 봐, 또 이러네. 그런 식으로 말하지 말라고요!"

세쓰코가 응수했다.

"재판을 하면 어떤 일이 벌어질지를 먼저……."

"지금 재판을 하지 않으면 너는 평생 어중간한 세계에서 살아야 해. 이미 7년간이나 어중간하게 지냈다. 이제는 다른 길을 선택해도 되지 않을까."

"생각해 볼게……."

"그럴 거면 왜 진작 말하지 않았냐."

마사키는 그만 화를 냈다.

"2달 동안 너는 대체 뭘 한 거냐. 일이 우습게 됐잖아. 네가 복수하고 싶다며. 너를 괴롭힌 놈들 이름을 다카이 선생에게 말했을 때 넌 승낙한 거야. 그래서 나도 다카이 선생도 움직이기 시작했잖아. 우습지 않냐? 네가……."

제대로 학교에 다녀서 대학생이 되고 사회인이 되었다면 이런 비상식적인 태도는…….

그 말은 삼켜버렸다. 어떤 말이 아들에게 상처를 주는지 이제는 알게 되었다. 하지만 그런 말밖에 떠오르지 않았다.

"잠깐 시간을 주마."

분노를 억누르며 말했다.

"열흘을 줄 테니까 생각해 봐."

"또 그런 말투!"

비명 같은 세쓰코의 목소리가 들렸다.

"당연히 쇼타 군이 원고가 돼야 합니다."

전화 저편에서 다카이가 말했다.

"제소 날짜가 다가올수록 말썽이 일어나는 건 흔한 일입니다. 사실 재판이 시작되면 평범한 사람도 주눅이 드는데, 7년간이나 방 안에 틀어박혀 지낸 사람이, 오케이, 파이팅! 하고 나서기를 기대하기는 힘들죠."

"그럼 어떻게 해야 할까요."

"물론 설득해야죠. 제가 보기에 쇼타 군도 재판에는 긍정적이었어요. 놈들을 용서할 수 없다, 반드시 앙갚음을 해주겠다는 복수심에 소극적이게나마 재판에 동의했죠. 그런데 막상 재판이 다가올수록 자기를 괴롭히던 자들과 대면해야 한다는 두려움에 망설여지는 거예요. 충분히 이해할 수 있습니다. 법정에 서는 일이 기분 좋은 사람은 없으니까요."

"그런가요."

"우리는 일해야 하니까 어쩔 수 없이 가는 거고요. 의욕에 불타 웅변하는 변호사도 있긴 하지만."

"호오."

"아마 법률 드라마에 푹 빠져서 변호사가 된 사람일 겁니다. 그런 사람을 제외하면 변호사조차 법정에 서는 건 싫어해요. 요즘 도쿄 지방재판소에는 고등학생이나 대학생 방청자가 많은데요."

"그래요? 몰랐습니다."

"사회과 수업의 일환인데, 교복 입은 학생이 재판 도중에 방청석에서 앉았다 일어났다 하면 정신이 사나워서 싫죠. 최근에는 성범죄 재판만 골라서 방청하는 남성도 있어서 문제가 되고 있습니다."

"재판이라는 게 그렇게 개방된 줄은 몰랐네요."

"쇼타 군 재판에는 기자도 방청하러 올 가능성이 있습니다. 아버님이 쇼타 군에게 경고하지 않아도 인터넷을 조금만 검색하면 금방 알 수 있죠."

"다카이 선생, 솔직히 저는 실망했습니다. 우리가 한 팀이 된다고 다카이 선생이 말했을 때 쇼타도 나름 반응했잖아요. 본인도 결심했다고 믿고 있었는데."

"오오사와 씨, 소송 이야기가 나왔을 때 기다렸다는 듯이 움직이는 사람이라면 애초에 방 안에 틀어박히지도 않았을 겁니다. 쇼타 군은 머리가 좋은 만큼 아주 신중한 성격입니다. 조금씩 조금씩 이쪽으로 다가오고 있는 것 같네요."

"그래서 선생, 상의하고 싶은 게 있는데……."

마사키는 잠깐 망설였다.

"도중에 합의하고 끝내는 경우도 있겠죠?"

"제가 관여한 사건에서도 그런 사례는 있었습니다."

"역시."

"하지만 오오사와 씨, 합의라고 해봐야 합의금은 일인당 많아야 50만 엔 정도 됩니다. 솔직히 제 수임료도 안 되는 금액이죠.

합의라는 어중간한 선택으로 쇼타 군의 잃어버린 7년을 단돈 50만 엔에 끝내시겠습니까. 기왕 칼을 뽑는 김에 제대로 해봐야 하지 않겠습니까, 그래야 쇼타 군에게도 도움이 될 겁니다.”

그때 마사키는 어제 아내가 했던 이야기를 떠올렸다.

“쇼타가 원하지 않는다면 도중에 그만둬도 되잖아요? 변호사란 원래 재판을 하고 싶어 안달 난 사람들이에요. 그런 사람들한테 끌려다닐 필요 없어요.”

처음에는 재판을 반대하던 세쓰코가 그런 식으로 말했다.

“동네에 소문이 돌지도 모르고, 인터넷에 퍼지기라도 하면 더 힘들어질 텐데.”

컴퓨터는 거의 쓰지도 않으면서 인터넷을 몹시 두려워한다.

“오오사와 씨, 합의 같은 건 생각하지 말고 제대로 재판을 받아보는 게 좋다고 봅니다.”

마치 마사키의 속을 들여다보기라도 한 듯이 못을 박는다.

“제가 합의를 권할 때도 있습니다. 돈 낭비 시간 낭비라고 판단하면 재판은 하지 않는 편이 낫다고 분명히 말씀드려요. 쇼타 군의 경우는 다릅니다. 재판을 한다는 것 자체에 의미가 있습니다. 많은 사람들 앞에서 당당하게 싸우는 것 말입니다.”

나흘 뒤 다카이 변호사가 문자를 보냈다.

‘보스턴의 다무라 리리카 씨가 메일을 보냈습니다. 재판이 끝나면 쇼타 군과 차분하게 대화하고 싶다고 합니다.’

리리카의 긴 메일이 첨부되어 있었다.

'다카이 선생님. 일전에 메일을 주셨는데 바로 답신을 드리지 못해 죄송합니다.

제 이메일 주소를 어떻게 아셨는지 밝혀 주셨지만, 솔직히 의심했습니다. 미국에서 살다 보니 무슨 일이든지 제일 먼저 본인 여부부터 확인하는 버릇이 들고 말았습니다. 변호사로 일하는 백부께 조사를 부탁해서 선생님이 도쿄변호사회 소속이라는 것, 주소와 이메일 주소도 일치한다는 점을 확인했습니다.

7년 전 일을 물으셨는데 분명히 기억하고 있습니다. 반 친구 가나이가,

"사촌이 이런 사진을 보냈어."

하며 웃었던 일도 기억합니다. 그때 제 감정을 돌이켜보면, 가벼운 혐오감이었습니다. 동갑내기 남자애가 내의만 입은 사진을 보고 조롱하는 마음은 들지 않았습니다. 하지만 사진을 받은 친구를 비난할 정도로 강한 혐오감을 느끼지도 않았던 것 같습니다.

그러다가 보스턴에 오고 나서 그 감정이 비로소 강한 혐오감으로 변했습니다. 제가 있는 대학은 온건하고 리버럴한 지역으로 알려져 있지만 인종차별을 몇 번 겪었습니다. 불쾌한 일을 겪으며 저는 '인간의 존엄'을 종종 생각하게 되었습니다.

비열한 욕설이나 노골적인 차별이 인간의 소중한 부분을 얼마나 훼손하는지 이해하게 되었습니다.

그때 7년 전 보았던 사진이 떠올랐습니다. 바지가 벗겨져 하얀 팬티차림이 된 소년은 곤혹스럽게 웃고 있었습니다. '이건 그냥 장난이야. 나는 전혀 상처받지 않았어'라고 호소하는 얼굴이었습니다. 그렇게라도 하지 않으면 자기 존엄은 갈기갈기 찢어져 버리기 때문이겠지요.

그때 나는 왜 가나이에게 이런 짓은 하지 말라고 제지하지 못했을까. 그리고 '네 사촌은 정말 저질이구나'라고 소리쳐주지 않았을까.

이번에 다카이 선생의 메일을 통해 그 소년이 등교 거부를 했고 여전히 방 안에 칩거하고 있다는 사실을 알았습니다. 저는 등골이 서늘했습니다. 그를 히키코모리로 만드는 데 저도 가담했다는 생각이 들었기 때문입니다.

우리는 방관자라는 처지에 익숙해져서 얼마나 무거운 죄인지를 잊어버립니다. 저는 겨우 중학생이었지만 그 나이에도 할 수 있는 일은 있었을 겁니다.

이제 와서 후회하는 것은 비겁한 일이지만, 아무것도 생각하지 않는 것보다는 그나마 성실한 태도라고 믿습니다. 이번에 제 과거를 바로잡을 기회를 주셔서 감사합니다.

재판 때는 증인으로 증언대에 서겠습니다. 가능하다면 방학 때 불러주시면 좋겠지만, 그렇지 않더라도 언제든 달려갈 생각입니다.

다무라 리리카'

메일을 읽는 동안 마사키의 눈에서 눈물이 흘러내렸다. 닦아도 닦아도 쉼 없이 뚝뚝 떨어져 키보드를 적셨다. 티슈로 닦다가 마음이 급해 어느새 전송 버튼을 누르고 말았다.

다카이는 쇼타와 메일로 소통하지 말고 프린트해서 보여주라고 했지만, 한시라도 빨리 보여주고 싶었다. 종이로 뽑으면 메일의 생생함이 사라질 것 같았기 때문이다.

그리고 추신을 덧붙였다.

'어쩌면 이 메일이 네 자존심을 건드릴지도 모르지만 이렇게 생각하는 사람이 있다는 게 기쁘지 않니. 게다가 이 사람은 네 증인이 되려고 미국에서 오겠다고 한다.

너에게 사과하고 싶다고도 했어. 이것만으로도 재판은 해야 한다고 생각하지 않니? 쇼타, 이 사람도 우리 팀으로 받아들이자.'

"드디어 다음 주에 도쿄 지재에 소장을 제출합니다."

휴대전화에서 흘러나오는 다카이의 목소리는 평소처럼 경쾌했다. '도쿄 지재' '소장'이라는 단어에 긴장한 마사키는 들키지 않으려고 호흡을 골랐다.

"역시 아들이 원고가 되는 거군요."

막상 말로 하고 보니 '원고'라는 단어가 꺼림칙해 혀가 살짝 꼬였다.

"물론입니다. 이제 20살이 넘은 성인이니까요."

"그건 그렇지만, 여러 가지로 걱정이 돼서."

"괜찮아요. 쇼타 군은 틀림없이 잘 해낼 겁니다."

"서류는 본인이 작성해야 할까요."

"아뇨, 전부 이쪽에서 작성할게요. 본인 발언을 대필한 진술서에는 반드시 서명을 해야 하니 그것만 잘 부탁합니다. 제 사무실로 와주시는 게 가장 좋지만 어려울 것 같으니 제가 찾아뵙겠습니다."

"저어, 선생……."

지금 느끼는 긴장은 대부분 불안에서 온다.

"재판 기일이 다가오면서 쇼타 녀석이 전혀 소통을 하지 않게 되었어요. 전에는 문 너머로 몇 마디라도 말을 하고 쪽지를 보내기도 했거든요. 제 이메일 주소로 글을 보낼 때도 있었고요. 요즘은 통 반응이 없습니다."

"이미 말씀드렸던 것 같은데 재판 직전에는 누구나 신경이 예민해집니다. 쇼타 군은 자기 과거와 현실적으로 대면해야 하니 편안할 수가 없겠죠."

"저번에 함께 대학병원 정신과에 가서 검진을 받기도 해서 저는 조금 안심하고 있었거든요."

"처음 고양되었던 기분이 잦아들고 재판이 현실로 닥치면 생각이 많아지는 게 당연합니다. 제가 서류를 가져다드릴 때 차분하게 이야기해 보겠습니다."

"잘 부탁드립니다."

반사적으로 인사를 하긴 했는데 다카이가 쇼타에게 그 정도로 신뢰를 얻었는지는 모르겠다. 그의 정열과 기세에 압도되기는 했지만 이대로 재판이 진행된다면 쇼타는 과연 어떻게 나올까.

"이제 와서 할 말이 아니란 건 압니다만 아들이 정말 재판에 나오기는 할 생각인지, 너무 불안하군요."

"그러시군요."

"살얼음을 밟는 심정이 이럴까요. 한때는 분명히 결심한 것 같았는데, 지금은 저를 거부하는 느낌이 들어요."

"한번 차분하게 대화해 보시라고 해도 쉽지 않겠지요. 쇼타 군은 자기를 괴롭힌 세 명의 이름을 제게 알려줄 때 이렇게 덧붙였어요. 이번에는 진짜 싸울 생각이라고."

마사키는 그 말을 되새겼다. 7년 전 그들과 싸우지 않고 학교를 포기해버린 자신을 떠올리고 한 말일까.

“제가 보기에 쇼타 군은 매우 신중한 성격입니다. 그래서 이번 일에 대해서도 생각이 많은 것 같습니다. 아직 결론을 내리지 못했는지도 모르죠.”

“그럼 선생, 소송 날짜를 늦추는 게 좋지 않을까요?”

“이제 와서 약한 말씀은 그만두십시오.”

단호한 말투였다.

“일단 결심해서 어렵게 여기까지 왔으니 되돌리지 않는 게 좋습니다. 제 업무가 번거로워져 하는 말이 아닙니다. 쇼타 군을 위해서라도 되돌려서는 안 된다는 겁니다. 결심하고 걷기 시작한 길이에요. 되돌아간다고 원점으로 돌아가는 게 아닙니다. 오히려 마이너스가 된다고 저는 생각합니다. 게다가 말이죠, 오오사와 씨.”

“예.”

“아마 가나이와 사토는 합의로 끌고 가려고 할 겁니다. 의대생 가나이는 몰라도 사토는 현재 취직 활동 중이니까 부모로서는 필사적이겠지요. 세상 사람들이 지켜보는 법정에 아들을 세우고 싶지 않을 테니까요.”

“합의라고요?”

물론 합의도 선택지에 있었지만 상대방이 반응을 보이지 않아서 고려하지 않고 있었다.

“합의에 응할지 말지는 쇼타 군에게 달려 있습니다. 그러나 교섭할 때 적어도 우위에 설 수는 있죠. 그것을 위해서도 재판은 해야 합니다.”

아, 그리고, 하며 다카이가 덧붙였다.

“일전에 보내드린 보스턴의 리리카 씨 메일, 쇼타 군도 읽었나요?”

“예. 저도 감동 받아서, 그대로 전송했습니다. 자기 이야기니까 틀림없이 읽었을 겁니다.”

“그렇습니까…….”

잠시 침묵이 흘렀다.

“실은 유력한 증거인 데다가 현명한 증인이 나타나서 제가 조금 흥분했는지도 모르겠습니다. 훌륭하고 냉정한 내용이지만, 쇼타 군에게 어떻게 느껴질지는 미처 생각하지 못했다는 걸 뒤늦게 깨달았습니다. 또래 여성에게 동정을 산다는 것은 젊은 남자에게 괴로울 테니까요.”

“그런 걱정까지 해주시다니, 고맙습니다. 선생 말씀이 맞을 수도 있지만 저는 그 메일에서 힘을 얻었습니다.”

“그렇게 말씀해 주시니 마음이 놓입니다. 무엇보다 그녀는 우리 편이니까요. 쇼타 군이 싸우겠다는 결의를 표현한 적이 있기는 해도 젊은 사람이니까 망설임도 있겠지요. 저는 망설임까지 포용해서 강력하게 재판을 진행하겠습니다. 리리카 씨의 마음도 함께요.”

그날 저녁 마사키는 평소처럼 아들 방 앞에 섰다.

"얘야, 듣고 있니? 드디어 재판이 시작된다."

아무런 기척도 돌아오지 않는다.

"네가 원고가 되는 거다. 다카이 선생이 서류를 가져오면 네 이름으로 서명해야 해. 오오사와 쇼타라고 큰 글자로 쓰렴."

문득 이상한 느낌을 받았다. 지금까지 쇼타는 대답 대신에 뭔가 작은 소리를 내거나 컴퓨터 스피커 볼륨을 높이거나 했다. 지금은 아무런 기척도 느껴지지 않는다.

"얘, 쇼타, 안에 있니?"

혹시 근처 편의점에 갔는지도 모른다. 한밤중에 불쑥 다녀오기도 하니까. 마사키는 일단 아래층으로 내려가 거실로 들어갔다. 11시 뉴스를 세쓰코가 아직도 보고 있었다. 벌써 잠자리에 들어갔어야 할 시간인데. 이상하다고 생각하며 소파에 앉았다.

뉴스에 별다른 사건은 없었다. 그런데도 화면을 파고들 것처럼 뚫어지게 바라보는 세쓰코의 옆얼굴이 전에 없이 굳어 있었다.

문득 스치는 생각에 다시 계단을 올라가 문 앞에 섰다.

"쇼타, 안에 있는 거냐 없는 거냐. 문 좀 열어."

문은 잠겨 있지 않았다. 침대 위에 모포가 반듯하게 개켜져 있고 책상 위에 있어야 할 노트북이 없었다. 방 안에 감도는 냉기가 불길하다. 그 순간 마사키는 한꺼번에 알아차렸다.

다시 거실로 내려왔다. 세쓰코는 여전히 화면을 보고 있다.

“이봐, 쇼타가 없어.”

“그래요?”

“그래요라니, 당신이 빼돌렸어?”

“이상한 말 하지 말아요.”

그제야 이쪽을 쳐다본다. 형광등 아래 비친 아내 얼굴이 허옇게 늙어 보인다.

“어디 나갔나 보죠.”

“컴퓨터까지 들고 나갔는데?”

“그래요……?”

“그래요라니. 당신이 용돈이나 쥐여 주고 내보냈겠지.”

분노가 커진다. 참지 못하고 주먹으로 테이블을 쾅 쳤다.

“정말 가출한 거야?”

“집은 무조건 싫다고 해서 잠시 어디로 가 있으라고 했을 뿐이에요.”

“우쓰노미야인가?”

세쓰코 친정이 있는 곳이지만, 쇼타를 귀여워하던 외할머니는 치매 기운이 있고, 외할아버지와 외삼촌 부부에게도 쇼타의 상태를 알리기 싫어서 벌써 몇 년이나 만나지 않았다. 아니나 다를까,

“거기에는 안 가요.”

하며 고개를 젓는다. 말투가 갑자기 거칠어졌다.

“그럼 어디야?”

“인터넷카페인가 하는 그런 데 아니겠어요? 요즘 애들이 잘 가

는 곳이니까.”

“인터넷카페라니…….”

마사키는 말문이 막혔다. 텔레비전에서 본 적은 있다. 편히 누울 수도 없는 반 평 남짓한 칸에서 몇 주씩 사는 젊은이들이 있다고. 다들 갈 곳 없는 청년들이다. 마사키 눈에는 홈리스나 다름없어 보였다.

“아들을 그런 데 보낸 거야?”

“정말 인터넷카페에 갔는지, 아니면 비즈니스호텔에라도 갔는지 나도 모르죠. 아무튼 지금 집에 없어요.”

“대체 무슨 생각이야!”

이번에는 고함을 질렀다.

“지금이 가장 중요한 시기라는 걸 모르겠어? 이제 곧 재판이 시작돼. 쇼타가 원고니까 서류에 서명도 해야 하고 상의할 일도 많은데.”

“재판이 싫어서 가출한 게 뻔하잖아요.”

세쓰코는 후우, 길게 한숨을 지었다. 입으로 독을 빼내려는 것처럼 갑자기 말이 많아졌다.

“나쓰코 씨가 소개한 변호사 사무소에 함께 가긴 했지만 나는 처음부터 재판에 반대였어요. 왜 그런 걸 해야 하는지 지금도 통 모르겠어요. 쇼타는, 복수하자, 가증스러운 놈들에게 한 방 먹이자는 당신 말에 처음에는 혹했겠죠. 그리고 변호사가, 행동하지 않으면 아무것도 이루어지지 않는다니까 가슴이 뛰었겠죠. 하지만 거기까지였던 거예요. 흥분이 가라앉고 나니까 재판이 말도 안 된다는 걸 안 거죠. 그렇잖아요, 쇼타는 아직 20살이에요. 지금껏 방 안에만 있었고요. 밖에 나가는 것도 익숙하지 않은 애가 어떻게 소송을 할 수 있겠어요. 조금만 생각해도 알 수 있잖아요."

"그만해, 그만해!"

큰소리로 아내의 말을 끊자,

"봐, 항상 이런다니까."

하며 냉소를 흘렸다.

"당신은 항상 그래요. 다른 사람 마음은 안중에도 없고 혼자서만 앞으로 달려나가지."

아내의 눈초리가 올라갔다. 좋지 않은 징조다. 일단 냉정해져야겠다고 마사키는 생각했다.

"처음으로 돌아가서 생각해 봐. 쇼타가 난동을 부린 뒤 내가 물었지. 뭐가 너를 이렇게까지 몰아세우는 거냐고. 녀석이 복수하고 싶다고 대답했어. 그래서 소송을 하기로 한 거잖아. 순서도 분명하고 시간도 충분히 들였어."

"당신이 항상 자기 마음대로 한 걸 아직 모르겠어요? 당신은 절대로 중간에 뒤를 돌아보거나 하질 않아요. 시간을 충분히 들였다고요? 쇼타랑 제대로 대화는 했어요?"

"그건 원래 힘든 일이잖아. 녀석이 방에서 나오질 않으니까. 하지만 나는 저녁마다 이야기했고 녀석도 재판을 하겠다는 의지를 보였어."

말을 하면서도 문득, 그게 언제였던가 싶어서 자신이 없어지고 말았다.

"당신이 그랬죠. 쇼타가 학교를 포기하고 히키코모리가 된 게 내 탓이라고."

"그건 다 지난 이야기잖아."

세쓰코가 울분을 터뜨리며 울어서 한바탕 소동이 벌어졌었다.

"그런 말을 듣고도 다 지난 이야기라고 생각할 사람이 있을 것 같아요? 나도 계속 생각했어요, 정말 쇼타의 상황은 전부 내 책임인가, 하고."

"물론 내게도 책임은 있어."

"얘기를 피하려고 마음에도 없는 소리 하지 말아요."

세쓰코는 다시 입술을 비틀었다.

"그럼, 말해봐요. 당신 책임이 뭔지."

"그건…… 일에 쫓겨 자식 교육에 소홀했는지도 모르지."

"흥, 백이면 백 아빠가 하는 말이 그렇지."

그래서 뭐 어쩌라는 거냐고 소리치고 싶었지만 목이 말라붙은 듯 아무 말도 나오지 않았다.

"그 뒤로 내내 생각했어요, 정말 내 책임일까. 그럴지도 몰라요. 쇼타의 상태는 말이죠. 하지만 내가 그렇게 할 수밖에 없었던 것도 다 당신 때문이에요."

"대체 무슨 소리를 하는 거야."

"이것 봐, 기억도 못하네."

그제야 조금씩 기억났다. 아버지가 79세로 타계하기 전 말년의 일이다. 치매 증세를 보이기 시작했지만 마사키는 절대로 인정하고 싶지 않았다.

4년 전에 어머니는 유방암으로 먼저 떠나고 남은 아버지를 세쓰코가 돌보게 됐다. 지금 생각하면 너무 힘든 일을 맡겼는지도 모른다.

"동네 사람들이 절대로 모르게 해."

부친은 '오오사와 선생'으로서 동네 주민들의 존경을 받는 사람이다. 은퇴하기 전에는 근처 초등학교에서 학교 담당 치과 의사를 맡기도 했다.

"아버지 간병 말인가?"

"그래요. 그때 우리, 매일 다퉜죠. 아이들이 모르도록 밤마다 텔레비전 볼륨을 키워놓고 목소리를 죽여서 싸웠어요. 나한테는 얼마나 커다란 스트레스였는지 당신은 상상도 못 했을 거예요. 미쳐버릴 지경이었어요."

눈초리가 더욱 날카롭게 올라간다. 먼 데를 보는 눈이다. 갖은 원한과 증오가 담긴 눈길이다.

"아버지 간병 일은 미안하게 생각하지만 나중에 시설에 모셨잖아. 아버지가 시설에서 돌아가실 때까지 당신은 병문안도 한 번 안 갔지."

"몇 번이나 말했잖아요!"

비명 같은 소리를 냈다.

"아버님이 내 가슴을 만지려고 한다. 급기야 자빠뜨리려고 했다. 그런데 당신은 내 말을 믿으려고 하지 않았어요."

"그래서, 시설에……."

"너무 늦었어요."

세쓰코는 몸을 웅크리며 양손으로 얼굴을 감쌌다.

"쇼타가 중학교에 들어간 해였어요. 거울 앞에서 드라이어기 코드를 쳐다보고 한참을 우두커니 서 있었어요. 쇼타가 옆으로 와서, 엄마, 뭐 해? 하고 묻더군요. 이 코드로 목을 감고 죽어버리고 싶어. 내 말을 듣고 쇼타가 위로해 주었어요…… 엄마, 죽으면 안 돼. 나도 힘든 일이 있지만 꼭 참고 있거든. 그리고, 그리고, 만약 엄마가 죽을 거면 나도 같이 죽어줄 테니까 같이 죽자고……."

"중학교 1학년이 그런 말을 했다고?"

당시 마사키는 일에 파묻혀 있었다. 아버지가 은퇴하자 단골 환자들은 옆동네 새 치과로 빠져나갔다. 어떻게든 환자를 되찾기 위해 컴퓨터로 광고지를 제작하는 한편, 아버지를 맡길 시설도 알아보고 있었다. 가족의 행복을 위해서였다. 이런 이야기는 들은 기억조차 없다.

"당신은 자기가 본 것만 믿죠. 지난 7년을 내가 어떤 심정으로 지냈는지 몰라요. 나는요, 유이 결혼식만 끝나면 이혼하고 싶어요."

“이봐, 이상한 소리 그만해.”

“그때는 쇼타를 데리고 집을 나갈 거예요. 중학교 1학년 아이 입으로 같이 죽자는 말을 하게 만든 책임은 나한테 있어요. 그래요, 쇼타가 히키코모리가 된 건 전부 내 잘못이라서 쇼타를 도망치게 했어요. 그러니 소송 같은 거 그만둬요.”

세쓰코의 눈빛이 바뀌었다. 낯선 얼굴이었다.

“소송 같은 거 하면, 내가 절대 용서하지 않을 거니까.”

쇼타가 집을 나가고 닷새째.

엄마와는 연락하고 있는 것 같지만 마사키의 문자에는 답신이 없다.

"어디에 있는지 모르겠습니다."

평범한 20살 청년이라면 대학이나 회사 사람들을 통해 행방을 어느 정도 짐작할 수 있다. 그러나 쇼타는 7년이나 사회와 단절되어 지냈다. 추적의 실마리가 한 올도 없다.

"아뇨, 꼭 그렇지만은 않을 겁니다."

다카이가 자신 있게 말했다.

"늘 컴퓨터를 끼고 살았잖아요. 인터넷 게임이나 트위터로 사귄 친구가 분명히 있을 겁니다."

"하지만 선생, 인터넷 게임으로 사귄 사람은 얼굴도 모르고 이름도 모르지 않습니까."

"아뇨, 요즘 젊은이들에게 인터넷에서 맺은 인연은 아주 중요합니다. 만난 적도 없는 사람을 어떻게 믿냐는 건 부모 세대 생각이죠."

"그럼 쇼타가 인터넷으로 알게 된 사람에게 갔다는 겁니까?"

"아뇨, 외출을 거의 하지 않던 쇼타 군이니 남들과 어울리는 데는 별로 익숙하지 않을 겁니다. 다만 가능성은 있다는 거죠."

"아내가 아무래도 돈을 준 것 같습니다. 한동안 비즈니스호텔 정도는 묵을 수 있을 만큼 쥐어주지 않았을까 싶습니다."

"제 개인적인 생각입니다만."

다카이가 운을 띄웠다.

"오랫동안 히키코모리로 지낸 아이는 쾌적한 자기 방에 둥지를 튼 겁니다. 답답한 비즈니스호텔이나 넷카페 같은 곳에서 버티기가 어려울 거예요. 편의점 도시락도 금방 질릴 테고."

"그럴까요."

"쇼타 군은 유복한 집안에서 귀하게 자란 청년입니다. 좁은 넷카페에서 오래 버틸 만한 근성이 없을 겁니다."

"아뇨, 우리는 한물간 치과인데……."

"오오사와 씨, 실례입니다만 아동 빈곤에 대해서 전혀 모르시는군요. 쇼타 군은 혜택을 받고 자란 사람입니다. 혜택을 누린 만큼 한번 넘어지면 일어서기 어려운 겁니다."

마사키는 세쓰코에게 들은 이야기를 다카이에게 말할지 말지 망설였다. 세쓰코가 한때 자살을 생각했고 쇼타가 죽을 거면 같이 죽자고 말했다. 처음 들었을 때는 충격이었지만 가만히 생각해 보니 쇼타는 그때 한참 어렸다. 세쓰코가 너무 심각하게 받아들인 것은 아닐까.

세쓰코와는 그날 이후 거의 대화를 나누지 않았다.

"유이 결혼식만 끝나면 이혼하고 싶어요."

이혼이라고 말은 하지만 실제로 실행하지는 못할 거라고 마사키는 확신하고 있다.

세쓰코는 결혼 후 내내 전업주부로 살았다. 결혼 전에는 자동차 제조사에서 비서로 일했는데, 마사키의 부친과 세쓰코의 상사가 동창이었다는 인연으로 맞선을 보고 결혼했다. 자격증 하나 없는 중년 여성이 어떻게 혼자 살아가겠는가. 아내에게 순순히 재산을 분할해줄 생각도 없었다.

무엇보다 '오오사와 치과 사모님'으로서 제법 대접을 받으며 살아온 세쓰코가 그 자리를 쉽게 포기할 것 같지도 않다.

갑자기 격화된 부부 갈등을 다카이에게까지 알릴 필요는 없겠지. 지금은 재판에 집중해야 한다.

"선생, 재판을 시작해야 하는 시한 같은 게 있습니까?"

"아직 소장을 제출하지 않았지만, 상대방이 변호사를 구해서 대기하고 있으니 오래 미룰 수는 없습니다."

"하루라도 빨리 쇼타를 찾아야겠군요."

"네. 저도 전화도 하고 문자도 보내고 있지만 답장이 없군요."

"선생, 제가 가장 걱정하는 건 쇼타가 말썽에 휘말리는 겁니다."

"말썽이라고 하시면?"

"왜 몇 년 전에 그런 사건이 있었지 않습니까. 자살하고 싶은 사람을 모집하는 사이트에서 거짓말로 젊은이들을 불러들여 자기 집에서 연쇄 살인을 저질렀다는······."

"아, 그 끔찍한 사건 말이군요."

"그 사건이 생각나서 오싹했습니다. 아들은 마음이 약해서 누가 강하게 나오면 끌려들 수도 있습니다."

"아뇨, 몇 번이나 말씀드렸지만, 쇼타 군은 매우 신중합니다. 그런 사람들을 가까이하진 않을 겁니다."

"그렇습니까."

"조금만 더 기다려보죠. 틀림없이 돌아올 테니까요."

그때 세쓰코의 말이 마사키의 머리에 생생하게 살아났다.

"쇼타를 도망치게 했어요."

아빠인 자신이 어느새 기피하고 도망쳐야 할 존재가 되어 있었다. 그러나 그 말은 다카이에게 하지 않았다. 연하인 그에게 부부 갈등까지 드러내고 싶지는 않았다.

쇼타가 집을 나간 지 8일이 되었다. 오후 마지막 진료를 마치고 거실로 올라가니 테이블에 랩을 씌운 저녁식사가 차려져 있었다.

마사키 몫이다. 그날 이후 부부가 함께 식사한 적은 없다.

세쓰코는 모르는 척 뉴스를 보고 있다. 한입 크기로 자른 돈까스는 얼마나 성의 없이 튀겼는지 튀김옷이 기름에 푹 절은 데다 군데군데 벗겨져 있었다. 차 한 잔 타 주지 않는 아내에게 분노가 폭발했다.

"어이, 이제 작작 좀 하지!"

뭘요? 차가운 목소리가 돌아온다.

"계속 이럴 거야!"

"이러는 게 뭔데요?"

"뿌루퉁하니 입은 다물고 아들이 어디 있는지 가르쳐주지도 않고. 대체 어쩔 셈이야."

“그야 뻔하잖아요. 당신이 소송을 취하하기만 하면 돼요.”

“정말 말귀를 못 알아듣는군. 재판은 내가 멋대로 하는 게 아니냐. 쇼타도 의지를 보였던 일이니까 나도 열심히 하고 있는 거 아닌가.”

“쇼타는 재판 같은 거 할 생각이 없어요.”

“이제 와서 그런 소리를 하면 곤란하지.”

“참 당신이란 사람도.”

세쓰코의 눈초리가 다시 치켜 올라갔다.

“사람이라면 마음이 바뀔 수도 있고 후회할 수도 있는데 왜 인정하지 못해요?”

마사키도 아내를 노려보며 말했다.

“소송 준비는 이미 여기까지 진행됐어. 이제 와서 의지가 없어지다니 나는 절대로 받아들이지 못해.”

“당신의 그 독선이 쇼타를 궁지로 몰아넣었다는 걸 왜 몰라요.”

“세쓰코, 당신, 잘 생각해.”

마사키는 논법을 바꾸었다. 이대로 부부가 으르렁거리기만 하다간 며칠 전과 다를 게 없다. 세쓰코는 다시 이혼하자는 말로 마무리하겠지.

진심이 아니겠지만 그때는 정말로 불쾌했다.

“엄마로서 어떤 심정일지는 알지만 자식의 응석을 받아주기만 하는 게 애정일까. 나는 쇼타를 방치한 게 아니야. 아빠로서 함께 싸우려는 거지. 지금 싸우지 않으면 쇼타는 계속 히키코모리로 남을 거야. 7년이 10년이 되고 20년이 되겠지. 우리가 80살이 되면 쇼타는 50살이야. 이대로 가다간 요즘 말하는 8050 문제 가족이 된다고. 당신, 그래도 괜찮아?”

“어쩔 수 없죠.”

세쓰코는 고통스럽게 소리쳤다.

“부모로서 보듬고 사는 수밖에요.”

“어리석은 소리 그만해.”

조용히 고개를 젓는다.

“사카모토 씨네 집 못 봤어? 노파와 외아들이 살고 있었지. 어머니가 늙어서 타계했는데도 히키코모리 아들은 중년이 지나 노년에 들어서도록 방 안에 칩거했어. 월세도 못 내서 경찰과 법원 집행관들이 순찰차를 끌고 몰려와 현관을 뜯고 들어가서 아들을 끌고 나왔잖아. 그때 당신이 말했지. 저게 바로 우리 집의 30년 뒤 모습이라고.”

“…….”

“지금은 그래도 나아. 우리가 건강하니까. 당신은 쇼타에게 밥을 해주고 나는 전기세와 가스비를 대지. 우리가 죽으면?”

“될 대로 되겠죠, 그때가 되면…….”

“그때가 되면 뭐!”

“쇼타도 마음을 고쳐먹고 제대로 살려고 할지 몰라요.”

“그때가 지금이면 더 좋잖아.”

“…….”

"우리가 80까지 산다는 보장도 없어. 50살이 된 쇼타는 대체 어떻게 사냔 말이야. 지금 우리가 해주지 않으면 누가 해줘."

"하지만 쇼타는, 지금은 하고 싶지 않대요."

"지금 못 하면 10년이 지나도 못 해. 세상 물정 모르는 바보니까 하는 소리라고."

"바보든 뭐든 쇼타에게는 거부할 권리가 있어요. 당신은 하면 된다는 정신론을 밀어붙이지만, 그 아이는 하기 싫다고요. 본인이 하고 싶지 않다는데 뭘 어쩌려고요."

대화는 평행선으로 끝나고 말았다.

30년 가까이 같이 살았지만 아내가 이토록 고집 세고 말 잘하는 여자인 줄은 몰랐다. 딸과 끝없이 수다 떠는 모습을 보고 어이없어한 적은 있었지만. 요즘은 논리적으로 반론하는 게, 아무래도 마사키에 대한 분노가 어휘를 늘리고 있는 듯하다.

그래도 이혼은 그냥 엄포일 뿐이라 믿고 싶다.

마사키 주변에도 이혼한 친구가 몇 명 있다. 나이가 나이인 만큼 주변의 시선이 매섭다. 남편의 여자관계가 어지간히 문란했거나 커다란 잘못을 저질렀을 거라는 뒷말이 돈다. 그런 소문의 주인공이 되는 건 딱 질색이다.

안 그래도 히키코모리 아들을 둔 탓에 동료들에게 열패감을 느끼는데, 이제 와서 곱빼기로 동정을 사고 싶지는 않았다.

맛없는 저녁을 먹고 그릇을 싱크대로 옮겨 직접 설거지를 했다. 하루 종일 일한 몸으로 집안일까지 하고 싶지는 않지만 그냥 두면 지저분한 밥공기와 접시는 그대로 방치된다. 그걸 알고부터는 직접 설거지를 하게 되었다. 세제를 묻힌 스펀지로 문지르고 물로 헹구는 데는 몇 분도 걸리지 않는다.

그때 테이블에 둔 스마트폰에서 나카시마 미유키의 〈이토〉가 작은 소리로 흘러나오기 시작했다. 화면을 켜니 다카이라는 이름이 뜬다. 통화버튼을 눌렀다.

"오오사와 씨, 식사 중이세요?"

"아뇨, 다 먹었습니다."

"쇼타 군과 관련해서 조금 마음에 걸리는 게 있어서요."

"네? 뭡니까?"

"아뇨, 아뇨, 놀라실 일은 아닙니다. 혹시나 해서 히키코모리 사이트를 여기저기 조사해봤거든요. 요즘 접속자가 많은 곳 중에 '히키코모리의 숲', 줄여서 '히키숲'이라는 사이트가 있더군요. 이름부터가 '모동숲_{닌텐도 게임 〈모여봐요 동물의 숲〉의 애칭}'을 패러디한 거니까 비교적 최근에 생겨났을 겁니다."

'모동숲'은 고사하고 사이트에 사람이 많이 모인다는 개념도 마사키로서는 이해하기 힘들었다.

"그게 대체 뭐죠?"

"일종의 인터넷 대화방이죠. 여러 사람이 접속해서 서로의 관심사를 나누는 겁니다. 그 사이트를 찬찬히 살펴보니 3주쯤 전에 파쿠치라는 인물이 참가해서 글을 남겼더군요. 자기는 이지메 때문에 히키코모리가 됐다. 그래서 부모가 소송을 하려고 한다고……."

"그건……."

"그렇습니다. 자식을 괴롭힌 학생과 학교에게 소송을 걸려는 부모가 여러 명 있지는 않겠죠. 이 파쿠치가 쇼타 군 아닐까 생각합니다."

"그래요? 저도 좀 볼 수 있을까요?"

"읽는 것 정도는 아무나 가능합니다."

"제가 한번 보죠."

"그런데 오오사와 씨, 이 파쿠치에게 체리라는 사람이 바로 답변을 달았습니다."

"파쿠치에게 말을 건넸다는 거죠?"

"그렇죠. 두 사람은 마음이 꽤 잘 맞았던 모양인데, 열흘쯤 전에 두 사람 모두 대화방에서 탈퇴했습니다."

"어떻게 된 걸까요?"

"저도 잘은 모르지만, 요즘은 다이렉트메시지를 보낼 수 있는 대화방도 있다고 하니까, 아마 메시지를 보내서 둘이 따로 대화를 하자고 제안했을 가능성이 있어요."

"그렇군요."

나쁜 일은 아닌 것 같았다. 비록 가상공간이지만 쇼타가 마음을 터놓을 수 있는 상대를 만났다니 말이다.

"그런데 문득 이상하게 느껴지더군요. 게이 느낌이 나는 체리라는 닉네임에, 어딘가 상황이 부자연스럽지 않나 해서요."

"그런가요? 저는 별 느낌이 안 드는데요."

"체리는 분명 남성이었습니다. 그도 어렵게 입시를 치른 중고 일관교에서 심한 이지메를 당했다고 합니다. 학교를 중퇴하고 내내 히키코모리로 지냈다고요. 오오사와 씨, 모르시겠어요?"

"아뇨, 무슨 말씀이신지……."

"중고 일관교라면 조건이 많이 좁혀지죠. 히키코모리 기간을 제외하면 데라모토 와타루의 이력과 비슷하지 않습니까?"

"아……."

"그래요, 우리는 이미 만났습니다. 그의 보호자이자 형님으로 따르던 사람 이름이 사쿠라이 준타로였죠. 체리라는 닉네임은 그냥 사쿠라이에서 따왔을 뿐인지도 모릅니다."

"설마요. 그냥 우연이겠죠."

"제가 사이트 관리자에게 연락해 봤습니다. 변호사라고 밝히고 체리에 관한 정보를 알려달라고 요청했지만, 개인정보보호법을 근거로 거절하더군요. 그래서 체리의 아이콘 사진을 확대해 확인해 보았습니다. 바 카운터 비슷한 테이블에 진열된 위스키병 사진인 듯한데, 데라모토의 페이스북 페이지에 들어가 보니 똑같은 사진이 있었어요. 아마 바 'NOTE'에서 찍은 사진일 겁니다."

"무슨 뜻이죠?"

"체리라는 인물의 정체가 십중팔구 데라모토라는 거죠."

"음……."

목소리가 떨리기 시작한다. 내가 모르는 곳에서 무서운 일이 벌어지는 것 같은 느낌이었다.

전화를 끊고 인터넷 검색으로 '히키코모리의 숲'이란 사이트에 접속했다.

'이 숲에서 각자의 관심사에 대해 자유롭게 대화합시다'

첫 화면에 뜬 글이었다.

파쿠치라는 이름은 바로 찾을 수 있었다.

'부모님이 소송을 하겠다는데, 가능한 건가? 이제 와서 그렇게까지 해야 하나 하는 생각도 드네.'

틀림없다. 쇼타가 쓴 글이다.

다양한 반응이 이어졌다.

'정말요?'

'확실히 이제 와서 새삼스럽다는 느낌이 드네요.'

'소송? 어떻게 하겠다는 건데요?'

그러나 체리만은 달랐다.

'소송을 하겠다니, 아버님이 훌륭하시네요.'

채팅의 마지막 문장이 눈에 박혔다.

'아버님이 훌륭하시네요.'

얼핏 보면 선량한 글이지만, 왠지 꺼림칙하다. 마사키는 알 수 있었다.

서둘러 거실로 갔다. 세쓰코는 불편한 표정으로 여전히 텔레비전만 보고 있다. 시계는 8시 10분을 가리키고 있다.

"이봐, 당장 쇼타한테 전화 좀 해줘."

"어디 있는지 모른다니까요."

"어디 있든 무슨 상관이야. 휴대폰에 전화하는데. 전화는 받을 수 있잖아."

"내가 한다고 받을지 어떨지……."

"암튼 전화나 해봐."

세쓰코는 불만스러운 눈초리로 노려보았지만, 남편의 서슬에 눌려 스마트폰 버튼을 눌렀다.

"봐요, 안 받잖아."

이겼다는 듯 스마트폰을 귀에서 떼어냈다.

"받을 때까지 기다려봐."

세쓰코는 뭐라고 대꾸하려다가 뚱한 얼굴로 다시 귀에 갖다 댄다.

"아."

세쓰코가 조금 놀라는 소리를 낸다.

"여보세요, 쇼 짱…… 아니, 아무것도 아냐, 아무것도. 그냥 아빠가 목소리 좀 듣고 싶다고 해서……."

"잠깐 줘 봐."

냉큼 스마트폰을 낚아챘다.

"얘, 쇼타, 끊지 마라. 절대로 끊지 마."

다급하게 말했다.

"너 지금 어디 있냐. 솔직하게 말해."

"신주쿠."

무뚝뚝한 투로, 그러나 불안이 희미하게 배어나는 목소리였다.

"누구랑 있니."

"누구라니…… 그냥 아는 사람이야."

"거짓말 마라. 채팅하다 알게 된 사람이겠지. 사쿠라이라는 사람일 거다."

숨을 삼키는 기미가 느껴진다.

"그놈은 너를 유혹하려고 하는 거야. 알겠니."

"이상한 사람 아냐! 유명한 각본가야."

"아무튼 그놈한테 넘어가지 마라. 내가 지금 갈 테니까. 움직이지 말고 기다려."

"안 돼. 바로 사쿠라이 씨의 가게로 갈 거야."

그 가게에서 누가 기다리고 있는지 알기나 하냐. 네가 죽도록 증오하고 복수하고 싶어 하는 사람이 있단 말이다. 마사키는 소리치고 싶은 것을 꾹 참았다. 아들이 어떤 위험에 빠질지 모른다는 불안보다 쇼타에게 더 이상 상처 주고 싶지 않은 마음이 컸다. 인터넷에서 쇼타가 처음으로 마음을 연 상대가 실은 데라모토 와타루였고, 그가 보여준 동정과 공감은 함정이라고 차마 말할 수 없다.

"괜히 트집 잡지 마. 그분은 자기 인생 경험을 들려주려고 오늘 와준 거야."

"잘 들어, 쇼타. 그놈 믿지 마라. 아빠가 갈 때까지 시간을 끌어. 지금 어디 있니! 얘!"

통화가 끊겼다. 하지만 행선지는 안다. 아마 하쓰다이일 것이다.

마사키는 떨리는 손으로 다카이의 번호를 눌렀지만 부재중 안내만 흘러나왔다. 하는 수 없이 문자를 보냈다.

'방금 쇼타와 통화했습니다. 사쿠라이와 만나고 있더군요. 쇼타를 하쓰다이 바에 데려갈 것 같습니다. 저는 곧장 그리로 가겠습니다.'

돌아보니 세쓰코가 바로 뒤에 있었다. 숨이 가빠 보인다.

"무슨 일이에요? 쇼타가 지금 누구를 만나고 있다는 거예요? 누구냐고요."

"당신은 무슨 생각을 했던 거야."

분노는 이내 아내에게 향했다.

"돈을 쥐여 주고 내보내면 쇼타가 혼자 조용히 있을 거라고 생각했어? 누가 접근할 거라는 생각은 안 했나!"

이러고 있을 시간이 없다. 재킷을 걸치고 지갑을 챙겼다. 택시를 호출했다.

"무슨 소린지 모르겠네. 알아듣게 말해봐요. 왜 내가 당신한테 이런 역정을 들어야 하죠?"

"당신은 정말 아무 생각이 없어!"

마사키는 소리를 질렀다.

"소송만 안 하면 원래대로 돌아갈 거라고 믿으려 애쓰지. 당신은 잊고 싶은 거야. 쇼타가 난동을 부리며 창문을 전부 박살 내던

날. 기억하지? 이대로 가다가는 또 그런 일이 벌어져. 쇼타는 걸핏하면 창문을 깨다가 이제 유리창으로는 성에 차지 않는 거야. 왜 그걸 몰라! 왜 다 잊은 척하는 거야!"

"잊다니……."

세쓰코의 눈이 크게 벌어졌다. 공포가 생생하게 떠오른다.

"어떻게 잊어요. 그날 일을 잊을 리가 없잖아요."

"오늘 밤, 쇼타는 비슷한 일을 벌일지도 몰라. 장소만 바꿔서."

초인종이 울렸다. 택시가 도착한 모양이다.

"나도 갈게요."

세쓰코가 벌떡 일어섰다.

두 사람은 다급하게 택시에서 내렸다.

하쓰다이로 오는 동안 택시 기사는 듣지 못하도록 세쓰코에게 작은 소리로 상황을 설명했다.

"다카이 선생이 알려줬어. 히키코모리들이 인터넷 채팅을 하는 대화방이라는 사이트에 쇼타가 글을 올리고 있었던 것 같아. 거기에 바로 반응을 보인 사람이 있는데, 다카이 선생 말로는 데라모토 같대. 이지메 당사자니까 쇼타를 알아봤겠지. 보나마나 네 마음을 이해한다는 식으로 말하며 집을 나온 쇼타를 유인한 거야. 신주쿠에서 갑자기 만나면 무슨 일이 벌어질지 모르니까 일단 데라모토 대신에 사쿠라이라는 사람이 나왔겠지. 그놈은 데라모토의 형님 역할이라더군."

"유인해서 뭘 하려고?"

목소리가 떨린다.

"잘은 모르겠어. 아마 쇼타를 가운데 앉혀놓고 둘이 설득하려고 하겠지. 쇼타가 설득당하지 않으면, 그 뒤에 벌어질 일이 나는 두려워……."

"그런……."

"당신이 돈을 줘서 도망치게 해줬다고? 쇼타를 더 위험한 곳으로 보낸 거야."

스스로 생각해도 끔찍한 소리다. 하지만 지금 초조와 분노를 쏟아낼 대상이 아내밖에 없다.

골목으로 들어가 바 'NOTE' 앞에 섰다. 아니나 다를까 문에는 'CLOSED' 팻말이 걸려 있다.

쿵쿵, 문을 두드렸다.

"안녕하세요, 문 좀 열어주세요!"

만약 열지 않으면 몸을 던져 부숴버릴 작정이었지만, 잠시 후 자물쇠 여는 소리와 함께 문이 열리자 데라모토가 서 있었다.

"쇼타 어딨어!"

물을 것도 없이 카운터에 쇼타와 사쿠라이가 앉아 있었다.

"오, 아버님."

사쿠라이가 손을 쳐든다.

"안색이 안 좋으시네요. 무슨 일 있으십니까."

"이 자식이!"

마사키가 성큼 다가갔다. 아내나 아들만 없다면 한 대 때려주고 싶었다.

"왜 아들을 유인했지? 솔직하게 말해."

"유인하다뇨."

사쿠라이가 희미하게 웃었다.

"와타루가 대화방에서 우연히 쇼타 군과 연결됐을 뿐이에요. 탁 터놓고 대화하다가 파쿠치라는 사람이 혹시 쇼타 군이 아닐까 알아챈 거죠. 자기를 만나려고 할 리가 없다면서 제게 확인을 부탁하더군요. 와타루는 쇼타 군을 만나서 사죄하고 싶었을 뿐입니다."

마사키는 그를 무시하고 쇼타 앞으로 갔다.

"돌아가자."

쇼타의 팔을 잡았다.

"같이 집에 가자."

그때 아들 얼굴이 놀랄 정도로 세쓰코를 닮았다는 걸 깨달았다. 눈초리가 천천히 올라간다. 분노가 정점에 달했다는 신호다. 아뿔싸.

그날의 일이 또렷하게 살아난다.

"시끄러!"

쇼타가 그렇게 소리치며 의자를 번쩍 쳐들었던 날을. 마사키는 저도 모르게 눈앞의 스툴을 보았다. 외다리 철제 의자인 데다 바닥이 묵직한 쇳덩이다. 어지간히 힘이 세지 않고서는 들어올릴 수 없을 것 같다.

그런데 그때와 똑같은 말이 아들 입에서 튀어나왔다.

"시끄러!"

말문이 막힌다. 쇼타의 오른손에 어느새 아이스픽이 쥐어져 있었다.

"나를 속여! 내 심정을 안다, 나도 같은 일을 당했다고 거짓말을 했다고! 친절한 척! 이해하는 척! 절대로 용서 못 해!"

"쇼타, 그러지 마!"

마사키보다 먼저 세쓰코가 새된 소리로 외쳤다.

"그런 짓 하면 안 돼! 절대 안 돼!"

마사키는 쇼타와 데라모토 사이 거리를 가늠했다. 공격을 하더라도 아직 말릴 수 있는 틈이 있다.

"당연하지, 나도 놈들한테 당했으니까."

데라모토의 얼굴이 일그러졌다. 전에 만났을 때와는 전혀 다른 표정이다.

"나도 그 새끼들을 고소하고 싶어. 나도 계속 괴롭힘을 당했다고. 하지만 나는 버티며 혼자 힘으로 생활했어. 그런데 너는 이제야 부모와 변호사의 힘을 빌리려고 하지. 이상하지 않냐? 언제까지 부모에게 기댈 거야."

"닥쳐."

"세상이 무서워서 방 안에 틀어박혀 있다가, 이제 와서 소송을 한다고? 나는 진짜 이해가 안 가. 장난 같아서 말이야, 네 진짜 마음을 알고 싶어서 채팅을 시작했지. 너는 중학생 시절에서 요만큼도 나아진 게 없네. 정말 웃겨."

"이 새끼, 죽인다!"

쇼타가 스툴에서 내려왔다. 아이스픽을 번쩍 쳐들고 데라모토에게 천천히 다가간다.

"쇼타, 그러지 마."

마사키가 뒤로 돌아가 쇼타의 양팔을 붙잡으려 했다. 쉽게 제압할 수 있을 줄 알았는데 어찌 된 일일까. 아들은 뜻밖에 강한 힘으로 아버지의 팔을 뿌리쳤다. 마사키가 모르던 남자의 힘이었다. 유리창을 깨뜨릴 때와는 또 다른, 더 격렬한 거부였다.

그때였다. 믿기지 않는 일이 일어났다.

"어이, 쇼타 군. 멈춰!"

다카이의 목소리였다. 문이 활짝 열렸다.

"오오사와 씨, 더 강하게 말려주세요. 놀라지 마시고."

그는 쇼타와 데라모토 가운데 섰다.

"쇼타 군, 도발에 넘어가면 안 돼. 상대는 자네를 흥분시키려고 여기로 부른 거니까. 그 아이스픽으로 어디 한 군데 찌른다? 자네는 체포될 거고, 소송은 끝이야. 오히려 우리가 고소당하는 입장이 된다고."

이번에는 데라모토 쪽으로 돌아서서 큰소리로 꾸짖었다.

"부끄러운 줄 알아야지! 자네는 두 가지 죄를 저질렀어. 첫째, 7년 전에 쇼타 군을 잔혹하게 괴롭힌 죄야. 이지메는 사람의 영혼을 망가뜨리는 짓이야. 13살, 14살 아이의 영혼은 연약하고 불안하지. 단순히 상처받는 정도가 아냐. 한 번 깨지면 원래대로 회복하지 못해. 그걸 자네가 부숴버린 거야. 두 번째 죄는, 지금이다. 자네는 쇼타 군을 기만했어. 이번 죄는 더 무거워. 신뢰를 얻어낸 뒤 배신했으니까. 아마 저기 각본가 아저씨가 짜 준 작전이겠지. 사람 낚는 말은 많이 알 테니까. 쇼타 군은 제대로 걸려들었어. 이봐, 듣고 있나? 악질 중에 악질이 사람을 배신하는 거다!"

마사키는 입을 멍하니 벌리고 다카이의 질타를 들었다. 그의 의도는 바로 이해했다. 다카이는 쇼타를 대신하여 상대에게 비난을 퍼붓고 있다. 입이 무거운 쇼타의 마음을 대변함으로써 쇼타를 진정시키려는 것이다.

쇼타는 옆에서 놀란 얼굴로 다카이를 쳐다보았다. 아이스픽을 쥔 손을 힘없이 늘어뜨리고 있다.

"자, 그럼 정리해볼까. 쇼타 군은 자네와 대화하려고 왔을 뿐이다. 아무 일도 일어나지 않았어. 그렇지? 나중에 괜히 엉뚱한 소리를 하면 가만두지 않겠어. 혹시나 해서 말해두는데, 문에 'CLOSED' 간판이 걸려 있는 사진도 증거로 찍어 두었네."

그러고는 오른손을 들었다.

"데라모토 군, 조만간 법정에서 보자고."

그 후 네 사람은 고슈가도에 있는 패밀리레스토랑에 들렀다. 마사키 가족은 커피만 세 잔 주문했지만, 다카이는 나폴리탄 스파게티를 먹기 시작했다.

"식사할 때는 휴대전화를 부재중으로 돌려놓는 경우가 있어요. 같이 밥 먹는 사람이 식사중에 딴짓하는 걸 싫어하거든요."

아마 상대는 여성 아닐까. 마사키는 다카이가 독신인지 아닌지도 모르면서 짐작해 보았다.

"그런데 왠지 신경이 쓰여서 스마트폰을 확인해 보니 오오사와 씨한테 부재중 전화도 찍히고 문자도 와 있는 게 아닙니까. 뭔가 일이 터졌구나 싶어서 택시를 잡아타고 달려왔죠. 오오사와 씨가 기지를 발휘해 준 덕분에 제시간에 도착할 수 있어서 다행이긴 한데, 저녁을 걸렀거든요."

"죄송합니다. 만나던 분이 화를 내시진 않았을지."

세쓰코가 고개를 숙였다. 이야기의 맥락상 아무래도 애인인 것 같았다.

"아뇨, 아뇨, 변호사는 언제 무슨 일이 일어날지 알 수 없거든요. 이런 점은 드라마와 비슷하죠."

다카이는 애써 가볍게 이야기를 끌어갔지만 별 효과는 없었다. 쇼타가 계속 고개를 숙이고 있었기 때문이다.

"쇼타 군, 잘 참았어. 용케 선을 넘지 않았네. 자네는 냉정하게 이야기를 들으며 지금 무슨 일이 일어나고 있는지 생각했을 거야."

"아뇨……."

고개를 젓는다.

"무슨 일이 일어나는 건지 전혀 몰랐어요. 데라모토가 왜 여기 있는지, 머릿속이 새하얘졌어요."

쇼타가 이렇게 온전한 문장으로 말하는 걸 대체 얼마 만에 들어보는 걸까.

"알겠지? 상대는 교활해. 자네가 방 안에 틀어박혀 있는 7년 동안 그들은 세상에서 약아빠진 잔꾀를 배웠어. 이런 자들과 싸우는 무기는 논쟁이나 대화가 아냐. 이제 재판을 통하지 않고서는 자네를 구할 수 없다고 나는 생각해. 어때, 쇼타 군, 소송을 하겠다고 이 자리에서 확실하게 말할 수 있겠어?"

잠시 침묵이 흘렀다. 세 사람의 시선이 쇼타에게 향했다.

"할게요."

“더 큰 목소리로!”

“네, 합니다.”

“다시 한번 말하지. 중요한 얘기니까. 스스로를 구할 사람은 자신밖에 없어. 나는 그걸 거들고 싶을 뿐이야. 자네는 강해. 오늘 똑똑히 알았어. 게다가 뒤에는 이런 훌륭한 부모님이 버티고 있어.”

“…….”

긍정하는 말은 없었지만 부정도 하지 않았다. 그것으로 충분하다.

“어머님, 이제 반대하지는 않으시겠죠. 지금 쇼타 군이 분명히 말했으니까.”

“예.”

세쓰코는 가만히 고개를 끄덕였다. 그 얼굴에서는 아무것도 읽을 수 없었다.

마사키와 세쓰코는 다카이의 사무소 응접실에 앉아 있었다.

"재판 절차를 설명드리고 싶습니다. 사모님과 함께 와 주시겠습니까."

다카이의 요청에 따른 방문이다.

"사실은 쇼타 군도 같이 오면 좋지만 아직 무리겠죠. 머지않아 같이 움직이게 될 겁니다. 쇼타 군과 함께 작전을 짜야 하니까요."

그런 일을 겪었지만 쇼타는 여전히 자기 방에 틀어박혀 있다. 다만 가끔이기는 해도 조금 일찍 2층으로 내려오게 되었다. 부모와 대화하지는 않지만 멍하니 텔레비전을 볼 때도 있다고 마사키는 전했다.

"아마 앞으로의 재판 일정이 궁금해서 그럴 겁니다."

"대단한 발전 아닙니까."

다카이가 목소리를 높였다.

"두 분과 관계를 회복하고 싶다는 신호가 분명해요."

"우리도 아들에게 재판에 대해서 설명해 주고 싶었습니다. 제가 보기에는 언제 법정에 나가게 될지 긴장하고 있는 것 같습니다."

"벌써부터 긴장할 필요는 없습니다. 법정에 서려면 아직 1년 정도 남았으니까."

"네?"

마사키와 세쓰코가 얼굴을 마주 보았다.

"우리는 당장 다음 달에라도 재판소에 가는 줄 알았는데."

"법정은 마지막 단계입니다. 그때까지 물밑에서 할 일이 많아요."

다카이는 사무실 구석에 있던 화이트보드를 끌고 오더니 익숙한 손놀림으로 글을 쓰기 시작했다.

"향후 재판 진행 과정을 설명하죠."

화이트보드에,

임의교섭 → 소장 제출 → 구두변론 → 변론 준비 절차 → 증인 신문 → 판결

이라고 쓰고 하나하나 손으로 가리키며 설명했다.

"소장 제출로부터 제1회 구두변론 기일까지 1달 정도 걸립니다."

"꽤 걸리는군요."

세쓰코는 일일이 메모를 시작했다.

"저어, 이때는 저희도 동석하게 되나요?"

"보통 변호사들만 참석합니다. 가끔 본인과 부모님이 동석할 때도 있긴 해요."

"쇼타의 경우는 어떨까요?"

"글쎄요, 아버님이 동석하게 될지도 모르겠습니다."

다카이는 이어서 '변론 준비 절차'라는 글자를 가리켰다.

"구두변론에서 이 단계까지는 비교적 금방인데 변론 준비 절차까지 가면 마침내 전투가 시작되는 느낌이죠. 이때부터 상대 변호사와 증거를 가지고 다투게 됩니다. 1달에 1번 만나 서류나 자료를 내놓죠. 그래서 재판이 1년쯤 걸리는 겁니다."

"1년이군요……."

저도 모르게 한숨이 새어 나왔다.

"우리에게는 너무 긴 시간이네요. 쇼타 상태가 나아지면 좋겠지만 1년 후에 법정에 설 수 있을지 모르겠습니다. 오히려 더 방안에 틀어박힐지도 모르고…… 정말 걱정입니다."

"당연히 걱정되시겠지만, 쇼타 군은 의욕이 있다고 확신합니다. 문자로 재판 방식을 질문한 걸 보면요."

"호오."

다카이 변호사와 쇼타는 이메일과 스마트폰으로 계속 연락하고 있었다.

"쇼타 군에게 지금처럼 간단하게 재판 절차를 설명하고 나니 더 알고 싶어 하는 모양이어서 추가로 책 몇 권을 소개해 주었거든요. 쇼타 군은 카드도 없고 계좌도 없어서 인터넷 쇼핑을 못한다더군요. 그래서 직접 서점에 다녀왔다고 했습니다."

"몰랐습니다……."

밤중에 가까운 편의점에 가는 일은 있었지만 서점은 역전까지 가야 나온다.

"한데 역 앞 서점에 책이 없었다더군요. 책을 사러 신주쿠나 이케부쿠로 같은 번화가까지 나가기는 부담스럽다고 해서, 동네 서점에 주문하는 법을 알려 줬는데 귀찮았던 모양이에요. 일단은 제가 입문서를 한 권 보내주려고 합니다. 오오사와 씨, 이참에 쇼타 군이 인터넷으로 책을 살 수 있는 방법을 마련해 주시는 게 어떻습니까."

"그건……."

선뜻 승낙할 수는 없었다. 히키코모리라는 '벌'로 카드는 물론 현금도 주지 않는다. 세쓰코가 용돈을 몰래 주고 있는 건 알지만 마사키는 모르는 척했다.

"제가 보기에 쇼타 군이 주구장창 게임만 하거나 인터넷 쇼핑에 중독될 사람은 아닙니다. 책을 구입할 수단 정도는 줘보는 게 어떨까요?"

"글쎄요……."

"카드를 주면 부모님이 명세표를 확인할 수 있으니까 괜찮지 않습니까. 쇼타 군이 책을 읽고 싶어 하니까요."

"알겠습니다."

안 되겠다 싶으면 바로 해지하면 될 일이다.

"아, 쇼타 군은 역시 예전 피처폰을 버리지 않았더군요. 거기 있던 사진 파일을 보내주었습니다. 아버님, 어머님, 쇼타 군은 정말 의욕이 있습니다. 안심하십시오."

세쓰코는 메모하던 손길을 멈추었다. 눈시울이 젖어 있다.

그해 정월 설음식을 부부끼리만 먹었다. 식탁에 쇼타가 없는 건 이미 여러 해 되었지만, 올해는 딸도 없었다. 유이는 작년 가을부터 노구치와 동거를 시작했다.

"그이가 그랬어. 이젠 밀어붙이는 수밖에 없다고."

말은 그렇게 하지만 아마 유이가 요구했을 것이다. 노구치의 모친은 재판 소식을 듣자,

"그런 무서운 일을!"

하며 눈을 동그랗게 떴다고 한다. 재판이라고 하니까 절도나 살인 같은 범죄를 연상한 모양이다.

유이가 식탁에 앉았다고 해도 올 정월은 예년과 달랐으리라. 마사키가 어쩌면 올해로 마지막일지 모른다는 생각을 품게 되었기 때문이다.

세쓰코는 오래전부터 이혼을 바라왔다고 했다. 마사키는 세쓰코가 진심으로 하는 말이 아닐 거라고 대수롭지 않게 여겼지만, 날이 갈수록 정말일지도 모른다는 기분이 들었다.

지난 몇 달 동안 세쓰코가 보여준 침묵은 영 꺼림칙했다. 다카이 변호사가,

"어머님, 이제 반대는 안 하시겠죠?"

라고 물었을 때 세쓰코는 예, 라고만 대답했다. 부부가 나란히 변호사 사무소에 가서 설명을 듣기도 했지만 요즘은 그것도 어떤 '각오'처럼 느껴졌다. '각오'가 꼭 미래를 향한 것은 아니다. 세쓰

코의 '각오'는 체념이 아닐까.

요즘 세쓰코의 행동을 보고 있자면 자기가 30년에 걸쳐 쌓아 올린 가정의 마지막 장을 지켜보려는 사람 같다.

연말에는 '미니멀리즘'을 핑계로 집 안 물건을 대거 처분했다. 그 중에는 쇼타의 교복과 교과서도 있었다.

"이젠 쓸 일이 없으니까."

그 목소리가 섬뜩할 만큼 차가웠다.

요즘은 생각이 많아졌다. 그저 상상으로 끝나면 좋겠지만 점점 구체적으로 변하는 계산을 멈출 수 없었다.

전업주부 세쓰코가 앞으로 혼자 살려면 상당한 재산이 필요할 것이다. 혼인 후 형성한 재산은 절반이 아내 몫이라고 하는데, 마사키가 가지고 있는 주요 자산은 병원 건물과 토지였다. 나머지는 아버지가 물려준 투자용 아파트와 정기예금과 증권이 있는데, 이것도 세쓰코에게 떼어주는 게 맞을 듯하다.

쇼타는 어떻게 될까. 엄마를 따라갈까?

마사키는 세쓰코가 새로 마련한 아파트나 연립주택에서 방 하나를 차지하고 틀어박혀 지내는 쇼타를 상상해 봤지만 잘 그려지지가 않았다. 쇼타는 언제까지나 이 집 3층에 남아 있을 것 같다. 세쓰코도 홀로 단출하게 새로운 삶을 시작하지 않을까? 그러면 나는 이 집에서 아들과 단둘이 살게 되는 건가.

지금까지 식사 준비와 청소를 모두 세쓰코가 알아서 했다. 자신은 자잘한 집안일을 감당할 자신이 없었다.

어쨌거나 재판이 끝나면, 바라던 대로 가족도 크게 변할 터였다.

눈앞에 3단 찬합이 놓여 있다. 시판 음식도 들어 있지만 긴톤_삶은 강남콩과 고구마를 으깨고 밤 따위를 넣어 달게 만든 설음식이나 조림은 세쓰코가 만들었다. 고혈압 위험군인 남편을 생각해 염분을 줄인 음식이다. 이렇게 배려심 깊은 여자가 속으로는 언제 헤어질지 생각해 왔다니, 마사키는 헤아릴 수 없는 두려움을 느꼈다.

"왜 그래요?"

젓가락질을 멈춘 마사키에게 세쓰코가 물었다. 정월이라 옅게 화장을 한 아내는 아직 피부가 싱싱하다. 젊을 때부터 미인 소리를 듣던 사람이다. 그 사실이 지금은 괜히 부아가 난다. 나와 이혼하더라도 얼마든지 재혼할 수 있겠지…….

견딜 수 없는 심정에 마사키는 의자에서 일어섰다.

"쇼타를 불러올게."

"네?"

"올해는 특별한 해가 될 거야. 도소주 정도는 따라줘야지."

"무리예요."

"기다려 봐."

계단을 올라가 문 앞에서 노크를 했다.

"얘, 쇼타. 일어났니? 모처럼 맞는 정월이다. 내려와라. 오세치 같이 먹자."

그리고 이렇게 덧붙였다.

"올해는 너에게 특별한 해가 될 거다. 아빠 엄마에게도 다른 한 해가 될 거야. 그러니 내려와라. 같이 정월을 축하하자."

희미한 소리가 들린다. 승낙의 신호처럼 느껴진다.

오세치를 다 먹고 연하장을 정리하는데 쇼타가 거실로 가만히 들어왔다. 하얀 스웨터는 나름의 설빔인지도 모른다.

"쇼 짱. 새해 복 많이 받으렴."

먼저 세쓰코가 인사를 건넸다. 응, 하고 쇼타가 고개를 끄덕인다.

"새해 복 많이 받아라. 건배를 다시 해야겠군. 너도 술 한잔 정도는 괜찮겠지. 벌써 20살도 지났으니까."

"됐어."

고개를 젓는다.

"맥주 마셔본 적 있는데, 몸에 안 맞았어."

"그래? 나도 엄마도 술이 잘 받는 편인데, 대체 누굴 닮았지."

농담을 해 보지만 나는 아들에 대해서 아무것도 모르는구나. 쇼타는 대체 언제 누구와 어디서 맥주를 마셨을까.

"그럼, 차로 건배하자."

세쓰코가 얼른 찻잔 세 개를 가져온다.

"새해 복 많이 받으세요."

쇼타는 그 말을 하지 않았다. 가볍게 고개만 끄덕였다. 하지만 충분했다.

"봐라, 너에게 연하장이 왔단다."

광고지를 제외하면 지난 몇 년 동안 쇼타가 받은 유일한 우편물이었다.

다카이 변호사가 사무소에서 보낸 연하장에는 커다란 글자로 이렇게 적혀 있었다.

'쇼타 군, 마침내 결전의 해가 밝았습니다. 우리 한 팀이 되어 파이팅합시다'

"고마운 일이구나. 다카이 씨처럼 좋은 변호사를 만나다니 운이 좋았어."

세쓰코 쪽을 바라본다. 다카이를 만난 건 정말 우연이었다.

문제아들을 응원해 주는 재미있는 변호사라는 이야기를 듣긴 했지만, 만나 보니 매사 열심인 사람이었다.

사람들은 드라마 속 변호사는 현실에 존재하지 않는 판타지라 말하지만, 다카이의 행동력은 드라마에 나오는 열혈 주인공 못지않았다.

'너도 다카이 선생의 열의에 부응해야지.'

라고 말하려다가 그냥 삼켜버렸다. 훈계는 하지 말자. 마사키는 가만히 텔레비전을 보는 척했다.

"훌륭하군요. 쇼타 군이 같이 오세치를 먹다니."

전화 너머에서 다카이가 말했다. 내용과는 사뭇 다르게 목소리가 어딘가 차분했다.

"네, 입맛이 없는지 깨작거리다가 금세 방으로 올라가긴 했지만."

"분명히 한 걸음씩 전진하고 있네요. 나름대로 법정에 설 준비를 하는 겁니다."

"그런 거겠죠. 선생이 보내주신 연하장을 가만히 들여다보더군요."

"반가운 말씀이군요."

그 뒤 다카이는 자료가 속속 모이고 있다고 말했다.

"오오사와 씨, 최근 어떤 지휘자가 쓴 에세이를 읽었는데, 제일 많이 받는 질문이 왜 앞을 보고 지휘하지 않는가, 라는 거랍니다. 모처럼 열리는 발표회인데 청중을 봐야 하지 않느냐는 거죠."

"아, 예……."

"그 글을 읽으니 웃음이 나더군요. 변호사 일도 비슷해서요. 법정에 서는 순간이 전부라고 생각하는 사람이 많습니다. 지휘자는 오케스트라와 함께 수없이 리허설을 하며 음악의 질을 높이고 자기 의도를 전달하죠…… 아, 괜한 이야기를 꺼내서 죄송합니다. 제가 몇 년간 교향악단 회원이었던 적이 있거든요."

"아뇨, 좋습니다. 계속하시죠."

"그러니까, 무대에 서는 시간은 발표의 장인 동시에 마무리라는 겁니다. 그날 처음 오케스트라를 지휘한다고 생각하는 사람이 많은데, 그게 아니죠. 변호사 일도 그렇습니다. 법정에 서는 시간은 마무리에 가깝습니다. 승부는 이미 난 거예요. 전에도 말씀드렸지만, 우리 변호사는 1년에 걸쳐 재판관에게 자료를 제출하며 겨루고 있습니다."

"예."

"리리카 씨가 보스턴에서 보내준 사진도, 데라모토 와타루가 부모 집에서 찾아낸 피처폰의 사진도 제출했습니다. 조무원 마스다 씨의 증언도 제출했고요. 물론 쇼타 군에게 받은 사진과 메일도."

"선생, 그래서 대체 뭐가 문제죠?"

조바심이 났다. 마사키는 이런 대화에 서툴고, 늘 단도직입적으로 말하는 다카이도 오늘만큼은 빙빙 에둘러 말하고 있다.

"결론적으로 말씀드리자면, 이상하다는 겁니다. 승산은 분명히 우리 쪽에 있거든요. 제가 속으로 이겼다고 외친 게 한두 번이 아닙니다. 그런데요, 저쪽 변호사들이 왠지 여유를 부리는 겁니다. 화해 권고를 노리는 것 같지도 않고요."

"화해 권고라는 건 뭐죠?"

"판사가 합의를 제안하는 겁니다. 이제 이쯤에서 돈으로 해결하고 끝내 봅시다, 하고요."

"선생, 우리는—"

"물론 오오사와 씨가 합의할 생각이 없다는 건 압니다. 제가 의아한 부분은, 슬슬 저쪽 변호사가 초조한 기색을 보여야 하는데 그렇지가 않다는 거예요."

"왜 그럴까요?"

"굉장한 히든카드가 있는 것 같습니다."

"히든카드라고요?"

"아마 쇼타 군과 관련된 무언가일 텐데 저도 통 짐작이 가질 않습니다."

"쇼타는 뭐라고 하던가요?"

"아직 물어보지 않았습니다. 제 추측일 뿐이니까요. 섣부른 질문을 했다가 쇼타 군에게 상처를 줄 수 있어요. 조만간 그 카드가 나올 가능성이 있습니다."

그러니까, 하며 계속했다.

"각오를 해두는 게 좋겠습니다."

아울러 학교 측도 변호사를 고용했다고 다카이가 알려주었다.

"별로 들어본 적이 없는 이름이더군요. 학교 문제 전문이라면 제가 어지간한 변호사는 알거든요."

"엄청난 거물을 고용한 걸까요? 아니면 누굴 데려와도 이길 수 있다고 우리를 얕보고 있는 걸까요?"

마사키가 걱정이 되어서 물었다.

"둘 다 아닐 겁니다. 별로 신경 쓰지 않는 거겠죠."

"그렇습니까."

"학교 측 입장은 정해져 있으니까요. 우리는 아무것도 몰랐다고 하겠죠. 학교라는 링에서 교사들은 심판입니다. 한쪽이 신나게 얻어맞고 있을 때 심판이 외면했죠. 다른 데를 보고 있었지만 고의는 아니었다, 몰랐다는 게 죄는 아니지 않느냐. 학교라는 곳은 이렇게들 생각합니다."

"무책임하군요."

"그렇습니다. 학교에서 일어나는 모든 일에 책임을 져야 하느냐는 게 그들의 본심이죠. 자기들은 몰랐다고 밀고 갈 겁니다."

"그런 학교인 줄 알았다면 아들을 보내지 않았을 겁니다."

막상 뱉고 나니 얼마나 무책임한 말인지 절절하게 느껴졌다.

초등학교 4학년 때부터 중학 입시를 권한 사람이 자신이었기 때문이다. 집에서 도보로 통학할 수 있는 공립중학교도 있었지만 마사키는 공립에 가는 건 부끄러운 일이라고 교육했다.

"너는 공부를 잘하잖니. 충분히 좋은 학교에 도전할 수 있어. 기회가 있는데도 노력을 하지 않는 거야말로 못난 일이다."

훈계했다거나 인생철학을 늘어놓았다는 자각은 없었다. 단지 중요한 시기에 이끌어주는 게 아버지의 역할이라고 생각했다.

"아빠는 네가 의사가 되었으면 좋겠다. 물론 쇼타가 도중에 다른 길을 택해도 좋아. 하지만 가능성을 넓히는 건 좋은 일이니까. 열심히 공부하지 않는 건 자기 가능성을 죽여버리는 짓이다."

그게 그렇게 나쁜 말이었을까. 세쓰코는 말했다.

"당신은 뭐든 혼자 결정하고 혼자서만 앞으로 달려가죠. 주변 사람에게 어중간한 태도를 허용하질 않아요.”

그러는 세쓰코도 쇼타가 합격했을 때는 눈물을 글썽이지 않았던가. 나 혼자 달려 나간 것도 아닌데…….

세쓰코에게 이혼 소리까지 듣고 나서부터 마사키는 종종 과거를 떠올리게 되었다. 기억은 쇼타가 아장아장 걷기 시작하던 시절까지 거슬러 올라간다.

꼭 품어준 적이 있었던가.

울음을 그치지 않아 심하게 혼낸 적은 있다.

자전거를 배우다 포기하려고 했을 때는,

“너, 그러고도 남자냐.”

하며 꾸짖었다. 넘어져도 계속 타게 했다.

숙제를 하지 않았을 때는 게임기를 압수했다.

시시콜콜한 작은 일들이 쌓여서 마침내 심각한 사태가 된 걸까. 나는 그토록 몹쓸 아빠였나.

요즘 마사키는 길을 걷거나 전철을 탈 때 다른 아버지들을 유심히 관찰하는 버릇이 생겼다. 자기 때보다 훨씬 젊은 나이에 자식을 낳아 기르는 남자들이 많다. 나보다 돈도 없고 교양도 모자라 보이는 남자들. 자식을 함부로 대하기도 하고 남들 앞에서 혼내기도 한다.

그렇다고 해당 가정의 아이들이 전부 문제를 일으키지는 않는다. 다들 깊은 고민 없이 자식을 키우고, 자식들은 저마다 씩씩하게 자란다.

나는 대체 뭘 잘못했을까.

마사키는 종종 다카이에게 물어보고 싶어질 때가 있다. 하지만 늘 망설이다 말았다. 20살은 족히 어린 데다, 아무래도 독신으로 보였기 때문이다. 아버지의 번민을 이해하기는 어려우리라.

"저쪽은 변호사가 세 명이군요."

휴대전화 너머에서 다카이가 말하고 있다.

"네, 세 명입니다."

"예……."

"저는 혼자 할 생각이었지만, 역시 한 명 더 필요해졌어요."

"그렇군요."

솔직히 다카이 변호사 말고는 다른 변호사에게 맡기고 싶지 않지만 어쩔 수 없는 상황이다.

"지난달 저희 사무소에 들어온 마키하라 선생에게 부탁해 볼까 합니다."

"신참이신가요?"

"아뇨, 다른 사무소에서 일하다가 청소년 문제를 다루고 싶다며 옮긴 겁니다. 공부를 열심히 하는 분입니다."

"그것 참 고마운 일이군요."

마사키는 마키하라가 젊은 남성일 거라 생각했는데, 1주일 뒤 다카이와 함께 집으로 찾아온 사람은 젊은 여성이었다.

"마키하라 유코라고 합니다."

명함에는 분명히 변호사 직함과 등록번호가 적혀 있었다.

크림색 원피스에 흰 재킷은 평범한 사무직 여성과 마찬가지였다. 지적인 인상이지만 청초한 분위기가 더 뚜렷했다.

"요즘은 이렇게 젊고 아름다운 분이 변호사 일을 하시는군요!"

세쓰코가 감탄하며 말했다.

"젊지는 않습니다. 서른 넘은 지가 한참이거든요."

마키하라는 웃으며 받아넘겼다. 똑 부러지는 말투가 역시 변호사다웠다.

"마키하라 선생은 저와 달리 도호쿠대 출신의 인재입니다."

"오, 대단하시네요."

"한동안은 센다이 쪽에서 일했지요."

"센다이 출신이신가요?"

오늘 세쓰코는 유난히 상대를 궁금해했다. 여성 변호사에 대한 호기심도 있겠지만 불안해서인지도 모른다.

"이와테 현 미야코 출신입니다."

"미야코……."

마사키와 세쓰코는 다음 말을 잇지 못했다. 지명을 듣는 순간 무거운 사건이 뇌리를 스쳤기 때문이다. 두 사람의 침묵을 감지한 마키하라는 먼저 설명했다.

"쓰나미로 고향집은 쓸려갔지만, 부모님은 고지대로 대피해서 무사하셨습니다."

그녀가 침착한 말투로 말하자 세쓰코는 그제야 다시 호흡을 시작했다.

"힘드셨겠어요."

"근처에 살던 조부모님은 집과 함께 실종되시고 동네 분들도 많이 돌아가셨습니다. 재난지역에 살던 사람들은 다들 그렇게 말하겠지만, 당시의 재난 이후로 인생관이 바뀌었습니다."

마사키는 그때 자기 가족이 어떻게 지냈던가 기억을 떠올렸다. 쇼타가 초등학교 5학년 때였다. 한동안 학원에 아이를 직접 데리러 가야 해서 다른 집 가족들과 함께 귀갓길을 걷곤 했다.

다른 집 부모들은 전차 운행이 중지되어 불편하다는 이야기보다 쇼타의 성적을 칭찬하며 추켜세웠다.

"쇼 짱은 대단해. 모의고사 성적도 아주 좋았다며?"

솔직히 부부는 의기양양했다. 수많은 사람이 가족과 집을 잃었는데도 눈앞의 행복에 먼저 눈길이 갔다.

그렇다, 자신들은 분명 그때 비뚤어졌던 거다.

"저어, 쇼타 씨를 만나볼 수 있을까요?"

"글쎄요. 불러보겠습니다."

요즘은 내키면 한낮에도 훌쩍 내려온다. 재판 이야기를 하고 싶다고 하면 내키지 않는 표정이지만 순순히 앞에 앉는다.

다카이에게,

"예, 합니다."

라고 선언했기 때문이다.

"변호사를 한 명 추가한다는 소식은 미리 메일로 전달했습니다. 아름다운 여성분이라는 것도요."

다카이의 농담을 등 뒤로 들으며 마사키는 계단을 올랐다.

"얘, 쇼타야. 다카이 선생이 오셨다. 새로 오신 변호사님도 함께 있다. 잠깐 내려와라."

여전히 대답은 없지만 공기가 달라졌다.

10분쯤 지나자 계단 내려오는 소리가 들렸다. 옷을 갈아입었는지 파란 니트에 청바지 차림이다.

"오오사와 쇼타 씨군요."

마키하라가 일어서서 다카이가 그랬던 것처럼 정중하게 명함을 내밀었다.

"이번에 다카이 씨와 함께 변호를 맡게 된 마키하라 유코라고 합니다. 앞으로 잘 부탁합니다."

마키하라가 이렇게 덧붙이며 미소 지었다.

"저도 이제 팀원입니다."

네, 하며 쇼타는 살짝 고개를 숙였다. 표정이 살짝 풀어지는 것을 마사키는 놓치지 않았다.

"쇼타도 여기 앉는 게 어때. 앞으로의 계획을 상의할 거다."

소파를 가리켰으나 쇼타는 고개를 저었다.

"잠깐, 볼일이……."

너한테 무슨 볼일이 있다는 거냐. 그 말이 목구멍까지 올라왔지만 꾹 참는다. 최근 마사키는 조바심이 부쩍 늘었다. 쇼타가 부모를 완전히 거부하고 방 안에 틀어박혀 있을 때와는 또 다른 감정이다. 감사해야 할 일인지도 모른다.

"쇼타 군, 자세한 내용은 메일로 보낼 테니까 답장으로 생각을 써줘."

다카이의 목소리에 쇼타가 뒤를 돌아보며 힘없이 고개를 숙였다. 계단을 다 올라간 것을 소리로 확인하고 다카이가 말했다.

"오오사와 씨, 굉장한 발전 아닙니까. 아버님이 부르자 여기까지 딱 왔잖아요."

"그렇죠."

"다만 여기 앉으라는 말까지는 굳이 안 하셨어도 됐을 겁니다. 부디 초조해하지 마세요. 법정에 서기까지 아직 시간이 많습니다. 한 걸음씩 가는 겁니다. 한 걸음씩."

"뭐? 혼인신고를 했다고?"

늘 가던 전철역 안 이탈리안 레스토랑이었다. 세쓰코는 파스타를 돌돌 감던 포크를 하마터면 떨어뜨릴 뻔했다.

"아니, 언제 했어? 언제?"

"닷새 전에. 마침 발렌타인데이여서 딱 어울리네, 하면서."

유이는 쑥스러운 듯 어깨를 으쓱했다. 길었던 머리를 어깨까지 내려오는 보브컷으로 쳤는데 한결 세련돼 보인다. 노란 니트의 낙낙한 목깃 너머로 드러난 흰 셔츠도 표정을 한결 밝게 해주었다.

"축하해. 정말 잘됐구나!"

세쓰코는 포크를 내려놓고 손등으로 눈가를 눌렀다.

"어떻게 될지 걱정이 많았는데, 정말 잘됐다."

동거를 결혼이나 마찬가지라고 여기는 세대인 세쓰코에게 그건 오해라고 유이가 설명한 적이 있었다.

"테스트 기간이라고 하면 너무 멋없게 들리겠지만, 같이 살다가 안 맞는다며 헤어지는 커플이 엄청 많거든.

"동거 같은 걸 하면 나중에 결혼할 때 지장이 있지 않니? 특히 여자는, 흠이 생기는 거잖아?"

"흠이라니…… 그러니까 쇼와 시대 사람이란 소릴 듣지."

동거를 시작한 지 얼마 안 됐을 때 유이는 웃으며 말했지만, 실제로는 꽤 신경을 썼던 듯하다.

"그이한테 말했어. 우리는 같은 회사에 다니니까, 동거하다 헤어지면 얼굴 보기 어색하지 않겠냐고."

"당연히 그렇겠지."

"거의 협박하다시피 했던 것 같아. 결혼 안 해 주면 이대로 짐 싸들고 나가겠다고 울면서 말했거든. 그이가 알았어, 알았어, 하더라고."

노구치의 곤혹스러운 얼굴이 눈에 선했다. 첫인상은 요즘 젊은이답게 활달해 보이지만 유복한 집에서 자라 어딘가 나약한 구석이 있다. 유이는 그 틈을 교묘하게 파고들었을 게 틀림없다.

"예식은 어떻게 할 거니?"

"나중에 올리려고."

"엄마가 웨딩드레스 입은 네 모습을 볼 수 있으려나."

"식은 꼭 올릴 거야. 나도 웨딩드레스 입어보고 싶거든. 설령 식은 안 하더라도 웨딩촬영은 할 거니까 그때 와서 보면 되지."

"촬영만 하다니 엄마는 못 받아들이겠다. 피로연도 제대로 해야지…… 역시 저쪽 어른들이 허락을 안 해주시든?"

"게릴라처럼 혼인신고부터 했으니 더 화가 나서 펄펄 뛸지도 몰라."

"왜 급하게 혼인신고를 한 거야?"

"당연히 재판 때문이지."

분하다는 듯이 흥, 하고 콧김을 뿜었다.

"설마 정말로 소송을 할까 생각했어. 도중에 합의로 끝날 거라고. 그런데 아버지는 계속 밀어붙일 생각이잖아."

"어쩔 수 없잖니. 그럴 만한 사정이 있으니까."

속아서 하쓰다이에 갔다가 한바탕 말썽이 일어날 뻔했다는 이야기는 유이에게 하지 않았다. 다만 쇼타도 소송할 결심이 섰다고 해서 나도 생각을 바꾸었다고만 말해 두었다.

"내가 줄기차게 애원했잖아. 소송 같은 거 그만두라고. 소송하면 아버지와 쇼타는 속이 풀릴지 모르지. 근데 우리는? 만약 매스컴을 타면 어떡해. 주간지에라도 실리면 어떡하냐고."

"다카이 선생 말로는, 만약 보도된다 해도 가명으로 나온다고 했어."

"그 말을 어떻게 믿어. 게이 짱 어머니는 소송이란 말만 들어도 벌벌 떠는 사람이야. 소송했다는 걸 알게 되면 결혼도 인정 안 할 거라고."

"에이, 설마……."

다카이 변호사를 만난 뒤, 재판이란 게 딱히 별난 일이 아니라는 걸 세쓰코도 알게 되었다. 하물며 대형 손해보험사에 다니는 유이는 실상을 더 잘 알 터였다.

"물론 우리 회사도 온갖 소송을 당하지. 소송을 하는 인간 중에 정상적인 인간은 별로 없어. 어떻게든 트집을 잡아 기업에서 돈을 뜯어내려는 사람뿐이야. 그래서 나는 소송이 끔찍하게 싫어. 우리 가족은 얽히지 않았으면 해."

알겠어, 엄마? 하며 유이가 다그친다.

"나는 이제 오오사와 유이가 아냐. 노구치 유이야. 가족의 연을 끊겠다는 건 아니지만 오오사와 집안 문제에 휘말리는 건 사양하고 싶어."

"……."

세쓰코는 심호흡을 하고 나서야 입을 열 수 있었다.

"반가운 결혼 소식 뒤에 이런 말을 들을 줄은 생각도 못했다."

"엄마도 그 집 나가고 싶어 했잖아."

유이의 눈이 심술궂게 반짝인다.

"가족이란 건 한때의 역할을 다하면 해산해도 되는 거 아냐? 엄마는 이미 할 만큼 했으니까 소송이 끝나고 바로 떠나면 돼. 아버지가 나한테 돈을 조금 준다는데, 엄마는 나보다 세 배 정도는 받아야지. 좀 더 냉정해져야 해. 가족이 무조건 고맙기만 한 건 아니잖아?"

　귀가한 세쓰코에게 유이의 혼인 신고 이야기를 들었을 때 마사키는 마음껏 기뻐할 수 없었다.

　"보나 마나 유이가 밀어붙였겠지."

　밀어붙이든 말든 상관없다는 생각도 들지만, 요즘 딸이 보여주는 철저한 계산속이 절절하게 느껴진다. 어릴 때는 이기적이지 않고 귀여운 구석이 있었다.

　"당연하잖아요? 유이도 나이가 찰 만큼 찼으니 마지막 기회라고 생각해서 전부 걸어본 거겠죠."

　마지막 기회라니, 세쓰코의 말도 마음에 걸린다. 여자는 어디까지 계산을 하고 결혼하는 걸까? 유이가 보여준 철저한 계산속에 공감하는 걸까?

　자신과 세쓰코는 평범한 맞선을 통해서 결혼했으니 조건을 따지는 게 당연했지만 유이와 노구치는 직장에서 만나 연애로 발전했지 않은가. 당연히 결혼도 자연스러운 흐름을 타야 할 것 같은데 유이의 평소 행실은 달라 보였다.

　애인 노구치와 그의 모친 앞에서 쇼타가 난동을 부린 날부터 유이는 좀처럼 집에 오지 않게 되었다. 종종 엄마와 만나 이야기를 나누는 모양이지만 그런 태도도 마음에 들지 않는다.

　"결혼 보고는 집에 와서 정식으로 했어야지."

　그만 세쓰코에게 잔소리를 하고 말았다.

　"끔찍한 일이 있었잖아요. 이 집을 싫어하는 것도 당연하죠."

세쓰코는 역성을 들었다. 그런데 유이가 아무 예고 없이 일요일에 불쑥 찾아왔다. 더구나 기분이 좋아 보이는 얼굴로 손에는 선물 상자까지 들고 있다.

"집 근처 유명한 양과자점에서 샀어요. 항상 줄이 길었는데 오늘은 몇 명 없길래요."

"어머, 맛있겠다."

세쓰코는 반갑게 홍차를 준비했다. 그동안 식당 테이블에서 마사키는 딸과 마주 앉았다.

"결혼 축하한다. 잘됐구나."

그렇게 말하지 않을 수 없었다.

"고마워요. 나도 다 틀렸다고 생각했는데 우여곡절 끝에 결혼까지 하게 됐네요. 아버지와 엄마에게 걱정을 끼쳤어요……."

뜻밖에 다정한 말투다. 그래서 마사키는 가장 묻기 곤란한 질문을 던지고 말았다.

"저쪽 어르신들 허락은 받았니?"

쇼타가 의자를 번쩍 쳐들 때 넋이 나가 꼼짝도 못 하던 노구치 모친의 모습이 생생하다.

"그게요, 가족끼리라도 제대로 식을 올리고 피로연도 열자고 연락을 하셨어요."

"뭐라고?"

세쓰코도 처음 듣는 이야기인지 찻잔을 놓던 손이 딱 멈추었다.

"저쪽 어머님이 정말 그렇게 말씀하셨어?"

"그렇다니까. 유이 씨 부모님도 웨딩드레스 입은 딸을 보고 싶지 않겠느냐며, 친절하게 말씀하셨어요. 뭐, 이미 혼인신고를 했으니 어쩔 수 없는 거 아니겠어요?"

익숙한 유이의 모습으로 돌아갔다.

"그래도 다행 아니니? 만약 크게 역정을 내셨다면 어쩔 뻔했어."

"사실 많은 일이 있었는데 나도 놀랄 만큼 일이 급하게 진행되었죠."

빠른 말투로 그간의 사정을 이야기하기 시작했다. 노구치의 조부는 오랫동안 참의원 의원을 역임한 정치가로 지역구에서는 여전히 지명도가 높다. 손자가 번듯하게 생겼으니 선거에 내보내자는 의견이 전부터 있었다고 한다.

"하지만 게이 짱은 정치에 어울리는 사람이 아니에요. 내가 잘 알아요."

그런데 최근 현 의회 의원도 건너뛰고 참의원 선거에 바로 도전하자는 새로운 의견이 나왔다. 연로한 현직 의원이 은퇴를 표명해서 보궐선거가 예정되어 있는데, 후임으로 손을 들고 나선 40대 현청 직원은 별다른 실적도 없고 인기도 없는 인물이라고 한다. 차라리 참의원의 손자인 게이치로가 선거에 훨씬 유리하지 않겠느냐고 당 중진이 말했다는 것이다.

"그이도 현 의회 의원은 하고 싶지 않다고 했지만 참의원은 괜찮지 않을까, 하고 살짝 마음이 흔들리기 시작했어요."

"노구치 군이 선거에 나간다는 거니?"

"설마요."

유이는 쓴웃음을 지었다.

"그이는 정치 같은 거 안 어울린다니까. 다만 참의원씩이나 되니까 살짝 흔들린 것뿐이죠. 우선 내가 허락하지 않아요, 선거 같은 거."

유이가 묘하게 오만한 얼굴로 말하더니 잠시 사이를 두고 덧붙였다.

"선거라는 말에 어머님이 더 혹한 거예요. 어머님은 평생 의원의 따님으로 살았으니 얼마나 좋은 자리인 줄 잘 알잖아요? 그이보다 더 관심이 많아요. 예전에 후원회 회원이었던 노인들이 바람을 넣나 봐요. 게이치로 군의 결혼 피로연은 지역구에 얼굴을 알릴 수 있는 절호의 기회니까 지역에서 성대한 결혼식을 올려 달라고……."

뜻밖의 전개에 마사키와 세쓰코는 말문이 막혔다. 동거 중에 혼인신고를 마쳤으니 조용히 살 줄 알았는데 선거를 염두에 둔 화려한 피로연이라니.

"세상에…… 갑자기 성대한 피로연을 열자니 준비는 어떡하니?"

"괜찮아. 만나본 적도 없는 노인네들이 모이는 피로연은 나도 딱 질색이니까. 할 생각 없어. 다만 덕분에 저쪽 어머님도 우리 결혼을 허락하기로 마음먹었으니까 장단 맞춰주는 척은 해야지.”

딸은 언제부터 이토록 교활해진 걸까, 마사키는 문득 생각했다.

“쇼타 때문에 내가 얼마나 힘들었는지 알아?”

그렇게 울부짖던 딸이었다. 동생이 히키코모리가 된 탓에 친구를 집에 데려올 수도 없고, 뒷말도 들었다. 그런 상황에 꺾이지 않으려고 죽기 살기로 공부에 매진해서 와세다에 합격하고 일류 기업에 취직한 뒤 집을 떠나 독립했다. 유이는 자신을 보호할 껍데기를 필사적으로 만들어 온 셈이다.

이제는 부모 앞에서 그 껍데기가 얼마나 견고한지 과시하고 있다.

“게이 짱도 강하게 반대해서 피로연은 축소하고 예식도 지역구에서 올리지 않기로 선언했어요. 아마 지역구에서 파티는 따로 열지도 모르지만, 아무튼 예식은 가족만 참가하기로 했어요.”

“결혼식이란 게 원래 가족끼리 하는 거지.”

“친척도 안 부른대요.”

“친척을 안 부르다니…….”

마사키는 찬성이었다. 친척들을 부르면 그 말 많은 사람들이 잠자코 있을 리가 없다. 앞으로 쇼타는 어떻게 할 거냐는 둥 줄줄이 설교를 늘어놓을 게 틀림없다. 특히 세쓰코의 사촌들은 남 속사정 캐기를 좋아한다.

“그래서 대체 피로연은 어떻게 하겠다는 거니?”

“친구들 위주로 팔십 명 정도 부를까 해요. 레스토랑에서. 결국은 우리 생각대로 되지 않겠어요?”

“그 정도라면 괜찮지…….”

세쓰코는 개운치 않은 표정이다.

“유이 짱. 결혼 허락을 받겠다고 그쪽 어른들을 속이는 건 아닌지…….”

“속이다니, 그게 무슨 소리야!”

목소리가 날카로워진다.

“그쪽에서 멋대로 추진하는 걸 어쩌라고. 게이 짱이 조금 흔들린 걸 보고 입후보 하자느니 지역구에서 피로연을 열자느니 난리였어. 우리가 필사적으로 방어해서 절충안을 제시한 거야. 그게 속이는 거야? 말이 너무 심하네! 그러고도 엄마야?”

유이의 눈에 금세 눈물이 고였다. 이렇게 쉽게 우는 딸이었나? 마사키는 알 수 없었다. 아니, 애초에 내가 딸에 대해서 뭐 하나 아는 게 있나. 어릴 때는 애지중지 귀여워했지만, 사춘기 즈음부터 아이가 멀어졌다. 성장하는 모습을 지켜보는 동안 아이의 내면을 들여다본 적은 없었다.

“아무튼 웨딩드레스 입은 유이 짱은 볼 수 있는 거네.”

세쓰코가 자리를 수습하듯 말했다.

“엄마는 그것만으로도 기쁘단다.”

유이는 티슈로 킁, 하고 코를 풀었다.

“예식은 아마 5월 연휴 끝나고 올릴 것 같아. 가족만 부르는 거니까 근교의 작은 교회로 잡을까 해."

"교회라니, 신자가 아니어도 되니? 노구치 씨가 크리스천이었나?"

"아니, 성경 공부 모임에 몇 번만 참석하면 된다나 봐. 친구 결혼식 때문에 홀이니 회관이니 하는 곳에 가끔 가봤는데, 자격도 없는 외국인이 목사 흉내를 내면서 맹세합니까? 하고 영어를 짬뽕해서 주례를 보더라고. 우리, 그것만은 하지 말자고 했어."

기분이 풀린 유이는 이내 말이 많아졌다.

"내가 어릴 때부터 교회에서 웨딩드레스 입고 행진하는 게 꿈이었다고 하니까 게이 짱이 진짜 교회를 찾아보자고 한 거야."

본래는 미소가 지어져야 마땅한 딸 이야기인데, 마사키는 다음에 나올 화제를 생각하며 긴장했다.

"그래서 예식 때 말인데."

유이는 짐짓 자연스럽게 그 이야기를 꺼냈다.

"쇼타, 안 불러도 되겠죠……."

세쓰코에게가 아니라 마사키 쪽을 쳐다본다.

마사키는 고개를 조금 숙이고,

"모르겠구나."

하고 말했다.

"쇼타에게 물어봐야겠지."

"올 리가 없잖아요. 8년이나 방에서 안 나오던 애인데."

"본인에게 물어보기 전에는 모른다고 했잖아."

마사키의 말투가 거칠어지기 시작했다. 그에 호응하듯,

"그럼 물어보세요."

라고 유이가 도전적으로 대꾸했다. 세쓰코가 황급히 말을 자르고 물었다.

"저쪽 어머님은 뭐라고 하시니?"

"쇼타 이야기를 어머님이 어떻게 꺼내시겠어. 결혼을 반대하시게 만든 원흉인데, 아예 없는 사람 취급이야."

"남들은 몰라도 너까지 그러면 안 되지. 유일한 동생인데."

"그걸 누가 몰라요."

입술이 일그러진다.

"그래서 고민하고 있잖아요."

"그렇다면 지금 당장 쇼타에게 물어보자."

"네?"

"너는 집에 없어서 모르겠지만, 요즘은 부르면 내려올 때도 있어. 물론 안 내려올 때도 있지만."

"설마요. 하지만……."

유이가 말을 마치기도 전에 마사키가 계단을 올라가 노크한다.

"쇼타, 일어났니?"

평소처럼 기척이 느껴진다. 일어나 있다는 표시다.

"유이가 와 있다. 결혼했단다. 잠깐 내려오지 않겠니?"

대답은 없지만 내려올 거라고 믿었다. 예상한 대로 10분도 지나지 않아서 계단 내려오는 소리가 들렸다. 전에 본 파란 스웨터에 청바지를 맞춰 입었다. 요즘 들어 드는 생각인데, 오랜 히키코모리 생활에도 불구하고 쇼타가 체형을 유지하다니 놀랍다. 대개는 운동 부족으로 비만이 된다. 쇼타가 밤중에 편의점에 가는 건 알고 있는데, 아무래도 겸사겸사 주변을 돌아다니는 듯하다. 국도변에 심야까지 영업하는 할인점에 가서 옷을 사 입기도 한다고 스스로 밝힌 적이 있다.

쇼타는 의자에 앉지도 않고 테이블 옆에 선 채 유이를 쳐다보았다. 그 눈초리에는 아무 감정도 없어 보였다. 행운인지 불운인지 마사키는 전혀 예측할 수 없었다.

"쇼타."

하고 마사키가 말을 건넸다.

"유이가 결혼했다. 그러니까, 혼인신고를 마쳤다는구나."

그러자,

"축하해."

흐릿한 목소리로 혼잣말처럼 말했다.

"고마워."

유이가 차갑게 대답했다.

"그래서, 다다음달 5월 연휴 끝나고 식을 올린다고 한다. 참석할 거니?"

잠시 침묵이 흐른 뒤 쇼타가 대답했다.

"참석할 수도 있지만……"

유이가 놀라서 눈을 크게 떴다. 세쓰코가 끼어들려고 했지만 마사키가 눈짓으로 말렸다.

"너, 양복 없지?"

"없어."

"그럼 사야겠구나. 아오야마_{신사복 브랜드} 정도면 되겠지?"

"응."

"그럼 돈 줄 테니까 사와라."

"알았어."

말을 마친 쇼타가 거실을 나갔다. 계단 올라가는 소리와 방문 닫는 소리를 확인하고 나서야 마사키는 말했다.

"잘된 일 아니냐. 쇼타가 참석하겠다니."

이건 아니잖아요! 유이가 소리쳤다.

"먼저 제대로 사과를 했어야지. 그날 그런 짓을 해서 정말 미안하다고."

"거기까지 바라진 마라."

마사키는 말했다.

"한 걸음 내디뎠으니 두 걸음 세 걸음도 갈 수 있겠지. 하지만 물러설 때도 있는 거야. 한 걸음을 물러서도 두 걸음 내디디면 한 걸음 전진한 거다."

"옛날 유행가 가사 같네."

유이가 고개를 홱 돌렸지만 분노한 말투에도 기쁨이 희미하게 배어 있었다.

4월 초하루, 다카이에게서 전화가 왔다.

"오오사와 씨, 조금 유감스러운 소식입니다."

"무슨 일입니까."

지금까지 들어본 적이 없는 침통한 목소리였다.

"조무원으로 일했던 마스다 씨가 돌아가셨습니다."

"뭐라고요!"

쇼타가 소각로에 갇혔을 때 구해준 분이다. 법정에서 증언하기로 약속했지만, 결국 암을 이기지 못한 것이다.

마사키는 단 한 번 만났던 마스다를 떠올렸다. 수척한 노인이었다. 아내와 살던 작은 집은 자식 없이 검소하게 사는 흔적이 보이던 곳이었는데.

"반드시 증언대에 서겠다고 말씀해주셨는데, 유감입니다."

"장례는 어디서 치릅니까? 조문을 하고 싶군요"

"부인 말로는 지난주 조카 가족과 조용히 치렀다고 합니다. 고인의 뜻이었다는군요."

"그럼 선생, 증인이 줄어서 재판이 불리해지는 건 아닙니까?"

물어보는 자신이 한없이 야비하게 느껴진다.

"물론 불리해지겠지만 마스다 씨는 증언을 대신할 수 있는 회고록을 남겨주셨습니다. 당시 일지처럼 쓰던 메모도 찾아내 주셨는데, 거기에 쇼타 군을 구출한 상황, 담임교사에게 보고한 내용이 적혀 있습니다."

“그렇습니까…….”

“회고록을 메일로 보내드리죠. 정리해서 나중에 보여 드릴까도 했습니다만. 구출될 당시의 쇼타 군 상태에 관한 글은 읽기가 조금 괴로우실 수도 있습니다.”

“잘 읽어보겠습니다.”

힘주어 대답했다.

마스다 요시유키의 회고록

2012년 11월 28일

오후 5시 34분, 근무 끝나기 전 교정의 낙엽을 모아 소각로로 가져감.

소각로 안에서 문 두드리는 소리가 들렸다. 놀라서 문을 열어 보니 안에 학생 한 명이 웅크리고 있었다. 급우가 가두었다고 한다.

언제부터 갇혀 있었냐고 물으니 6교시 끝난 뒤였다고 한다.

"리쿠토를 죽여버릴 거야."

라고 말하는 것을 보니 충격이 매우 컸던 듯하다.

바지가 소변으로 축축해져서 조무원실에 데려가 드라이어로 말려주었다. 콜라를 주자 그제야 진정했다. 그러는 동안에도,

"리쿠토를 죽여버릴 거야."

라고 말해서 걱정했다.

이름을 묻자 "1학년 4반 오오사와 쇼타"라고 대답했다. 선생님 한테 말씀드릴까 물어 보자 그럴 필요는 없다고 했다.

11월 29일

학생은 괜찮다고 했지만 1학년 4반 한다 선생에게 어제 일을 보고했다. 2시간 가까이 갇혀 있었다, 바지가 오줌에 젖어 있었다

고 설명하자,

"장난도 도가 지나쳤군요."

라고 말함.

12월 3일

복도에서 한다 선생을 만난 김에,

"그 학생은 어떻게 되었습니까?"

라고 묻자,

"학생들이 알아서 해결했다고 합니다."

라고 대답함.

12월 21일

내일부터 겨울방학. 공구를 빌리러 온 학생이 마침 1학년 4반
이라고 해서 오오사와 쇼타 군은 어떻게 지내는지 물었다. 요즘
힘이 없다고 한다. 걱정이 된다.

  이상은 제가 재직 중에 작성하던 일기입니다. 정식 근무 일지
도 작성했지만, 학교 것이어서 지금 제 수중에 없습니다.

  오오사와 쇼타 군을 분명히 기억합니다. 오오사와 군이 갇혀
있던 소각로는 매우 낡은 벽돌 구조여서, 안에서는 문을 열 수 없
습니다. 저는 사흘에 한 번씩 쓰레기를 태웁니다. 그때도 만약 제
대로 확인하지 않고 불을 붙였다면 심각한 사태가 벌어졌을 것입

니다.

제 개인적인 의견입니다만, 아이들 장난이라고 하기에는 너무 질이 나쁘다고 생각했습니다. 꺼내주었을 때 오오사와 군은 공포와 탈수 증세 때문인지 매우 지쳐 있었습니다. 바지에 실금도 한 상태였습니다. 왜 그때 구급차를 부르지 않았는지 지금도 후회합니다. 그랬다면 사태가 밝혀져 교사들도 모른 척할 수 없었을 것입니다. 설마 부모님도 모르고 계실 줄은 생각도 못했습니다.

8년이 지나서 뜻밖에도 이 사건을 돌아보게 되었습니다. 오오사와 쇼타 군이 히키코모리로 지낸다는 말을 듣고 가슴이 아팠습니다. 저는 지금 건강이 나빠 법정에 서지 못할지도 모릅니다. 그래서 당시의 일기와 제 사견을 제출합니다.

그 소각로는 이미 철거되었다고 들었지만, 앞으로 그런 일이 다시 일어나서는 안 된다고 생각합니다.

마스다 요시유키

모니터에 '실금'이란 단어만 강조되어 보이는 느낌이었다. 컴컴한 소각로 안에서 쇼타는 오줌을 지리고 있었던 것이다. 상상하자 등골이 서늘해지며 체온이 확 떨어지는 기분이었다.

"용서할 수 없어."

마사키는 소리 내어 말했다.

"무슨 일이 있어도 아빠가 용서하지 않을 거다."

회고록을 다시 읽고 한 번밖에 만나지 못한 노인을 위해 합장했다. 그의 후의를 절대로 헛되이 해서는 안 된다.

휴대전화가 울렸다. 다카이였다.

"보내드린 일기는 읽어보셨습니까?"

"읽었습니다."

"마스다 씨가 돌아가신 것은 뼈아프지만, 이것도 충분한 증거가 됩니다. 일기에 쇼타 군의 이름이 정확히 적혀 있어서요."

"그렇습니까. 고마운 일입니다."

"게다가 중대한 사실이 적혀 있습니다. 소각로에서 쇼타 군을 발견하고 이튿날, 마스다 씨는 담임교사에게 분명히 보고했는데 무시당한 겁니다."

"다카이 선생……."

일단 호흡을 한번 고르고 말했다.

"너무 심해서 오히려 분노도 일어나지 않더군요. 학교 측 태도 말입니다. 무책임하고 원칙도 없고. 이래서는 학생의 생명도 보호할 수 없지 않습니까……."

분노도 일어나지 않는다고 했지만 뜨거운 것이 볼을 타고 흘러내린다. 마사키는 엄지로 눈물을 닦았다.

"그런 학교가 뭐가 좋다고. 쇼타가 열심히 공부한 게 그따위 학교에 들어가기 위해서였다는 사실을 인정하고 싶지 않습니다. 동네 구립 중학교도 나쁘지 않았을 겁니다. 수준 차이가 조금 나지만, 이럴 거라면 공립에 보내는 게 훨씬 나았죠. 쇼타는 대체 무엇을 위해서 매일 밤 열심히 공부한 걸까요…….”

결국 마사키는 오열을 터뜨렸고, 울음이 부끄러워 화제를 바꾸었다.

“마스다 씨 일은 정말 유감이네요. 진행이 조금 더 빨랐다면 마스다 씨가 법정에 나오실 수 있었을까요.”

“물론 그랬을 겁니다. 아시다시피 재판은 시간이 아주 많이 걸리는 일입니다.”

마사키의 심정에 개의치 않는 평소 같은 밝은 말투에 위로를 받았다.

“일전에 알려드린 대로 지금은 ‘변론준비 절차’ 단계가 진행 중입니다. 1달에 1번 재판소 내 회의실에서 양측 변호사와 판사가 만나 거래를 하고 있죠. 이 과정만 10개월 정도 걸리는데, 지금은 4월이라서 조금 지체되고 있습니다.”

“무슨 사정이 있나요?”

“3, 4월은 판사가 전부 이동하는 인사철이라서 경황이 없거든요. 그래서 이번 달은 좀 미루자고 양해를 구하더군요.”

“저런…… 재판에 악영향이 갈 수도 있을 텐데.”

저도 모르게 말투가 날카로워지는 마사키에게,

“뭐, 관청이란 곳이 원래 그렇죠.”

다카이가 달래는 투로 말했다.

“마스다 씨의 타계는 정말 유감이지만, 공백을 메울 수 있도록 우리도 최선을 다해야겠죠."

보스턴에 있는 리리카로부터 쇼타를 격려하는 메일이 왔다는 소식도 전했다.

"가까운 시일 안에 귀국한다고 합니다. 졸업은 아직 멀었지만, 아무래도 일본 기업 취직을 염두에 두고 미리 조사를 하려는 거겠죠."

"호오."

"역시 미국에서 취직하기는 힘드니까요. 일본 언론사를 지망하는 것 같던데……."

"그렇군요."

리리카라는 대학생은 쇼타와 동갑일까. 벌써 그럴 나이가 되었나. 히키코모리 자식을 두면 비슷한 연령대 아이들의 진학이나 취직 뉴스가 정말 괴롭다.

"다카이 선생, 데라모토는 고등학교를 중퇴했고 가나이는 의대를 다니고 있다지만, 사토는 벌써 취업처가 정해졌겠군요."

"그렇겠죠. 벌써 4학년이니까."

마사키의 머리에서 '실금'이라는 글자가 빙빙 돌기 시작한다.

"선생, 어째서 그런 짓을 한 자식이 당당하게 사회에 진출하는 겁니까? 지금 재판이 진행 중이라는 사실을 회사는 모르는 걸까요? 모르고 채용한 겁니까?"

국립대 경제학부에 진학한 사토가 순조롭게 졸업한다면 꽤 좋은 회사에 들어갈 거라는 생각을 하니 울컥 북받친다.

"우리 아들을 소각로에 가둬놓고 낄낄거리던 끔찍한 놈들이 버젓이 사회에 진출해도 되는 겁니까."

"분노하시는 게 당연합니다만, 재판 정보는 외부로 공개되지 않습니다. 사토 군이 저지른 짓은 회사에서도 알 수 없죠."

"만약 알려진다면."

"그건 회사의 판단에 달려 있죠."

"차라리 내가 인터넷에 올려버리고 싶을 정도입니다."

어떻게 올리는지는 전혀 모르지만 메일 쓰듯이 적으면 되지 않겠는가.

"안 하시는 편이 좋겠습니다."

다카이가 진지하게 말했다.

"저쪽 변호사가 가만있지 않을 테니까요. 게다가 오오사와 씨가 명예훼손죄로 고소당할 수도 있습니다. 오오사와 씨, 재판은 린치가 아닙니다. 인터넷 공격은 현대식 린치나 다름없어요. 변호사인 제가 가장 혐오하는 범죄입니다."

"알겠습니다."

그제야 호흡을 가눌 수 있었다.

보름 정도 조용한 시간이 흘렀다.

요즘 세쓰코는 기분이 좋아 보인다. 다음 달 유이의 결혼 피로연을 레스토랑 파티 형식으로 열기로 했기 때문이다. 젊은 두 사람이 알아서 준비하고 있다며, 세쓰코에게 웨딩드레스 시착 사진도 보내주었다고 한다.

"아버지한테는 아직 보여주지 말래요."

하며 쿡쿡 웃는다.

"쑥스럽기도 할 테고, 아마 당일에 서프라이즈로 보여주려는 거겠죠?"

유이만 결혼하면 쇼타를 데리고 집을 나가겠다는 말은 어떻게 된 걸까.

며칠 전 다카이가 불쑥 이런 말을 했다.

"엉뚱한 질문입니다만 오오사와 씨 내외분은 관계가 양호하신가요?"

이혼 이야기가 나왔다고 한참 연하인 변호사에게 차마 밝히기는 힘들었다.

"양호하나 마나, 중년이 지나서도 금슬 좋은 부부가 있기나 한가요."

"그건 그렇죠."

"우리 부부 사이가 아들 재판에 무슨 관계라도 있나요?"

"실은 얼마 전 변론준비 절차 때 저쪽 변호사가 물어보더군요."

이지메와 히키코모리 사이에 명백한 인과 관계가 있는가. 원고 측 가정에 문제가 있었던 것은 아닌가. 부부 사이는 원만했는가.

"치과를 경영하는 건전한 가정이라고 대답했습니다. 그러니 이웃이 알 정도로 요란한 부부 싸움은 당분간 삼가 주십시오."

농담투로 한 마지막 말이 마음에 깊이 박힌다. 재판이 끝나자마자 부부가 이혼하면 다카이를 속이는 게 아닐까 생각하니 마음이 아프다.

"가시 돋친 말만 하는 것 같아도, 유이는 쇼타가 피로연에 참석한다니까 마음이 놓인 거 아니겠어요? 나는 피로연 자리에서 쇼타에게 사과시킬 생각이에요. 저쪽 어머님께, 그때는 정말 큰 잘못을 저질렀습니다, 하고. 그러면 전부 해결될 텐데."

이런 낙천적인 소리를 하는 여자가 속으로 차근차근 이혼 준비를 하고 있었다니 도저히 믿기지 않는다.

결혼이란—.

전혀 이해할 수 없는 인간과 수십 년을 같이 지내는 일 아닐까.

그때 휴대전화가 작은 소리로 울렸다. 다카이였다.

"지금 통화 괜찮습니까?"

"네, 진료가 끝나 집에 왔습니다."

"다음 주에 나오는 《주간신풍》에 기사가 실립니다."

"네?"

"얼마나 크게 보도될지는 모르지만, 일단 나오기는 나올 겁니다. 학교 측이 고소당했다는 내용으로요."

"선생, 어떻게 된 겁니까. 재판 정보는 외부에 나가지 않는다고 하지 않았습니까."

"원칙은 그렇지만, 유명한 명문학교가 고소당한 사건은 매스컴이 가장 좋아하는 기삿감 아니겠습니까."

"이게 우리에게 유리한 일인가요? 어떻습니까?"

"딱히 불리할 일은 아닙니다. 원고나 피고 이름은 실명으로 나갈 일이 없고, 학교 측도 답변을 거부할 테니까 큰 기사가 되지는 않을 거예요. 전에도 이런 일이 한번 있었는데, 와이드 특집 속 작은 기사 정도였습니다."

"그렇습니까……."

안도하면서도 문득 자기가 전혀 다른 방향을 원한다는 사실을 깨달았다.

쇼타 이름이 공개되는 건 곤란하다. 하지만 가나이, 사토, 데라모토 세 명의 실명이 주간지에 큼지막하게 나온다면.

〈가혹한 이지메! 피해자는 히키코모리가 되었다〉

고발 기사가 나와서 세 사람이 사회적 제재를 받는다.

데라모토는 몰라도 가나이는 의대에서 제적되고 사토도 취직한 회사에서 취소 통보를 받는다. 학교는 모집인원 축소 처분을 받고…….

그야말로 다카이가 말하는 '린치'가 된다.

"왜 그래요? 무슨 일 있어요?"

세쓰코의 불안한 얼굴이 바로 옆에 있었다.

주간지 이야기를 전해주었다.

"네? 주간지라니."

이내 세쓰코의 낯이 창백해진다.

"겨우겨우 결혼식을 올리게 됐는데. 설마 우리 이름이 나오는 건 아니겠죠? 유이 이름이 실리기라도 하면……."

"바보 같은 소리!"

저도 모르게 버럭 소리를 질렀다.

"다카이 씨 말로는 작은 기사일 거라고 했어."

"그래도 주간지라니."

안절부절못한다. 평범한 사람에게 주간지에 이름이 실리는 일은 보통 심각한 상황이 아니다.

나흘 뒤.

평소보다 일찍 일어나 신문을 펼쳤다. 광고란에 다른 주간지와 함께 《주간신풍》의 광고가 크게 실려 있었다.

광고란 오른쪽에는,

〈총리 퇴진 임박!〉

이라는 큰 제목이 보인다. 왼쪽에는 유명 여배우의 이혼 기사를 소개하는 글이 실렸다. 한가운데 '와이드 특집'이 있고, '초여름 근심에 빠진 인물들'이라는 제목 아래로 기사 다섯 꼭지가 나란히 소개되어 있다.

• 긴자 명물! 클럽 마담 탈세 소동
• 인터넷에서 화제—노포 여관이 조용히 문 닫아

바로 아래,

• 이지메 소송! 명문학교의 시대착오

라는 제목이 있었다.

급히 샌들만 신고 근처 편의점으로 달려갔다. 잡지 매대에 《주간신풍》이 진열되어 있다. 가끔 은행 대기실에서나 들춰보던 주간지를 태어나서 처음으로 샀다.

그 자리에 서서 읽기는 민망해서 계산을 마치고 바로 편의점을 나왔다.

집까지 걸어가는 5분 거리조차 기다리기 힘들었다. 이른 아침이라 길에는 사람도 없겠다, 미용실 모퉁이를 돌자마자 주간지를 펼쳤다.

'세이후 학교는 종전 전으로 거슬러 올라가는 유서 깊은 일관교. 올해 도쿄대 합격자가 20여 명에 이르러 3대 명문에 버금가는 기세를 보이고 있다. 그런데 이 명문학교가 물밑에서 고민하는 문제가 있으니, 바로 8년 전 일어난 이지메 사건이다. 당시 중2였던 A군이 해당 이지메 때문에 히키코모리가 되었다며, 부친과 함께 이지메 가해자와 학교를 고소한 것. 본지는 교장과 접촉해 입장을 물었지만 소송이 진행 중인 사실은 인정하면서도 "답변할 수 없다"는 입장만 되풀이했다. 눈부신 성과를 내고 있는 명문학교에서도 평판에 누를 끼치는 이지메 문제는 고민거리인 듯하다⋯⋯.'

당장 다카이에게 전화하고 싶었지만 망설였다. 이제 아침 8시를 막 지난 참이다.

대신 문자를 보냈다.

'선생, 《주간신풍》을 봤습니다. 학교 측의 책임을 묻는 것 같은데, 내용이 어중간해서 무슨 말이 하고 싶은지 영 모르겠습니다.'

20분쯤 뒤 답신이 왔다.

'주간지는 원래 그런 식으로 씁니다. 풍문이나 관계자 코멘트를 중심으로 쓰고 결론은 모호하게 남겨두죠.'

'이게 우리에게 유리하게 작용할까요?'

'제가 보기에는 결코 나쁘지 않습니다. 이제 마냥 한가롭게 대응할 수 없을 테니까 저쪽 변호사도 진지하게 나올 겁니다.'

'저쪽이 진지하게 나오면 우리는 불리해지는 거 아닙니까?'

'아뇨, 계속 모르쇠할 수는 없을 거라는 말입니다. 세상이 주목하니까요. 내년에 중학교 입시를 보는 아이의 학부모들은 이 재판의 향방이 궁금할 겁니다.'

'그렇다면 다행이지만요.'

'또 연락드리죠.'

석연치 않은 기분으로 주간지를 세쓰코에게 건네주었다.

"네? 어디 실렸어요? 몇 페이지예요?"

다급하게 주간지 책장을 넘기다가 발견했는지,

"생각보다 작네."

하며 짐짓 불만스러운 말투로 반응했다.

"뭔 소리야! 더 크게 실리길 바랐어?"

"그건 아니지만, 좀 더 큰 기사였다면 학교가 얼마나 한심한 곳인지 다들 알겠지 싶어서."

"학교란 곳은 어지간해서는 꿈쩍도 안 해. 앞으로 어떻게 될지 알 수 없지."

다카이는 결코 나쁜 일은 아니라고 했지만, 마사키의 마음에는 불안이 남는다. '보복'이라는 단어가 문득 떠올랐다. 지금까지는 보복이란 피해자의 몫이라고 생각했다. 하지만 가해자 쪽에서도 같은 생각을 하는 것 아닐까.

아니, '보복'이라기보다 '분풀이'에 가깝겠지. 어쨌든 이름이 드러나고 만 학교 측이 돌발 상황을 만들지도 모른다. 마사키는 그 가능성이 못내 걱정스러웠다.

유이의 피로연까지는 아무 일도 일어나지 않기를 기도하는 수밖에 없었다.

그날 저녁 다카이에게서 또 문자가 왔다.

'일전에 보스턴의 다무라 리리카 씨가 곧 일본에 올 예정이라고 말씀드렸지요. 얼마 전에 귀국했더군요. 재판에 상당히 관심을 갖고 있습니다. 저에게 긴 메일을 보냈는데, 아무래도 방송국 보도기자 지망생이다 보니 이번 재판을 자기 나름대로 취재하고 싶다고 합니다. 혹시 쇼타 군을 만날 수 있겠느냐고 묻더군요. 리리카 씨는 이미 고등학교 시절부터 재판을 방청하며 독자적으로 리포트를 썼다고 해요. 쇼타 군과 대화하다 보면 예전 사건을 더 구체적으로 떠올릴 수 있을 것 같다고도 했습니다.'

‘굳이 취재까지 할 필요가 있을까요?’

답신하기 위해 자판을 누르는 동안 분노가 일어났다.

‘우리 쇼타는 구경거리가 아닙니다. 증언해 주는 건 고맙지만 쇼타를 취재하겠다니, 당치도 않아요.’

‘심정은 이해합니다. 아마 이 재판을 깊이 연구해서 취직 때 어필하고 싶은 것 같습니다.’

‘그렇다면 더 싫습니다. 내 아들을 취업 소재로 삼는 건 원하지 않습니다.’

화가 난다. 안 그래도 또래 아이들이 진학이나 취직하는 이야기가 화제에 오를 때마다 마음이 울렁거린다. 다무라 리리카가 보낸 성실한 메일에는 감동했지만, 지금은 그 무신경한 태도가 가증스럽기까지 했다.

‘제가 보기에 리리카 씨는 성실한 사람입니다. 어릴 때부터 늘 방송국 기자나 신문기자가 꿈이었다고 해요. 변호사인 저도 취재하고 싶다더군요.’

‘선생이 협력하는 건 내 알 바 아니지만 지금 쇼타는 도저히 그럴 처지가 아닙니다.’

‘쇼타 군에게 한번 물어보시는 건 어떻습니까.’

‘당연히 거절하겠죠.’

팬티 한 장만 입은 자기 사진을 보았던 젊은 여성이다. 어떤 청년이 기꺼이 만나겠는가. 장난도 아니고 협박으로 찍은 사진인데. 쇼타의 자존심이 거부할 게 틀림없다.

'실은 쇼타 군에게 메시지를 전해 달라는 부탁도 받았습니다. 저도 읽어보았는데 진정성 넘치는 글이더군요. 이지메에 대한 생각도 알 수 있어서 저는 또 감동을 받았습니다. 이 메일을 쇼타 군에게 전송해도 되겠습니까?'

'그건 괜찮습니다.'

라고 보낸 뒤에 덧붙였다.

'저로서는 가능한 한 자극하지 않았으면 좋겠습니다.'

'괜찮을 겁니다. 쇼타 군은 머리 좋은 청년이니까 냉정하게 받아들일 수 있을 겁니다. 가끔은 이런 자극도 필요할지 모르죠.'

다카이는 평소처럼 가벼운 농담투로 반응했다.

통화를 마치고 나니 '자극'이라는 단어가 마사키를 흔들었다. 지금까지 쇼타의 성에 대하여는 생각해 본 적이 없었기 때문이다.

아니, 전혀 없었다면 거짓말이다. 유이가 그 문제를 지적한 적도 있고, 자신의 젊은 시절을 떠올리면 청년이 된 쇼타가 어떻게 성욕을 처리하고 있을지 걱정되기도 했다. 하지만 그 걱정은 늘 부정적인 방향이었다. 혹시 어디 나가서 여자에게 몹쓸 짓을 저지르기라도 하면 어떡하나. 한때는 문틈으로 지폐 몇 장과 함께,

'업소에 가보렴'

이라는 메모를 전해 줄까 고민한 적도 있다.

쇼타와 젊고 예쁜 아가씨가 즐겁게 대화하는 광경은 도무지 상상이 안 된다.

그로부터 닷새 뒤에 다시 다카이에게서 전화가 왔다.

"쇼타 군이 리리카 씨를 만나도 괜찮다고 하네요."

"믿기지 않는군요."

"솔직히 저도 놀랐습니다. 다만 조건이 있어요. 제 동석 하에 딱 한 번만 만나기로요."

"쇼타가 무슨 생각을 하는지 통 모르겠네요."

"아마 리리카 씨 메일이 효과가 있지 않았을까요."

"저도 읽어볼 수 있을까요?"

"리리카 씨에게 물어보겠습니다. 원래는 쇼타 군에게만 보여주고 싶다고 했거든요."

두 사람이 짜고 치는 건 아닐까 의심하던 때, 다카이는 뜻밖의 말을 했다. 마사키는 조금 언짢았다.

"실은 저보다 마키하라 선생이 동석하는 게 나을지 모르겠습니다."

"왜죠?"

"리리카 씨가 쇼타 군과 대화하고 싶다고 했을 때 저는 좋은 기회라고 생각했습니다. 쇼타 군 스스로도 잊고 있던 다양한 기억이나 감정을 이끌어낼 것 같아서요. 하지만 남성인 제가 옆에 있으면 리리카 씨 앞에서 괜한 허세를 부리느라 본심을 감출 수도 있습니다. 반면에 마키하라 선생이 참석한다면 다시 처음부터 설명하는 과정에서 결의를 굳힐 수 있지 않을까요."

"잘 풀릴까요?"

"오오사와 씨, 전에도 말씀드렸죠. 이 재판의 목적은 이기는 게 아닙니다. 쇼타 군이 변하는 겁니다."

"맞습니다."

라고 대답하면서도 역시 재판을 이기지 않으면 승리가 아니지 않느냐고 내심 되뇌였다.

"쇼타 군이 젊은 여성 앞에서 자기 경험을 말한다. 이것만으로도 쇼타 군은 한 단계 오르는 겁니다."

"그렇게 되면 좋겠습니다만."

마사키는 점점 비아냥거리는 투로 변하는 스스로를 느꼈다.

연휴를 앞둔 평일 오후 2시 정각에 현관 초인종이 울렸다.

"어서 오세요."

세쓰코가 긴장한 얼굴로 문을 열었다. 문밖에는 마키하라 변호사와 젊은 여성이 서 있었다.

"처음 뵙겠습니다. 다무라 리리카라고 합니다."

흰 셔츠와 베이지색 스커트를 이어 붙인 듯한 원피스를 입고 있었다. 예전에 '미스A'로 유명했다는데 듣고 상상한 만큼 대단한 미인은 아니었지만 '아름다운 아가씨'라고 부를 만한 분위기가 느껴졌다. 짙은 쌍꺼풀 눈이 마사키를 똑바로 바라보았다.

"일전에 부담스러운 부탁을 드려 죄송했습니다."

"아뇨, 아뇨, 정말 감사하고 있어요. 보스턴에서 사진과 메일을 보내주셔서 고맙습니다."

"별말씀을요. 저도 예전의 제 모습을 용납하기 어려운 부분이 있어서, 부디 도움이 되면 좋겠습니다. 그리고 이건 저희 어머니가 전해드리라고."

정중한 인사와 함께 세쓰코에게 화과자 상자를 건넨다.

"어마, 이런 것까지, 미안해서 어쩌나."

"다무라 씨."

마사키는 조용히 말을 건넸다.

"저는 이제 진료가 있어서 아래층 클리닉으로 내려가겠습니다. 아내도 방에 가 있기로 했으니 여기 거실에서 편하게 말씀 나누십시오.”

“감사합니다.”

“쇼타 군에게 부담이 되지 않도록 최대한 짧게 하겠습니다.”

마키하라가 말한다. 연보랏빛 재킷에 흰 스커트를 입어 초여름
에 어울리는 모습이다. 순간 마사키는 리리카보다 마키하라 변호
사가 더 매력적이라고 생각했다.

“쇼타가 내려오려면 잠깐 기다려야 할 것 같은데, 편하게 앉아
계세요.”

“알고 있습니다. 괜찮습니다.”

리리카는 미소를 지으며 말했지만 말투가 귀에 거슬렸다.

소파에 앉아 하얀 토트백에서 노트와 스마트폰을 꺼내는 리리
카를 보고 마사키는 물었다.

“그거, 녹음할 건가요?”

“네, 쇼타 씨가 허락하면요.”

“허락이나 마나, 쇼타는 그런 상황에 익숙하지 않습니다.”

“만약 싫다고 하면 제가 개입할 테니까 안심하십시오.”

마키하라가 나서서 말했다.

‘애송이 여대생이 취직 욕심에 우리가 기껏 한 일을 망쳐 놓는
거 아닌가.’

속에 있던 말이 올라왔지만 꾹 참았다. 리리카는 앞으로 법정
에 증인으로 서 줄 사람이다.

“아시다시피 아들은 내내 방 안에 틀어박혀 지냈습니다. 바깥

분위기에 익숙하지 못해요. 잘 부탁합니다.”

그 정도 말을 하는 게 고작이었다.

마사키는 계단을 올라가 문을 두드렸다.

“얘, 마키하라 선생과 다무라 씨가 오셨다.”

딸칵, 하는 작은 소리가 났다.

“내키지 않을 수도 있겠지만 바로 내려와라. 다카이 선생과 약속했잖니. 약속은 지켜야지.”

그러자 방에서 작은 목소리가 들렸다.

“안다니까.”

아들이 소리 내서 대답하는 일은 드물다. 역시 오늘 만남을 특별하게 생각하고 있는 모양이다.

내부 계단을 통해 진료실로 내려갔다. 오후 예약 환자는 두 명이다. 첫 환자는 3년간 치루농조를 앓은 남성인데 양치질을 꼼꼼하게 하라고 여러 번 말했음에도 여전히 제대로 듣지 않고 있다.

“수술이 빠르다는 말을 들었는데요.”

“그 정도 단계는 아닙니다. 치실질과 양치질만 잘해도 많이 좋아질 겁니다.”

“그게요, 아내랑 딸이 자꾸 입냄새가 난다고 해서…….”

지난번과 똑같은 대화가 반복된다.

두 번째 환자도 남성인데, 충치 치료가 필요했다. 이 근방 주택가에서는 요즘 충치 있는 아동을 보기 힘들다. 부모가 치아 관리 지도를 철저히 시키기 때문이다. 충치를 호소하며 찾아오는 환자는 대부분 중년 남성들이었다. 어릴 때 치아 관리 교육이 제대로 없었던 세대인 데다 양치질에도 소홀하다.

두 번째 환자를 보내고 한숨 돌리려니 위층 상황이 못내 궁금했다. 슬쩍 들여다 볼까 생각했지만, 쇼타가 싫어할까 봐 그만두었다. 하지만 두 여성 사이에 낀 젊은 남성인 아들을 의식하니 마음이 불편했다.

그나마 믿는 구석은 상상했던 만큼 리리카가 예쁘지는 않다는 점이었다. 미국 유학 생활 탓인지 몸에 살이 붙었다. 특별히 뛰어난 용모가 아니라는 사실에 마사키는 왠지 안도했다.

그때 휴대전화가 울렸다. 다카이의 연락이었다. 휴대전화에 표시된 '다카이'라는 이름을 보는 순간 움찔했다. 요즘 들어 자주 나타나는 반응이다. 심장도 요란하게 뛰기 시작한다. 나쁜 예감이 스쳤다.

"오오사와 씨, 지금 통화 괜찮습니까. 진료 중이세요?"

"방금 진료를 끝냈습니다."

"지금 네 번째 변론준비 절차를 마쳤습니다. 이번에는 저쪽 차례였습니다."

서로의 주장을 담은 서류와 증거를 제출하는 변론준비 절차는 양측이 번갈아 주도권을 쥔다.

"조금 곤란한 사정이 생겼습니다. 저쪽의 히든카드가 뭔지 이제 알았습니다."

"네? 무슨 말씀이세요?"

"간단히 말씀드리면 쇼타 군이 이지메를 가하는 사진이 제출됐
습니다."

"잠깐만요. 쇼타가 뭘 했다고요?"

잘못 들은 줄 알았다.

"쇼타 군이 다른 학생을 괴롭히는 사진이 나왔다고요."

어휘를 고르는지 다카이가 잠시 침묵했다.

"오늘 학교 측 변호사가 휴대전화 사진을 제출했습니다. 거기
에는 엎드린 급우의 등을 짓밟는 쇼타 군이 찍혀 있습니다."

눈앞이 한순간 캄캄해졌다.

'끝났다, 이대로 끝이다'

이 생각만 머리를 맴돌았다.

"오오사와 씨, 듣고 계세요?"

"아, 네……."

"침착하게 들어주세요. 가나이나 사토가 강요했을 가능성이 큽
니다. 비슷한 사례가 종종 있거든요. 이지메 주동자가 피해자에
게 다른 아이를 이렇게 괴롭혀라, 저렇게 때려라, 하고 시키는 경
우입니다."

"예……."

"쇼타 군도 어쩔 수 없이 했을 겁니다. 재판에는 불리하게 작
용하겠죠. 저쪽 주장은 이렇습니다. 피해자라고 주장하는 소년도
이런 짓을 했다. 사진도 있다. 그러니까 이지메가 아니다. 아이들
이 서로서로 하는 장난이었다."

"선생……."

마사키는 겨우 말을 꺼냈다.

"그 사진을 좀 볼 수 있을까요?"

"대신에 약속해 주세요. 이 일로 쇼타 군을 비난하지 마십시오. 그저……."

"뭐죠?"

"잠시 출발점으로 돌아온 것뿐입니다."

전화를 끊고 화면을 응시하고 있으려니 곧 착신 신호가 울렸다. 문제의 사진이었다.

칠판 앞이다. 한 소년이 납작 엎드려 있지만 얼굴은 보이지 않는다. 소년의 등을 밟고 V사인을 하는 학생은 분명 쇼타였다.

웃고 있다. 억지로 웃는지 자연스럽게 웃는지는 마사키도 알 수 없다. 다만 아들이 웃고 있다는 사실에 분노를 참을 수 없었다. 아니, 분노보다 더 깊은 감정, 그렇다, 절망이다. 지금껏 힘들게 싸웠는데 길 끝에서 마주친 게 겨우 하얀 이를 드러내며 웃는 아들이라니.

"야, 쇼타!"

자기도 모르게 소리치며 단숨에 2층으로 뛰어 올라갔다.

순간 들리는 젊은 여성의 웃음소리가 마사키의 분노를 부채질했다.

"이 못된 자식!"

마음속으로만 외칠 생각이었는데 목소리가 튀어나와 집 안에 울렸다.

소파에 앉은 세 사람이 놀란 얼굴로 이쪽을 보았다. 쇼타가 두 여성과 똑같이 어리둥절한 표정을 짓고 있어서 더욱 화가 났다.

"어, 잠깐만요."

마키하라 변호사가 스마트폰을 들고 일어선다.

"아, 예, 예, 알겠습니다."

무슨 일인지 짤막한 통화를 하고 마사키에게 다가왔다.

"방금 다카이 변호사 연락을 받았습니다. 오오사와 씨가 흥분하실지도 모르니⋯⋯."

"당신은 비켜!"

마사키가 소리쳤다.

"아들과 얘기해야겠소!"

쇼타 바로 앞에 섰다. 아들이 올려다보는 얼굴에 두려움이 떠올라 있다. 처음 보는 표정이었다.

"너 나한테 숨기는 거 있지?"

"그건 또 무슨 소리―"

"지금까지 이렇게 창피한 적이 없었다. 일어서! 일어서라고!"

멱살을 잡아 바짝 끌어올렸다. 아들 몸은 생각보다 무겁고 저항까지 해서 거의 끌려오지 않았다.

"뭐하는 거야. ⋯⋯이거 놔!"

쇼타의 눈길이 힐끔 두 여성 쪽을 향했다.

"서! 서라고! 이 자식."

더 세게 당기자 그제야 비틀거리며 일어선다.

"갑자기 왜 이래! 이거 놔."

쇼타가 마사키의 팔에 손을 얹었다. 목소리에 여자들을 의식한 허세가 섞여 있었다. 마사키는 분노에 겨워 눈앞이 한순간 깜깜해졌다.

"너를 믿고 소송을 시작했는데, 감히 나를 속여? 항상 피해자인 척하더니, 알고 보니 가해자였구나!"

마사키가 스마트폰 화면을 들이밀었다.

"이건 뭐냐. 너도 똑같이 했잖아. 가나이한테 당한 것과 똑같은 짓을!"

쇼타는 휘둥그레진 눈으로 화면을 바라보다가 불현듯 떠올랐다는 듯 아아, 하는 소리를 냈다.

"이건 내가 아냐!"

그렇게 소리쳤다.

"이건 내가 아냐!"

"솔직하게 말해!"

마사키의 손이 바르르 떨렸다.

"네가 아니면 누구냐? 여기 웃는 놈은 대체 누구냐고!"

"나인데, 내가 아니라, 억지로 시켜서……."

"계속 헛소리할래!"

마사키는 힘껏 따귀를 쳤다.

쇼타는 비틀거리지 않았다. 다시,

"내가 아냐!"

라고 말했다.

"그러지 마세요!"

다무라 리리카가 외치며 쇼타를 비호하듯 마사키 앞을 막았다. 두려움에 입술을 바들바들 떨면서도 단호한 목소리로 말했다.

"선생님, 쇼타 군 얘기를 끝까지 들어주세요. 갑자기 이러시면 쇼타 군이 불쌍합니다."

"당신은 그만 돌아가시오."

노려보았지만 리리카는 움직이지 않았다.

"진정하세요. 이건 옳지 않아요, 절대로."

"오오사와 씨!"

마키하라 변호사가 손에 든 스마트폰을 마사키 귀에 대주려고 한다.

"진정하세요. 지금 다카이 선생과 연결했어요. 다카이 씨가 차분하게 얘기하고 싶다고 하세요."

"됐소!"

그 손도 뿌리쳤다.

"이제 소송도 그만두겠소. 모든 게 끝났소."

리리카의 어깨 너머로 쇼타를 노려보았다.

"네가 이런 짓을 했을 줄은 몰랐다. 너한테는 정말 뼛속까지 실망했다."

내가…… 하고 쇼타가 뭔가 말하려고 할 때.

"너, 이렇게 여자들 뒤에 숨어서 부끄럽지도 않냐."

쇼타의 어깨가 움찔했다.

"소송 같은 거 다 그만두자, 때려치워. 네 맘대로 해라."

마사키는 고개를 크게 젓고 다시 한번 말했다.

"이젠 정말 다 끝났다."

그때였다. 쇼타의 얼굴이 부들부들 떨리더니 입이 크게 벌어졌다.

"아아아아악!"

목청껏 악을 쓰고 계단을 뛰어 올라간다. 남은 세 사람이 놀라서 쇼타의 뒷모습을 바라봤다.

쇼타가 시야에서 사라진 뒤에야 마사키는 겨우 숨을 골랐다. 그때 귀에 차가운 물체가 느껴졌다. 마키하라 변호사가 억지로 가져다 댄 스마트폰이다.

"오오사와 씨."

뜻밖에도 다카이의 목소리는 차분했다.

"거기서 나오는 소리는 다 들었습니다. 제가 분명히 말씀드렸죠. 쇼타 군은 아마 강요당했을 거라고."

"그래도 이지메는 이지메입니다."

마사키는 고개를 저었다.

"녀석은 자기가 당한 일을 평생 못 잊는다고 했어요. 그 말에 책임을 져야죠. 자기도 똑같은 짓을 했으니까……."

그때 쿵, 하는 묵직한 소리가 울렸다. 생전 처음 듣는 섬뜩한

꿍음이었다. 세 사람이 서로 얼굴을 보았다.

급하게 창가로 달려갔다. 창문을 열고 아래를 본다. 거기에 쇼타가 ㄱ자로 꺾인 채 누워 있었다.

5장

재생

쇼타의 심장은 멎어 있었다.

구급차 안에서 응급처치를 하고 나서야 다시 뛰었다. 그러나 구급의사는 아직 아무것도 단정할 수 없다고 말했다. 척추가 손상되었고 내장에 심한 출혈이 있으며 두개골도 함몰되었다.

"아들이 살 수 있을까요?"

마사키는 의사에게도, 간호사에게도, 흰 가운을 입은 사람이라면 누구든 붙들고 물었다. 그때마다 대답은 똑같았다.

"최선을 다하고 있습니다."

마사키는 수술이 진행되는 동안 대기실 벤치에 앉아 있었다. 세쓰코가 옆에 앉아,

"쇼타가 죽으면 당신을 용서하지 않을 거야……."

라고 몇 번이고 되풀이했다. 마사키는 그때마다,

"그래, 죽여줘."

라고 중얼거렸다. 그러나 그의 목소리가 세쓰코 귀에 들어가는 것 같지는 않았다.

어째서인지 마키하라 변호사가 내내 곁을 지켰는데 의아하게 생각할 정신도 없었다. 거반 넋이 나간 두 사람을 대신해 마키하라가 병원 측과 차분하게 협의해주었다.

종종 이런 소리가 귀로 날아 들어왔다.

"3층에서 뛰어내렸군요…… 사고가 아니라…… 자살 미수라고 봐야겠군요."

그런가. 쇼타는 죽으려고 한 건가. 마사키는 심호흡을 했다.

아들이 자살을 시도했다. 대체 왜? 나 때문이다. 아버지의 가혹한 질책을 견디지 못한 것이다. 그렇게 생각하니 아까부터 염불처럼 외는,

'쇼타가 죽으면 당신을 용서하지 않을 거야.'

라는 아내의 말도 이해할 수 있었다.

아들이 자살하려고 했다. 내 탓이라면 책임을 져야 한다.

무엇에 대한 책임인가. 아들을 사지로 몰아놓은 책임? 아니, 그 전에, 아들을 이토록 나약한 인간으로 키운 책임이다.

너한테 실망했다, 이제 다 끝이다, 그 말이 흉기였는지도 모른다. 하지만 왜 그렇게 쉽게 아들의 마음에 박혀 버렸단 말인가…….

아니다. 아들을 탓하는 건 잘못이다. 모든 게 내 잘못이다. 쇼

타가 이대로 죽는다면 나도 목숨을 끊어야겠지…….

혼란스러운 나머지 마사키는 두 손으로 머리를 감쌌다.

아, 내 아들이 죽는다. 대체 어찌해야 좋단 말인가…….

"오오사와 씨……."

마키하라 변호사가 조용히 전했다.

"다카이 선생이 오겠다고 합니다. 벌써 병원 근처까지 왔다는
데요."

"아니…… 지금은 도저히 만날 기분이 아닙니다……."

"그러시겠죠. 그대로 전하겠습니다."

마키하라가 전화를 걸기 위해 일어서자 오른쪽 옆자리가 휑해
졌다. 왼쪽 옆에는 조금 거리를 두고 세쓰코가 앉아 있다. 창백한
얼굴로 같은 말을 반복하고 있다.

"쇼타가 죽으면 당신을 용서하지 않을 거야."

시간이 얼마나 흘렀을까. 따각따각 발소리가 다가왔다.

"아, 진짜―"

하는 목소리가 들렸다. 유이였다. 회사에서 바로 달려왔는지
커다란 서류가방을 메고 있다. 가방끈이 어깨를 파고들 정도로
묵직하다.

"대체 어떻게 된 거예요?"

마사키와 세쓰코 사이에 앉아 엄마에게 물었다.

"쇼타가 뛰어내렸다는 게 진짜야?"

세쓰코가 고개를 끄덕인다.

“2층에서? 3층에서?”

“3층…….”

“세상에!”

“…….”

“설마 죽진 않았지!”

“죽긴 왜 죽어.”

마사키가 대답했다.

“수술 중이다. 괜찮을 거다.”

“정말요? 살 수 있는 거죠?”

“살 수 있으니까 수술을 하지. 안 그러면 수술할 리가 없잖아.”

소리 내어 말하고 보니 확신처럼 느껴졌다.

굉음을 듣고 급하게 달려갔을 때 쇼타는 숨을 쉬지 않았다. 왼쪽 가슴에 귀를 대고 멈춘 심장을 확인한 충격이 아직 생생하다. 급히 옷을 풀어헤치고 심장마사지를 시작했다. 치대생 시절에 한두 번 실습했던 오랜 기억을 떠올리면서.

그때의 공포에 비하면 대기실 벤치에 앉아 있는 지금은 차라리 덜 괴로웠다. 아들은 ‘살기 위해’ 치료받고 있다. 그렇게 믿으면 되니까.

“죽으면 안 되는데. 죽으면 곤란한데…….”

어느새 유이가 울기 시작했다. 콧물을 훌쩍이며 같은 말을 반복했다.

“우리, 둘밖에 없는 남매인데. 아무리 그래도 쇼타는 하나밖에 없는 동생인데……."

평소 사이가 나쁜 정도를 넘어 혐오하던 동생 아닌가.

"언젠가는, 잘 지낼 수 있다고 생각했는데, 이대로 죽어버리면, 정말 힘들어져. 나는, 혼자 남는 거, 싫단 말이야—"

뜻밖의 말에 가슴이 먹먹했지만, 그 말에 휘둘리고 싶지는 않았다.

"시끄럽다. 조용히 있어."

마사키가 딸을 꾸짖었다.

"꼭 살아날 거다. 울지 마."

"하지만…… 쇼타가 이렇게…… 너무 놀랐어."

유이가 횡설수설 중얼거리며 티슈로 코를 풀었다. 아직 오후 5시인데 주변에 사람이 전혀 없다. 코 푸는 소리가 대기실에 울린다. 냉방이 지나치게 강해서 마사키는 살짝 몸서리를 쳤다.

잠시 후 조용한 발소리와 함께 마키하라 변호사가 돌아왔다.

"저어, 연락은 했는데, 길이 엇갈려서 다카이 선생이 이미 병원에 들어와 계시더군요. 로비에서 잠깐이라도 이야기를 나누었으면 좋겠다고 합니다만."

"알겠습니다……."

유이가 온 뒤로 자신도 차분해졌다. 엉뚱한 생각이지만 또 한 명의 자식마저 남겨 두고 죽을 수는 없다는 심정이 싹텄다.

로비로 내려가니 사람이 띄엄띄엄 보였다. 수납 순서를 기다리는 사람들이 전광판을 보고 있다.

사람들과 떨어진 자리에 앉아 있던 다카이가 마사키를 보자 일어섰다.

"뭐라 위로의 말씀을 드려야 할지."

아뇨, 아뇨, 하며 손을 저었다.

"녀석은 살아날 테니까 괜찮습니다."

"그때 저도 전화 너머로 듣고 있었는데, 오오사와 씨, 상당히 가혹한 말씀을 하시더군요."

"네, 그 사진을 보니까 갑자기 머리로 피가 확 쏠려서, 저도 모르게……."

"반성하고 있습니다. 그때 제가 더 확실히 말씀드려야 했습니다."

다카이가 고개를 숙였다. 전화로 들었던 그의 말이 떠올랐다.

"약속해 주세요. 이 일로 쇼타 군을 비난하지 마십시오."

하지만 사진을 보는 순간 다카이의 약속은 까맣게 잊어버렸다.

"사진을 너무 경솔하게 보여드렸나 크게 후회하고 있습니다. 당연히……."

이 대목에서 단어를 고르기 시작한다.

"오오사와 씨 정도 되는 분이라면 바로 이해할 거라고 생각했는데. 시키니까 억지로 한 행동이라는 걸. 가나이 무리한테 강요당했다는 걸요. 오오사와 씨, 사진에서 쇼타 군의 얼굴을 보고 그런 느낌을 받지 않으셨습니까?"

"아뇨."

하얀 이를 드러내며 승리 포즈를 취한 아들 얼굴에서 무엇을 읽어내야 했을까.

"그래요……? 알겠습니다."

다카이는 어깨를 떨어뜨렸다.

"저도 더 드릴 말씀이 없군요. 그저 쇼타 군의 회복을 기도하겠습니다."

"고맙습니다. 저도 아들이 살아날 거라고 믿습니다."

"이만 실례하겠습니다. 경황이 없으실 텐데 죄송합니다."

"어렵게 와 주셔서 고맙습니다."

앞으로 다카이를 다시 만나는 일은 없지 않을까 하고 예감한 마사키가 저도 모르게 입을 열었다.

"선생."

"예."

"여러 가지로 고마웠습니다."

예에? 하는 목소리는 평소처럼 가벼웠다.

"저는 아직 아무것도 하지 않았는걸요."

문득 붕대를 감은 쇼타가 자신에게 말하는 장면이 머릿속에 그려진다.

"아빠, 재판 같은 거 하고 싶지 않아. 이제 싫어."

그게 지금 마사키가 바랄 수 있는 최선의 미래였다.

"애써 찾아와주셔서 고맙습니다."

다카이가 목례하고 돌아간다. 뒷모습을 바라보는데 "아버지"

하는 목소리가 들렸다. 유이가 충혈되어 퉁퉁 부은 눈을 하고 다가왔다.

"지금 담당 의사가 부모님과 이야기하고 싶대요."

"알았다."

둘이 나란히 걷기 시작했다.

"쇼타, 죽지 않겠죠?"

"응, 죽지 않아. 괜찮다."

"하나밖에 없는 동생이잖아요."

나한테도 하나밖에 없는 아들이야, 라는 말이 가슴에서 맴돌았다.

줄이 끊긴 막이 떨어져 내리듯 비가 쏟아졌다.

빗발이 거세어 우산을 들어도 어깨가 흠뻑 젖었다. 손수건으로 어깨를 닦은 마사키는 간호 스테이션 앞에 섰다.

"오오사와 쇼타의 부친입니다. 면회 왔습니다."

직업상 이런 절차에는 고지식해서 서류를 꼼꼼하게 작성했다.

배지를 달고 쇼타의 병실로 들어가니 세쓰코가 자리에서 일어나 냉큼 나갔다. 변함없이 무표정하다.

자살기도자는 개인 병실에 둘 수 없다고 들은 적이 있다. 그래서인지 쇼타는 4인실 창가 쪽 병상에 누워 있었다. 출입문과 가까운 병상이 마침 비어 있어서 의자를 놓을 공간이 넉넉했다.

머리에 붕대를 감고 몸에는 깁스를 한 쇼타가 창밖을 말없이 바라보고 있었다. 얼굴에 있던 상처는 보이지 않는다. 살이 내려서 눈이 커 보였다. 그러고 보니 쇼타는 점점 엄마를 닮아가고 있다. 입술을 꼭 다문 모습도 흠칫할 정도로 닮았다.

"좀 어떠냐."

마사키가 묻자 쇼타는 대답 대신 고개만 끄덕였다.

"엄마한테 들었겠지만 그저께가 유이 피로연이었다."

아오야마의 양식 레스토랑에서 하객이 서른 명 남짓 참석한 아담한 자리였다.

"유이 웨딩드레스, 예쁘더라. 네가 봤어야 하는데."

"응……."

쇼타가 비로소 입을 뗀다.

의식은 열흘쯤 전 되찾았다. 계속 깨어나지 못하면 마사키와 세쓰코는 피로연에 불참하기로 전달해 두었으나, 다행히 그 전에 의식을 회복했다.

“이게 부모로서 마지막 할 일이었는데, 다행이네.”

세쓰코가 중얼거리는 내용을 마사키는 놓치지 않았다. 이혼할 결심을 굳혔다는 뜻인가. 반대할 생각은 없다.

쇼타의 목숨이 달린 수술이 이루어지는 동안, 마사키는 딱딱한 병원 의자에 앉아 세쓰코와의 앞날을 한참 생각했다.

마사키의 상상 속 세쓰코는 회복한 쇼타를 앞에 두고 이겼다는 듯 말한다.

“다행이야. 이제 당신과 깨끗이 헤어질 수 있으니까.”

마사키가 바라는 시나리오가 성취된 것이다. 쇼타는 다행히 뇌를 다치지 않았고, 죽음의 심연에서 살아나와 어렵게나마 대화가 가능하다.

“요즘은 일기예보가 딱딱 맞더구나. 내일부터 호우라고 예보하면 정말로 비가 쏟아져.”

“그러네…….”

“뭐 필요한 거 없니?”

“별로.”

“CD라든가 게임이라든가. 만화도 좋고.”

“있으면 엄마한테 얘기하니까.”

“그렇구나.”

거부하는 말투는 아니다. 의식이 돌아오고 나서 몇 번 면회를 했지만, 제대로 대답하는 건 오늘이 처음이다. 지금까지는 고개를 끄덕이거나 젓는 정도였다.

마사키는 의자를 침상 가까이 옮겨 놓고 앉았다. 아들의 상반신에서 약 냄새가 진하게 난다. 친숙한 습포 냄새가 섞여 있었다.

“쇼타…… 아빠가 잘못했다. 용서해다오. 먼저 사과부터 해야겠다고 생각했다.”

통로 건너편 침상에 누운 중년 환자에게 들리지 않도록 낮은 소리로 속삭였다.

“아빠가 바보였다. 정말 어리석었어. 네가 어떤 상황에서 그런 짓을 했을지 전혀 생각하지 못했다. 그래서 벌컥 화를 내고 말았지.”

“…….”

말은 없지만 듣고 있는 것은 분명했다.

“이제는 아빠도 안다. 늦었는지도 모르지만…… 아니, 아직 늦지 않았어.”

마사키는 자신을 타이르듯이 말했다.

“가장 중요한 걸 이제야 알았다. 네가 방에서 나오고 학교에 가고 하는 건 중요한 게 아니었던 거야. 가장, 가장 중요한 것은…….”

그 대목에서 눈물이 왈칵 쏟아졌다.

"네가 살아 있는 거야. 그거면 충분해. 아빠는 이제야 깨달았
어. 소송 같은 거, 그만두자. 너만 있으면 그만이지. 그 집에서 그
냥 같이 살자…… 응?"

쇼타의 손을 잡았다. 손등에 콘크리트 바닥에 떨어질 때 생긴
찰과상이 몇 군데 있다.

"그만, 됐어."

쇼타가 손을 뿌리쳤다.

"피곤하니까 이제 그만."

"그래. 미안하다."

일어섰다. 쇼타는 창문 쪽을 바라보았다. 빗방울이 창문을 두
드리고 한 줄기 두 줄기 흘러내린다.

"또 올게."

대답은 없었다.

복도로 나가니 세쓰코가 창을 바라보고 있었다. 역시 창문에
부서지는 빗방울을 보고 있다. 사고 이후 세쓰코는 유이가 쓰던 3
층 방으로 들어가 남편과 아예 마주치지 않으려 했다.

"방금 쇼타랑 이야기했어. 정식으로 사과했어."

"그래요?"

"잠깐 이야기 좀 할까."

아내가 노골적으로 낯을 찡그리자 얼른 이렇게 덧붙였다.

"사무적인 이야기야. 짧게 할게."

"그래요……?"

간호 스테이션 앞 대기 공간으로 갔다. 근처에는 면회 온 딸로 보이는 중년 여성과 노파 두 사람만 있었다. 마사키는 구석 테이블로 가 세쓰코와 마주 앉았다.

"아까 오기 전에 구청 출장소에 들렀어. 집에 돌아가면 작성해서 테이블에 놔둘 테니까 당신도 써서 언제든 제출하면 돼."

"그래요?"

아내의 입가가 살짝 일그러졌다.

"하필 지금 그런 얘기를 하나 싶겠지만 정리하고 넘어가는 게 좋겠지. 유이만 결혼하면 이혼하자는 게 애초의 약속이었으니까. 재산분할도 당신과 충분히 협의해서 진행할 거고. 서류를 제출한 뒤라도 비겁한 처신은 하지 않을 거야."

"비겁한 처신……."

이번에는 뚜렷하게 미소를 지었다.

"뭣하면 서류 제출은 재산분할을 마치고 나서 해도 괜찮아. 순서는 당신이 알아서 해. 그리고—"

호흡을 가다듬었다.

"쇼타는 내가 데리고 있을 생각이야. 입원까지 하게 된 것도 내 책임이니까, 끝까지 돌볼 작정이야. 걱정하지 마."

"또 혼자서 결정하네."

아내가 쏘아보는 순간, 마사키는 아내가 옅게 화장을 했다는 걸 알아차렸다. 딸 피로연 때 보았던 아내의 붉은 립스틱을 떠올렸다.

"쇼타는 평생 휠체어를 쓰게 될 수도 있어요."

"아직 모르는 일이지."

"아뇨, 척추 손상으로 후유증이 남을 가능성이 있다고 의사도 말했어요."

"있을 가능성이지 확정은 아니잖아."

"또 그런 식으로 말하네."

이젠 질렸다는 듯이 세쓰코는 천천히 고개를 저었다.

"나는 당신 같은 낙천주의자가 아니니까 항상 최악의 경우를 상정하는 거예요. 소송도 처음부터 반대했고. 그런데 당신이 혼자 결정하고 밀어붙였잖아요."

어느새 목소리가 높아져 가까이 있던 모녀가 놀라 쳐다본다.

나중에는 당신도 승낙했잖아. 쇼타도 분명히 소송하겠다는 의사를 표명했고. 그러나 머릿속에 떠오른 생각을 입 밖에 내지는 않았다.

"결국은 이 모양 이꼴이 되었죠."

너무 분해, 하고 중얼거린다.

"더 일찍 이혼했으면 좋았을 텐데."

더 일찍이라면 대체 언제를 말하는 걸까. 마사키는 생각해 보았다. 부모를 모시고 살기 시작했을 때? 아버지 간병을 맡겼을 때? 아니면 쇼타가 등교를 거부하기 시작했을 때일까? 세쓰코는 그동안 몇 번이나 이혼을 결심했던 걸까.

나는 그토록 형편없는 남편이었나. 아마 그렇겠지. 아버지로서

도 실격이지만, 남편으로서도 실패한 건가. 전혀 가치 없는 인간
이 아닌가…….

 "일단 할 수 있는 건 다 해야지."

 "할 수 있는 거라니 무슨 말이에요?"

 "돈 문제도 당신이 원하는 대로 할 생각이고, 쇼타도 내가 책임
지고 맡아야지."

 "말했잖아요, 그 아이는 평생 내가 돌봐야 해요. 왜 그걸 모르
는 거예요."

 또 놀라서 쳐다보는 두 여성을 의식해 마사키는 목소리를 낮춰
세쓰코를 불렀다.

 "서류는 언제든 제출해도 돼. 하지만 쇼타에게 부모로 조금 더
있어 줘야 하지 않을까. 쇼타가 퇴원할 때까지만이라도 여기서
싸우지는 말자. 다시 얘기하면 되지."

 당연히 고개를 끄덕일 줄 알았는데 저주 같은 말이 날아왔다.

 "잊지 말아요. 모두 당신 탓이니까."

그날 오랜만에 다카이의 전화를 받았다.

"오오사와 씨, 쇼타 군은 좀 어떻습니까."

"지금 재활 중인데 척추 수술을 한 번 더 할지도 모릅니다. 손상 범위는 크지 않지만 위치가 좋지 않다네요."

"걱정이군요. 저어……."

망설이는 투로 계속했다.

"쇼타 군에게 문자를 받았는데 앞으로 평생 휠체어를 탈 수도 있다더군요. 사실입니까?"

"아뇨, 아직 모릅니다. 요즘 척추 치료법도 많이 발전했고 재활을 잘하면 예상보다 많이 회복되는 사례도 있다고 하니까 우리도 희망을 버리지 않고 있습니다."

"다행이네요. 실은 쇼타 군이 한 가지 질문을 했는데요."

"예."

"지금도 소송을 계속할 수 있느냐고."

예기치 못한 말에 흠칫 놀랐다. 소송. 이미 마사키와 멀어진 단어다.

"그게 무슨……."

"쇼타 군이 아직도 소송이 가능하냐고 묻길래 제가 답했죠. 사고 때문에 기일을 연기해 놓았을 뿐 취소한 건 아니라고. 그러자 쇼타 군이 다행이라고 하더군요."

"잠깐만요."

스마트폰을 쥔 손이 바르르 떨린다.

"쇼타가 정말 그랬습니까?"

"네, 분명히. 저도 놀랐습니다. 쇼타 군이 사고를 계기로 많이 생각한 것 같아요. 책도 읽은 것 같고요."

"책이라뇨?"

"지난달부터였나요, 쇼타 군이 지금 어떤 책을 읽어야 하냐고 묻기에 몇 권 소개해 주었습니다. 인터넷으로 구입했는지 어머니가 대신 사주셨는지는 모르지만 다 읽어본 모양입니다."

쇼타의 병실에서는 만화나 잡지밖에 본 기억이 없다. 책 읽는 모습을 보이기 부끄러워 숨겨두었을까.

"선생, 그 일은 제가 쇼타와 이야기해 보겠습니다."

"오오사와 씨……."

다카이는 잠시 말을 멈추었다.

"이야기하실 때는 부디 조심해 주십시오. 쇼타 군은 더 예민해져 있어요. 말 그대로 취급주의 상태입니다."

"알고 있습니다."

마사키는 오후 예약 환자를 보내자마자 병원으로 향했다. 그런데 병실에 쇼타가 보이지 않았다. 옆 침대 남자가 알려주었다.

"지금 재활실에 있을 겁니다."

"고맙습니다. 가보겠습니다."

외과병동 복도 끝에 재활실이 있다. 볕이 잘 드는 넓은 방에 매트가 깔려 있고 다양한 기구가 갖추어져 있었다.

쇼타는 바로 눈에 들어왔다. 젊은 환자가 쇼타밖에 없었기 때문이다. 중년 물리치료사와 함께 평행봉 사이에서 걷는 연습을 하고 있다. 그런데 다리는 건들거리기만 할 뿐 앞으로 나가지 못했다. 쇼타는 두 팔로 몸을 지탱하며 어떻게든 다리를 움직이려고 필사적이다. 거의 팔힘으로 2미터쯤 움직였나 싶더니 목적지인 휠체어에 고꾸라지듯 앉았다. 이마가 땀으로 번들거렸다.

도저히 계속 보고 있을 수 없어 마사키는 시선을 돌렸다. 따가운 여름 햇살이 상록수 잎에 하얗게 반사되고 있다.

드디어 치료가 끝난 쇼타가 중년 치료사가 밀어주는 휠체어에 앉아 재활실을 나왔다. 제가 아비 되는 사람입니다, 라고 하며 앞으로 나섰다.

"병실까지 제가 데려가겠습니다."

치료사가 쇼타의 얼굴을 들여다보며 의사를 물은 뒤 휠체어를 넘겨주었다.

휠체어는 부친을 간병하던 시절 이후 처음 밀어 본다. 요즘 물건은 훨씬 가볍고 매끄럽게 움직였다.

"용케 버티더구나."

"아냐. 다리가 전혀 움직이질 않아."

"계속 노력하면 틀림없이 걷게 될 거야."

"그럴까……."

도중에 자판기와 의자가 있어서 멈추었다.

"뭐 좀 마실래?"

"됐어. 마시면 화장실 자주 가서 힘들어."

그때마다 간호사를 호출해야 한다.

마사키는 우롱차를 뽑아 서서 마셨다. 그리고 한 호흡 쉬었다가 물었다.

"너, 다카이 선생에게 소송을 계속하고 싶다고 했다면서, 정말이냐?"

"응, 맞아."

신기할 정도로 차분한 말투였다.

"진심이냐?"

"진심이야."

"이제 와서 새삼스럽지 않니?"

"새삼스럽다라……."

쇼타는 잠시 질문의 의미를 곱씹는 듯하다.

"아빠."

이렇게 불린 게 대체 몇 년 만일까. 놀라고 긴장돼 허리가 꼿꼿해진다.

"왜."

"나는 정말 히키코모리가 되는 걸까. 지금까지는 있고 싶으니까 방에 있었어. 하지만 앞으로 평생 있을 장소가 방 하나밖에 없는 사람이 되는 건가. 그건 싫은데."

놀라서 아들 얼굴을 보고 싶었지만 수술 흉터를 감추려고 쓴 노란 니트모자밖에 보이지 않았다.

"재판을 하고 싶어. 아빠."

쇼타가 고개를 들었다. 그제야 눈을 맞출 수 있었다. 짙은 쌍꺼풀 눈. 갈수록 엄마를 닮았다고 생각했지만, 눈은 나를 쏙 뺐구나. 눈시울이 뜨거워졌다.

"왜 내가 여기서 휠체어에 앉아 있어야 하지. 무슨 일이 있어도 밝혀내고 싶어. 아빠, 나는 왜 그런 일을 당했을까. 나는 하나도 나쁜 짓 안 했어. 그 사진도 강제로 시켜서 잠깐 포즈를 취한 것뿐이야. 아빠."

"알아. 알고 있다."

어깨를 다독여주었다. 파란 환자복 너머로도 뼈가 느껴지는 얄팍한 어깨다.

"나는 아무 짓도 안 했는데 놈들은 왜 나를 미워했을까. 나는 그게 알고 싶어. 그리고 벌을 주고 싶어. 아빠, 소송을 하게 도와줘. 부탁이야."

쇼타가 고개를 숙이자 노란 모자가 흔들린다.

"소송에 드는 돈은 내가 일해서 반드시 갚을게. 머리는 멀쩡하니까, 꼭 갚을 거야. 진짜야."

"바보 같으니."

모자 위에 가만히 손을 얹었다.

"아버지는 아직 돈도 있고 힘도 있으니까 안심해. 그러니까."

우리 둘이 함께 소송을 재개하자.

6
장

재
판

도쿄 지방재판소 725호 법정은 오십 명쯤 수용 가능한 규모이다.

보통 재판은 관계자 몇 명만 앉아 있는 경우가 많지만, 이날은 방청석이 다 찼다. 신문, 방송, 주간지 기자들이 대부분이었다.

8년 전 일어난 이지메 때문에 등교를 거부하다 히키코모리가 되어버린 청년이 가해자 급우와 학교를 상대로 소송을 제기했다, 그것만으로도 주목을 받는 재판인데 원고인 청년이 얼마전 자살 시도까지 했다는 사실이 더해지며 파장이 커졌다.

'현 세태를 반영하는 사건'

어느 주간지의 보도가 기름을 부어 오늘도 방청인이 많이 몰려들었다.

마사키는 방청석 맨 앞에서 아들을 지켜보았다. 반년쯤 지나자 쇼타도 휠체어를 제법 능숙하게 움직이게 되었다. 지금도 매끄럽게 반원을 그리며 왼쪽 원고석에 멈춰섰다.

감색 정장을 입고, 어제 미용실에 다녀와서 머리도 말끔하다.

옆에는 다카이 변호사와 마키하라 변호사가 앉았다. 재판정이 그들의 일터이지만, 많은 기자가 지켜보는 상황이 부담스러운지 조금 긴장한 표정이다.

오른쪽에는 세 명의 남자가 앉아 있다. 가나이 측, 사토 측, 그리고 학교 측 변호사들이다.

다카이는 학교 측 변호사를 '백전노장'이라 평했었다. 일흔을 앞둔 나이로 보인다. 백발 섞인 머리를 뒤로 쓸어 넘기고 있다.

앞에는 검은 법복을 입은 서기관과 흰 블라우스를 입은 속기사가 앉아 있다. 서기관은 미동도 하지 않은 채 '의식'이 시작되는 시간을 헤아리고 있는 듯했다. 마침내 마사키의 귀에도 뚜벅뚜벅 발소리가 들려온다. 기침 소리 하나 없는 법정에 발소리가 다가오다가 멈추었다.

"모두 기립해 주십시오."

기자들도 모두 일어서느라 부스럭부스럭 옷 스치는 소리가 들린다. 그 소리를 신호로 재판장이 입장했다. 뒤에 판사 두 명을 대동하고 있다.

재판소라는 곳은 꽤 고풍스럽게 움직이는구나, 마사키는 생각했다. 일련의 동작이 규범적이고 질서정연하다.

재판장이 방청석을 향해 목례하자 마사키도 자연스레 고개를 숙였다.

이윽고 모두 착석했다.

"그럼 '레이와 2년 (와)제36742호' 사건에 대한 심리를 시작하겠습니다."

서기관의 선언과 동시에 기자들이 메모에 열을 올린다. 판사가 입을 열었다.

"지금까지 제시된 쌍방의 주장을 확인하겠습니다. 오늘까지 제출한 서면대로 이해하면 되겠습니까?"

"그렇습니다."

피고 측 변호사들은 고개를 끄덕였지만, 다카이는 "재판장님!" 하며 소리를 높였다.

"사전에 제출한 서면에 제시된 본건의 청구와 관련하여, 그 후에 일어난 사고도 이지메의 연장선에 있으며, 그 결과 원고는 반신불수 진단을 받았습니다. 이에 따른 후유증에 대하여 추가로 1억 5천만 엔의 손해배상을 청구함을 확인하겠습니다."

순간 사람들이 웅성거렸다. 1억 5천만이라는 금액에 대한 반응이다.

피고 측 변호사들은 이미 알고 있는 내용인데도 질렸다는 듯이 낯을 찡그렸다. 다카이의 발언이 언론을 의식한 퍼포먼스라고 받아들였기 때문이다.

중년 변호사 두 명과 조금 나이 든 변호사 한 명이다.

그런데 이 자리에 왜 두 청년과 교장은 보이지 않는가…….

분노라는 감정과는 이미 멀어졌다. 지금은 조용하고 더없이 소박한 의문이 끓어오를 뿐이다.

쇼타는 휠체어에 앉은 처지로도 법정에 나와 있는데 죄를 저지른 청년들은 변호사 뒤에 숨어서 나오려 하지 않는다. 이딴 게 재판이라면 너무 잘못되고 불공평한 일 아닌가.

아니, 적어도 부모는 방청하러 와 있겠지. 마사키는 로비에 있을 때부터 온 신경을 곤두세워 두 청년의 부모를 찾아보려 했다.

중년 여성 하나가 눈에 띄었지만 기자 같았다. 세쓰코도 그렇고 대체로 모친은 이런 자리에 참석하지 않는다.

잘 차려입은 남성이 한 명 보여서 가나이의 부친이 아닐까 짐작해 보았다. 고급 정장에 선명한 아스코트 타이를 받쳐입은 모습이 유복한 개업의 분위기를 풍겼다. 시선을 두자 얼른 눈을 돌린 것도 수상했다.

그 남자가 앉은 위치는 마사키의 뒤쪽인지라 메모를 하고 있는지 어떤지는 알 수 없었다.

"그럼 증인신문을 시작합니다."

가운데 앉은 안경 쓴 남성이 다카이를 쳐다보며 말했다. 검은 법복이 잘 어울려서 태어날 때부터 판사였을 것만 같다.

"증인은 증언대 앞으로 나와주세요."

방청석 왼쪽 끝에서 두 사람이 일어섰다. 다무라 리리카, 그리고 데라모토 와타루였다.

짙은 남색 원피스와 재킷을 입은 리리카가 먼저 앞으로 나왔다. 미국에서 막 귀국해서 만났을 때는 통통했는데, 반년 사이 군살이 빠져 있어서 놀랐다.

지금 리리카는 정치인 사무실에서 인턴으로 일하며 방송국 보도기자가 될 준비를 하고 있다.

세간의 주목을 받는 재판에서 증언하는 일이 취직에 유리할지 불리할지는 잘 모르겠다.

"자기가 방문한 날 취재하다가 쇼타 군이 투신을 하는 바람에 리리카 씨도 큰 충격을 받았습니다."

다카이가 그렇게 말했다. 그럼에도 오늘 마사키의 부탁대로 법정에 서 주었다.

리리카 옆에 데라모토 와타루가 섰다. 그도 키가 크고 외모가 반듯한 청년이다. 동갑내기 두 사람이 증언대 앞에 선 모습은 마치 드라마의 한 장면 같았다.

"다음으로 선서를 낭독해 주십시오."

두 사람은 잠깐 '하나, 둘, 셋' 하고 합을 맞추듯이 서로 시선을 마주쳤다.

"선서. 양심에 따라 진실만을 말하고, 아무것도 숨기지 않으며, 거짓을 말하지 않을 것을 선서합니다."

마사키는 눈을 감고 선서를 들었다. 두 젊은이의 목소리가 법정 안에 울린다. 싱그러운 목소리였다. 데라모토는 좌절도 겪었지만 결국 건강하게 커서 청춘을 만끽한 사람만이 낼 수 있는 목소리, 사람들과 부대끼고 사랑하고 울고 웃으며 산 사람의 목소리를 냈다.

쇼타는 저 목소리를 어떤 심정으로 듣고 있을까. 14살 때부터 방 안에 틀어박힌 채 허무한 날들을 보냈다. 두 사람과 똑같은 시간이 흘렀을 텐데. 끝내 스스로 목숨을 끊으려 한 아들의 가슴에 저 목소리가 아프게 스며들고 있지는 않을까.

선서가 끝나자 데라모토는 제자리로 돌아가 앉고 리리카만 남았다. 법정에서는 사건과 관계가 먼 사람부터 신문한다. 즉 증인이 먼저고 당사자는 나중이라고 다카이가 미리 알려주었다.

"증인에 대하여 신문을 시작하겠습니다."

"네."

다카이가 고하자 리리카는 차분한 목소리로 대답했다.

"다무라 리리카 씨, 8년 전, 당신은 오오사와 쇼타 씨를 알고 있었습니까?"

"8년 전에는 이름만 알고 있었습니다."

"이름은 어떻게 알았습니까?"

"가나이 리쿠토 씨가 영상을 전송해 주었기 때문입니다."

"당신은 가나이 리쿠토 씨를 알고 있었습니까?"

"가나이 씨의 사촌과 저는 같은 반 친구였습니다. 가나이 씨가 우리 학교 축제에 놀러 온 적이 있어서 그때 함께 차를 마신 적이 있습니다."

"그때 메일 주소를 교환했나요?"

"그렇습니다."

"2013년 6월 20일. 가나이 리쿠토 씨가 당신에게 사진을 전송했군요. 말씀하기 어렵겠지만 어떤 사진이었는지 간단히 설명해 주시겠습니까?"

"네."

호흡을 고르는 모습이다.

"바지를 벗겨서 팬티만 입은 남학생 사진이었습니다. 밑에 오오사와 쇼타 군의 팬티입니다, 라는 글이 있었습니다."

"사진을 보고 당신은 어떻게 느꼈습니까?"

"재판장님, 이의 있습니다!"

가나이 측 무나카타 변호사가 큰소리로 발언을 막았다.

"원고 대리인은 증언을 유도하고 있습니다."

"기각합니다."

재판장이 엄숙하게 고했다.

"네. 그럼 말씀드리겠습니다."

리리카의 목소리는 맑고 또렷했다. 이 자리의 분위기에 전혀 주눅들지 않는 모습이었다.

기자를 꿈꾸는 리리카는 고등학생 때부터 재판을 방청했다고 하니 법정이 익숙한지도 모른다.

"처음에는 눈길을 돌려버렸지만, 제대로 봐야 한다고 생각해서 다시 보았습니다. 오오사와 씨는 울상인지 웃음인지 알 수 없는 표정을 하고 있었습니다. 사람이 자존심을 침범당했을 때 흔히 보이는 표정이라고 생각합니다. 나는 이런 일로 상처받지 않는다고 애써 괜찮은 척하고 있지만, 몸이 따라주지 않는 경우 말이죠. 그래서 기묘하고 애처로운 표정이 된 거라고 생각합니다.”

“당신은 그것이 인간의 존엄이 침범당했을 때 나오는 표정이라 판단했고, 남자아이들이 흔히 하는 장난이라고 생각하지 않았다는 거군요.”

“재판장님, 명백한 유도입니다!”

“기각합니다.”

이의 제기와 기각이 한 차례 오간 뒤 리리카는 다시 또렷한 목소리로 말했다.

“13살이던 제가 봐도 도저히 장난으로 보이지 않았습니다.”

마사키는 가만히 고개를 숙였다. 애송이 아가씨가 언론계에 취직하려고 뻔뻔스럽게 아들을 취재한답시고 나댄다며 분노한 적도 있건만, 그녀는 증언대에 서서 8년 전 사건이 얼마나 사악한 짓이었는지 확인시켜 주었다. 유력한 증언이 될 것이다.

그러나 방심은 금물이다. 이후 가나이 측의 무나카타 변호사가 반대 신문을 시작했다.

키가 큰 중년 남성은 마사키 눈에 매우 심술궂게 보였다.

“다무라 씨에게 묻겠습니다. 전송된 사진은 정말 가나이 씨가 보낸 거였나요?”

“틀림없습니다. 그 후 저는 가나이 씨와 메일을 주고받았는데, 확실히 같은 주소였습니다.”

“당신이 보낸 메일에는 어떤 내용이 적혀 있었나요?”

"그냥 특별한 것 없는 글이었습니다."

"당신은 그때 가나이 씨를 비난했습니까? 이것은 이지메다, 라고 어디 보고했습니까? 혹은 경찰과 상담했습니까?"

"하지 않았습니다."

"왜 하지 않았을까요. 친구끼리 장난 좀 쳤다고 생각했기 때문 아닙니까?"

"재판장님!"

이번에는 다카이가 이의를 제기했지만 기각이었다.

"당신은 아까 애처로운 표정이라고 표현했는데, 현재의 주관적 느낌 아닙니까? 당시에는 이지메라고 생각하지 않았던 것 아닙니까?"

"그렇지 않습니다."

리리카의 목소리는 처음과 달리 긴장하고 있었다. 마사키는 저도 모르게 주먹을 꽉 쥐었다.

"당시 아이들에게는 일종의 규칙이 있었습니다. 뭘 보든 못 본 척해야 한다는 규칙입니다. 아이들은 무력하니까 그러는 수밖에 없습니다. 저는 미국에서 '노블레스 오블리주'라는 개념을 배웠습니다. 보스턴에는 특히 그런 문화가 강합니다. 힘을 가진 사람이 선두에 서서 다양한 문제를 개선해야 한다는 생각입니다. 8년이 흘러 저도 어른이 되어서 미약하나마 힘을 가지게 되었습니다. 그 힘으로 저는 과거에 저지른 잘못을 바로잡아야 한다고 생각하고 여기 섰습니다."

심호흡을 한 뒤에 덧붙인다.

"저는 가진 자의 책임을 다하겠습니다."

법정 여기저기에서 '호오' 하는 탄성이 새어 나왔다. 21살 청년의 용기에 감탄한 것이다.

그녀에 이어서 증언대에 선 데라모토의 뒷모습은 참으로 초라했다.

그를 피고로 봐야 할지 증인으로 봐야 할지를 놓고 다카이와 마사키, 쇼타는 오래 논쟁했다.

"나는 데라모토를 절대 용서 못 해요. 피고로 넣었으면 합니다."

쇼타의 의견에 마사키도 찬성했지만, 다카이가 부자를 설득했다.

"그 심정은 알겠어, 쇼타 군. 하지만 이지메 사건에서는 증인이 절대적으로 부족해. 가령 금품을 갈취하는 이지메였다면 확실한 증거가 남으니까 입증이 쉽지. 자네의 경우는 아무것도 남은 게 없으니 저쪽은 장난이었다고 일관할 거야. 게다가……."

다카이가 말을 흐렸다. 자살 미수의 원인이 되기도 한 사진 때문이다. 아무리 억지로 시킨 행동이라 해도 급우의 등을 밟고 웃는 쇼타의 얼굴이 사진으로 남아 있다. 저쪽 변호사는 반드시 그 약점을 파고들 것이다.

"이럴 때 데라모토 군의 증언이 매우 중요해. 당사자였으니까. 무엇보다 이지메 가해자였다가 피해자가 된 인물이라 가해자의 수법과 당하는 사람의 심정을 모두 잘 알아.”

데라모토는 폴로셔츠에 검은 재킷을 입었다. 최소한 이 자리에 성실히 임하겠다는 의지가 느껴졌다.

증언대에 서기 전에 그는 휠체어에 앉은 쇼타에게 가볍게 고개를 숙였다. 쇼타도 놀라서 저도 모르게 목례할 정도였다.

우선은 다카이가 신문을 시작했다.

“데라모토 씨, 2013년 5월 30일, 당신은 피고와 함께 오오사와 쇼타 군을 뒤에서 계속 발로 찬 일이 있습니까?”

“네, 있습니다…….”

“재판장님, 이의 있습니다.”

이번에는 사토 측 변호사였다.

“유도신문입니다. 8년 전 중학교 2학년생이던 증인이 날짜까지 기억하고 있을 수는 없습니다.”

“원고 대리인.”

판사가 해명하라고 명한다.

“데라모토 씨, 어떻게 그 날짜를 기억하고 있습니까?”

다카이의 물음에 데라모토의 대답 소리는 희미하게 떨렸다. 법정의 분위기에 압도된 기색이다.

“당시 제가 쓰던 피처폰은 사진에 자동적으로 날짜가 기록되는 기종이었습니다. 피고들은 저에게, 이지메를 당하고 분해서 울고 있는 오오사와 군을 촬영하라고 시켰습니다. 그래서 날짜를 확인할 수 있습니다.”

"피고측 대리인, 이해했습니까?"

재판장이 묻는다.

"알겠습니다."

마지못해 대답하는 표정이다.

다카이는 다시 해당 사건으로 돌아갔다.

"데라모토 씨, 당신은 2012년 11월 28일, 피고들과 함께 오오사와 씨를 학교 뒤뜰로 데려갔죠."

"네."

"그때 오오사와 씨를 소각로에 감금한 것은 누구였습니까?"

"가나이 군과 사토 군…… 그리고 저였습니다."

"그 일은 어떻게 일어난 겁니까?"

"가나이 군이 오오사와 군을 뒤에서 꽉 껴안고 저와 사토 군이 다리를 하나씩 들었습니다. 쓰레기더미에 던진 다음에는 문을 닫고 밖에서 잠갔습니다."

마사키는 귀를 틀어막고 싶어졌다.

'아무리 그래도 그런 짓을 해선 안 되잖아…….'

마사키는 데라모토의 등을 향해 소리치고 싶었다.

"그때 당신은 위험한 행동이라고 생각하지 않았습니까?"

"생각했습니다."

그렇다면 왜 그런 거야?

마사키의 마음속에서 의문이 터져나왔다.

데라모토에 대한 반대신문이 시작되었다.

가나이 측의 무나카타 변호사가 자리에서 일어났다. 감색 정장을 입은 모습이 평범한 샐러리맨처럼 보인다.

"데라모토 씨에게 묻겠습니다. 우선, 왜 당신은 피고가 아닙니까?"

"제가 오오사와 군에게 진심으로 사죄했기 때문이라고 생각합니다."

"당신도 이지메에 가담했잖아요? 오오사와 씨가 소각로에 갇히기 전, 당신은 가나이 씨, 사토 씨와 함께 무엇을 했습니까?"

"가나이 군과 사토 군은 처음에는 저를 가두자고 이야기하고 있었습니다. 전날 밤 서스펜스 드라마에서 비슷한 장면이 나왔다고 하면서요. 재미있겠다, 우리도 해보자, 이러면서 분위기가 고조되는 게 무서워서, 차라리 오오사와는 어때? 하고 두 사람에게 말했습니다."

"그렇다면 당신이야말로 오오사와 씨를 감금한 장본인 아닙니까?"

무나카타 변호사는 일부러 놀랍다는 표정을 지었다.

"그런데도 당신은 무슨 이유인지 피고가 아니군요. 왜 원고 측 증인으로 여기 나온 겁니까?"

"모르겠습니다."

"모르겠다니요. 뭔가 거래가 있었던 것 아닙니까?"

“그렇지 않아요…….”

목소리가 점점 작아진다. 저러면 의심만 키우는 거 아닌가. 마사키는 혀를 차고 싶어졌다.

하지만 반대신문은 의외로 짧게 끝나고 다시 다카이의 주신문 차례가 되었다. ‘우리 편’ 변호사는 다르다는 걸 새삼 느끼게 될 정도로 친절한 말투였다.

“데라모토 씨에게 묻겠습니다. 오오사와 씨가 학교에 나오지 않게 된 뒤, 대체 무슨 일이 있었습니까?”

“이지메 상대가 없어진 가나이 군과 사토 군이 이번에는 저를 괴롭히기 시작했습니다.”

“당신도 이지메를 당했다는 거군요.”

“네, 그렇습니다.”

“오오사와 씨가 앞에 있는데 뭔가 하고 싶은 말이 있습니까?”

다양한 의도가 담긴 질문 같았다.

“진심으로 반성하고 있다고 말하고 싶습니다. 제가 이지메를 당하고 나서야 오오사와 군의 아픔을 알게 되었습니다.”

“자신이 이지메를 당하며 겪은 고통을 오오사와 씨에게 전했습니까?”

“네. 고등학교를 중퇴한 것도 말했습니다. 용서를 비는 마음을 저 나름대로 전하려고 했습니다.”

“그 후 당신은 어떻게 지냈습니까?”

잠시 침묵이 흘렀다.

“이지메가 괴로워 고등학교를 중퇴했습니다. 부모님과도 갈등이 깊어져서 지금은 지인 집에 얹혀살며 바텐더로 일하고 있습니다.”

“그렇군요…….”

다카이도 뜸을 두었다.

“그런 시간을 보내면서 느낀 바가 있었을 텐데, 오오사와 씨에게 지금이라도 전하고 싶은 말은 없습니까?”

“정말…… 정말로…….”

말을 잇지 못한다.

“정말 미안하게 생각하고 있습니다. 내 인생 이상으로 오오사와 군의 인생을 망가뜨리고 말았습니다. 저에게 그때 좀 더 용기가 있었다면 좋았을 텐데. 제가 한 짓은 사람을 죽이는 것과 다름없었다고 생각합니다.”

“그런 마음을 담아 사죄했습니까?”

“네.”

“이상입니다.”

마사키는 그제야 호흡을 되찾았다. ‘사람을 죽이는 것과 다름없다’는 말이 마음에 깊이 박혔다. 창문을 깨고 난동을 부리던 쇼타의 모습. 쿵, 하는 굉음. ㄱ자로 꺾인 쇼타의 몸뚱이. 그래, 마음을 죽이는 것도 살인인 것이다.

그때 재판장이 휴정을 고했다.

“1시 45분에 재개합니다.”

방청자들이 일제히 일어나 출입문으로 향했다. 마사키는 쇼타를 데리러 갔다.

"피곤하니?"

"아니."

고개를 젓는다.

"식사하러 가시죠."

다 함께 지하 식당으로 가려고 했는데 두 변호사가 말렸다.

"상대방과 마주칠 가능성이 있으니 밖으로 나가시죠."

"알겠습니다."

엘리베이터를 타려면 꽤 긴 복도를 지나야 한다. 그때 마사키는 다카이가 늘 쇼타 앞에서 걷는다는 사실을 깨달았다. 누군가 불쑥 나타나면 쇼타를 보호하기 위해서였다. 오후에는 가나이와 사토가 출정할 예정이었다.

엘리베이터 앞에 도착하자 다카이가 멈춰 섰다.

"죄송합니다만 먼저 가 계시겠습니까? 나가서 왼쪽으로 잠깐 걸으면 커피숍이 있습니다."

"알겠습니다."

의아해서 돌아보니 다카이가 데라모토에게 오늘 증언해 주어서 고맙다며 인사를 하고 있었다. 자신도 인사해야겠다고 생각했지만, 휠체어를 밀어야 해서 그대로 마키하라와 함께 엘리베이터에 탔다.

1층에 도착하자 쇼타가 조심스럽게 말했다.

"미안한데 화장실에 가고 싶어. 공공기관 화장실이 더 넓고 깨끗할 것 같아서."

"그렇구나."

장애인용 화장실 앞까지 데려다주자 쇼타는 혼자 문을 열고 들어갔다. 도쿄 공공시설이 얼마나 설비가 훌륭한지는 휠체어 탄 아들을 두게 돼서야 알았다.

쇼타가 퇴원하기 전에 집 화장실과 욕실을 급하게 리모델링해서 단차를 없앴지만 여전히 부족했다. 간병인의 도움 없이는 목욕도 제대로 못하는 형편이다.

화장실 앞에서 기다리는데 다카이가 다가왔다.

"여기 있는 걸 어떻게 아셨어요?"

"저도 화장실에 갈까 해서요. 위층 화장실은 누굴 마주칠지 모르거든요."

말은 그렇게 하지만 가만히 서 있는다.

"그런데, 저도 데라모토 씨에게 인사를 했어야 할 것 같은데요."

"오늘은 어쩔 수 없죠. 나중에 편지라도 보내시면 됩니다."

"모처럼 만났으니 차라도 한잔 권할 걸 그랬어요."

"안 그러셔도 괜찮아요."

다카이가 다소 냉랭하게 말했다.

"가해자는 바보니까."

"네?"

"데라모토 군은 결국 가해자입니다. 가해자는 아무리 세월이 흘러도 바보예요. 눈만 감으면 불쾌한 일을 잊어버릴 수 있습니다. 피해자는 달라요. 늘 기억을 곱씹으며 원인을 생각합니다. 말하자면 현인이 되어가죠. 지금은 바보와 현인이 만나지 않게 하는 게 좋습니다. 아, 실례. 저는 화장실에 다녀오겠습니다."

마사키는 잰걸음으로 걸어가는 다카이의 뒷모습을 놀란 얼굴로 쳐다보았다.

다카이가 쇼타와 마사키에게 말했다. 오후부터가 진짜라고.

"저쪽에서 쇼타 군을 추궁할 테니까 각오하고 있어야 해. 절대 흥분하지 마. 상대방은 이쪽이 분노하도록 불쾌한 말을 던지고 평정심을 무너뜨리는 온갖 전술을 구사할 거야. 그래도 평정심을 유지해. 절대 말려들면 안 돼."

먼저 다카이의 주신문이 시작되었다.

"오오사와 쇼타 씨, 진술서는 본인의 기억에 기초하여 작성되었습니까?"

"네."

"오오사와 씨는 지금 무슨 일을 하고 있습니까?"

"집에서 요양하고 있습니다."

"다녔던 학교를 말씀해 주시겠습니까?"

"사립 세이후 중학교입니다."

"몇 년도까지 거기 다녔죠?"

"중학교 2학년 때 중퇴했습니다. 하지만 의무교육제 때문에 졸업은 한 것으로 처리되어 있습니다."

"왜 중퇴했습니까?"

"이지메 때문입니다."

쇼타의 얼굴이 창백해졌다. 생각해 보면 쇼타가 많은 사람 앞에서 이야기하는 것은 중학생 때 이후 처음이다.

"어떤 이지메를 당했습니까?"

“…….”

“천천히, 생각나는 것부터 말해도 좋습니다.”

“처음에는 물건을 숨기거나 창밖으로 던져버리는 것으로 시작되었습니다. 뒤에서 갑자기 발로 차거나 뒤통수를 때리기도 했고요. 화장실 변기에 얼굴을 밀어 넣기도 했습니다. 세 명이 달려들어 2층 베란다에서 거꾸로 매달았을 때는 정말로 죽는 줄 알았습니다.”

뭔가에 홀린 듯 단숨에 말했다.

“운동복을 쓰레기통에 넣고 그 위에 연필 가루를 뿌려놓았습니다. 수업 중에도 교사가 칠판을 보는 동안 지우개를 던지거나 머리카락을 잡아당기는 자잘한 괴롭힘이 매일 있었습니다.”

마사키가 처음 듣는 내용도 적지 않았다. 다리에서부터 부들부들 경련이 올라온다.

당연하지 않은가!

불쑥 외치고 싶었다.

이런 일이 있었으니 도망치는 게 당연하지 않은가.

내 아들은 등교를 거부한 것이 아니다. 잔인한 세상에서 도망쳤을 뿐이다.

“오오사와 씨, 학교를 중퇴하고 무엇을 했습니까?”

“방 안에만 틀어박혀 지냈습니다.”

“언제까지 그랬습니까?”

“오늘까지 계속되고 있습니다.”

“당신은 이지메 때문에 오늘까지 방 안에 틀어박혀 있었군요.”

“그렇습니다.”

마사키의 감정과 상관없이 그들의 대화는 속도감 있게 진행되었다. 재판장의 마음에 뭔가를 새기기 위해서.

“일상적으로 폭력을 당했다고 했는데, 계기는 무엇이었나요?”

“양치질이었던 것 같습니다.”

“양치질이라고요?”

마사키는 놀라서 고개를 들었다.

“어릴 때부터 도시락을 먹고 나면 화장실 세면대에서 양치질하는 습관이 있었습니다. 제 양치 세트는 유치원 때부터 좋아하던 캐릭터가 그려져 있었는데, 그걸 보고 놀리기 시작했습니다. 입학한 직후였습니다.”

입이 멍하니 벌어졌다. 정수리를 한 대 얻어맞은 기분이었다. 치과 의사인 만큼 아들 쇼타에게도 당연히 어릴 때부터 양치질을 철저히 가르쳤다.

알겠지? 언제 어디서나 밥 먹은 뒤에는 꼭 양치질을 해야 해. 응? 다른 애들은 양치질 안 해? 무슨 상관이냐. 그놈들이 뭘 몰라서 그러는 건데…….

“평소 좋아하던 양치 세트였군요.”

“네, 아버지 치과에서 옛날부터 팔던 제품이었습니다. 칫솔이 낡으면 어머니가 바꿔 주셨습니다. 그런데 분홍색이라는 이유로 놀리기 시작하더니 제 칫솔을 화장실 변기에 던져버렸습니다.”

기억이 잇달아 살아난다.

다카이는 질문을 멈추지 않았다.

"바지가 벗겨졌을 때를 기억합니까?"

"네, 잊고 싶어도 잊을 수 없습니다. 점심시간에 가나이 군이 갑자기 저를 칠판 앞으로 끌고 갔습니다. 그리고 데라모토 군과 사토 군이 함께 바지를 벗겼습니다. 저는 깜짝 놀라 아무 저항도 못 했습니다."

"사진 촬영을 당한 거군요."

"네. 저를 찍으면서 '치즈' 하며 웃었습니다."

"소각로에 갇힌 일도 있었지요?"

"네, 처음에는 장난인 줄 알았는데 아무리 기다려도 문이 열리지 않았습니다. 캄캄한 곳에서 소리쳐도 아무도 오지 않아서 정말로 죽는 건가 생각했습니다."

"조무원이 문을 열어줄 때까지 계속 갇혀 있었군요. 그곳에 가둔 사람들은 아무도 열어주지 않았고요."

"네, 그렇습니다."

"가나이 씨와 사토 씨에게 하고 싶은 말은 없습니까?"

"8년이 지났지만 제가 당한 일은 평생 잊지 못할 겁니다. 제대로 인정하고 사죄해 주기를 바랍니다."

"이상입니다."

이내 반대신문이 시작되었다. 다카이가 '백전노장'이라고 평했던 학교 측 변호사가 나섰다.

"오오사와 씨에게 먼저 묻겠습니다."

낮고 느린 목소리였다. 조금 전 다카이의 말투와는 전혀 다르다.

"오오사와 씨, 먼저 당신이 제소한 이유를 말씀해 주시겠습니까?"

마사키는 주먹을 꼭 쥐었다. 다카이와 몇 차례 연습했던 질문이다. 쇼타는 또렷한 목소리로 대답했다.

"지난 8년간 매우 힘든 시간을 보냈는데 그 이야기를 할 기회를 얻고 싶었습니다."

"당신은 등교를 거부하고 8년이나 방 안에 틀어박혀 있었군요. 중학생 시절에 겪은 이지메 때문입니까?"

"그렇습니다."

"8년 전 당신은 이지메 사실을 학교 측에 알렸습니까?"

"알리지 않았습니다."

"친구에게 얘기했습니까?"

"말하지는 않았지만 모두 알고 있었습니다."

"부모와 상의했습니까?"

"상의하지 않았습니다."

"왜 부모와 상의하지 않았습니까?"

"……."

답하기 난처한 질문이 잇달아 날아들자 쇼타는 답변을 머뭇거렸다. 그 틈을 놓칠세라 변호사가 추궁했다.

"이유가 뭡니까?"

"……걱정을 끼치고 싶지 않아서입니다."

"이지메에 대하여 부모에게 얘기한 것은 언제입니까?"

"분명하게 말한 것은 제소하기 전입니다."

"정확하게 언제였습니까?"

"제소하기 반년쯤 전입니다."

"그때까지 7년이라는 시간이 있었는데 왜 이제 와서 이야기했습니까?"

"저를 포기하지 않고 늘 곁에 있어 주셨기 때문입니다."

눈시울이 뜨거워졌다. 그렇다, 다카이가 집으로 방문한 그날이었다. 자신과 세쓰코는 나란히 앉아 있었다…… 그 상황을 쇼타는 '포기하지 않았다'고 받아들인 것이다.

"그런데 당신은 지금 심각하게 부상을 입었군요. 언제 다친 겁니까?"

"올해 4월입니다."

"이미 재판이 시작된 뒤에 일어난 사고군요."

"그렇습니다."

"무엇을 하다가 사고가 난 겁니까?"

"이야기를 하고 있을 때입니다."

"무슨 이야기를 하고 있었나요?"

"그건 말할 수 없습니다……."

"여기 당신의 진료기록이 있습니다. 의사 소견에 따르면 '부친과 말다툼 끝에 투신'이라고 되어 있습니다. 당신은 다치기 전 부친과 심하게 말다툼을 했군요."

"아뇨, 아버지는 직접적인 원인이 아닙니다."

머뭇거리는 말투였다.

"그런데 오오사와 씨, 자기 집이 원만한 가정이라고 생각합니까?"

"보통이라고 생각합니다……."

"당신 부모는 현재 별거 중이라고 들었는데, 사실입니까?"

"재판장님! 이의 있습니다!"

다카이가 외쳤다. 그러나,

"가족 관계도 중요한 사실이라고 생각합니다만."

이라는 변호사의 반론에,

"이의를 기각합니다."

라고 재판장이 명했다.

한 마디도 놓치지 않으려고 온 신경을 집중하고 있던 마사키의 귀에 문득 거슬리는 소리가 들렸다. 문 여는 소리다. 아무리 법정은 자유롭게 드나들 수 있다지만, 이 시간에 들어온다면…… 그렇다, 두 사람밖에 없다.

마사키는 고개를 홱 돌려 방금 들어온 두 청년을 보았다.

그리고 오른쪽이 가나이 리쿠토라는 것을 직감했다.

'왜 내가 이런 곳에 나와야 하는 건데'

라는 불만과 희미한 불안이 두 사람의 얼굴에 감돌고 있다. 특히 오른쪽 청년에게서는 주위를 낮잡아보는 듯한 오만함이 느껴졌다.

살짝 들린 턱이 말하고 있다.

'나는 엘리트 의대생이다.'

이목구비도 반듯했다. 데라모토 역시 요즘 인기 있는 스타일이지만, 가나이는 한층 더 세련되어 보였다. 능직 재킷도 또래 청년에게는 꽤 사치스러운 차림이었다.

한편 사토는 체구가 작고 얼굴이 동그랗다. 둥근 눈이 불안하게 연신 좌우로 움직인다. 마사키는 두 사람을 잠시 노려보았지만, 두 사람은 반응하지 않았다. 아마 도중에 입장한 사람을 향한 시선 정도로 생각했을 것이다. 실제로 고개를 돌려 쳐다보는 사람이 여러 명 있었다.

쇼타에 대한 반대신문이 이어졌다.

"그럼, 댁의 부모님은 현재 불화 중이라고 생각해도 되겠군요."

"그렇습니다……."

"오오사와 씨, 그렇다면 이상하지 않습니까? 이지메가 원인이라면 7년간이나 방 안에 틀어박히기 전에 일찌감치 누군가에게 상담했어야 하지 않겠습니까? 부모와 관계가 원만했다면 상의할 수도 있었겠죠. 이지메 외에 다른 문제가 없었다면 부모님이 별거할 이유도 없었을 겁니다. 당신 가정은 처음부터 금이 가 있었던 거죠. 오래전부터."

"아닙니다."

쇼타가 고개를 들었다.

"오히려 부모님의 불화는 저의 긴 히키코모리 생활 때문이라고 생각합니다. 방 안에 틀어박히기 전에는 지극히 평범한 가정이었습니다."

그건 거짓말인데. 마사키는 움찔했다. 아내 세쓰코는 말했다. 좀 더 일찍 이혼했더라면 좋았을 텐데. 치매에 걸린 시아버지의 간병을 나에게 떠넘기고 모르는 척하던 당신을 용서할 수 없었어. 당시 어린 쇼타가 자살을 말려주었다는 말도 했다. 쇼타는 지금 과감한 거짓말을 하고 있다.

"히키코모리 이전에는 가정에 아무 문제도 없었다는 겁니까?"

"네, 그렇습니다."

쇼타가 어느새 이런 배짱을 가지게 되었을까. 상대방의 도발에 태연하게 대응하고 있다.

"다시 한번 묻겠는데, 원만한 가정에서 자란 당신이 어째서 오랫동안 이지메 사실을 부모와 상의하지 않았습니까?"

"부모님께 걱정을 끼쳐드리고 싶지 않아서입니다. 아버지는 매일 열심히 치과 일을 하고 있었고 당시 어머니는 할아버지 간병으로 힘들어하셨습니다. 두 분을 보면서 내 문제까지 떠안기면 안 되겠다고 생각했습니다."

"당신이 투신한 날로 돌아갑시다. 의사 소견을 보더라도 그날 당신은 아버지와 갈등이 있어서 격렬하게 말다툼을 했다고 되어 있습니다. 아버지의 호통을 듣고 3층에서 뛰어내린 거 아닙니까?”

마사키는 손수건을 꼭 쥐고 호흡을 고르려고 애썼다. 아니야, 아니야. 내가 그렇게 분노한 것도 다 이지메 때문이다. 조금 전 시치미 뗀 얼굴로 빈 자리에 미끄러지듯 앉은 저 두 청년 때문이다. 두 사람의 폭력이 8년 후 형태를 바꾸어 나를 광기로 몰아넣고 아들을 궁지에 빠뜨린 것이다.

“그날 아버님이 화가 많이 나셨군요.”

“네, 아버지는 분명히 화가 나셨습니다. 제게 실망했다고 했습니다.”

아니다. 거짓말을 하려면 제대로 해야지. 이대로 가다가는 부친의 호통 때문에 투신한 셈이 되잖니.

“8년 전 가나이 군과 사토 군 두 명의 강요로 저는 다른 학생에게 폭력을 저질렀습니다. 그들은 그 장면을 사진으로 찍었습니다. 아버지는 피고 측이 제출한 사진을 보고 격노했습니다. 아버지는 사람이 사람을 괴롭히는 짓이 최악의 행동이라고 믿으시기 때문입니다. 이지메와 폭력을 저지른 사람을 제소한 아버지니까요. 그 사진에 낙담하신 아버지가 실망했다고 저를 꾸짖으신 겁니다. 아버지로서는 당연한 일입니다. 저는 아버지 생각이 옳다고, 지금도 자랑스럽게 생각합니다. 투신한 것은 제가 나약했기 때문입니다. 제 과거를 감당하지 못한 제 탓입니다.”

마사키는 참지 못하고 울음을 터뜨렸다.

마침내 왼쪽 청년이 피고석으로 나왔다. 역시 그가 사토 요이치였다. 갈색 재킷에 흰 치노팬츠 차림이다. 피고석에 앉자마자 긴장이 그대로 드러났다. 연신 침을 삼키며 헛기침을 반복하고 있었다.

사토 측 변호사의 상투적인 주신문이 끝나자 마침내 다카이가 신문을 시작했다.

"사토 요이치 씨, 당신은 오오사와 쇼타 씨와 중학교 1학년 때부터 같은 반이었죠?"

"네, 그렇습니다."

"당시 당신은 오오사와 씨에게 집요한 이지메를 반복했다는 증언이 있습니다. 사실입니까?"

"기억나지 않습니다."

"이지메 때문에 오오사와 씨는 학교에 갈 수 없게 되었습니다."

"기억나지 않습니다."

"당시 학교 소각로에서 어떤 일을 했는지는 기억하겠죠?"

"……기억나지 않습니다."

"그럴 리가 있나요. 지금 자기 태도가 불성실하다고 생각하진 않습니까?"

"기억나지 않습니다."

자기 변호사에게 쓸데없는 발언은 절대 안 된다, 그냥 기억나지 않는다고만 대답하라는 조언을 들은 게 분명하다. 그는 같은 말만 반복했다.

"다시 묻겠습니다. 당신이 매일 괴롭히던 오오사와 씨에 대한 일입니다."

"기억나지 않습니다."

마침내 보다 못한 판사가 충고했다.

"기억나지 않는 것은 그렇게 말해도 좋습니다. 다만 기억나는 것이 있다면 정확하게 진술해 주세요."

그러나 끝까지 그는 가느다란 목소리로 반복했다.

"기억나지 않습니다……."

다카이가 짐짓 체념했다는 듯 고개를 젓고 자기 자리로 돌아갔다.

대학 4학년인 사토는 이미 대기업 취직이 결정되었다고 들었다. 그런 만큼 섣부른 진술은 일체 하지 않겠다는 작전이다. 그러나 '기억나지 않습니다'만 반복되는 모습에 마침내 방청석에서 실소가 새어 나왔다. 다들 다무라 리리카의 증언과 비교하고 있는 게 분명하다.

다음으로 가나이 리쿠토가 피고석에 앉았다. 마사키는 그의 뒤통수를 바라보았다. 세련된 스타일로 다듬었다. 옷도 헤어스타일도 돈과 시간을 듬뿍 투자한 멋진 모습이구나, 하며 어쩔 수 없이 가시 돋친 시선으로 바라보고 만다. 인기 있는 헤어살롱에 다니고 있겠지. 쇼타는 알지도 못할 곳이겠지.

가나이 측 무나카타 변호사의 신문이 시작되었다.

"가나이 리쿠토 씨, 당신은 오오사와 쇼타 씨를 기억합니까?"

"네."

“어떤 관계였습니까?”

“오오사와 군과 저는 중학교에 입학한 뒤 늘 같은 반이었고 계속 친구 사이였습니다.”

‘친구’라는 말에 쇼타가 움찔하고 반응했다. 생각지도 못한 단어이기 때문일 것이다.

“친구였군요?”

무나카타 변호사가 확인한다.

“네, 그렇습니다.”

아무 망설임도 없고 꾸미는 기미도 없다. 맑고 명료한 목소리였다. 피고는 재판관을 쳐다보며 이야기하듯이 진술하는 게 좋다고들 한다. 실제로는 그러는 사람이 거의 없다고 다카이에게 들었는데, 가나이는 스스럼없이 재판관을 바라보며 이야기하고 있다.

“여기 오오사와 씨가 다른 학생을 괴롭히는 사진이 있는데, 이 사진은 어떻게 입수했습니까?”

“오오사와 군이 저와 데라모토, 사토의 휴대폰으로 직접 보내주었습니다.”

“오오사와 씨는 이 학생을 엎드리게 해놓고 등을 밟고 있군요. 오오사와 씨는 왜 이런 이지메를 한 걸까요?”

“바지 벗기기, 다리 걸기와 함께 당시 유행하던 장난이었습니다. 쇼타 군도 우리와 마찬가지로 장난치고 있었던 게 아닐까요.”

“그밖에 또 어떤 장난이 유행했습니까?”

"소각로 체험도 있었습니다."

"소각로 체험?"

"소각로에 들어가는 것도 다들 재미있어했습니다. 데라모토 군은 다르게 느낀 것 같지만, 저나 사토도 분명히 소각로에 들어간 기억이 있습니다. 그렇게 장난치는 사진을 당시 오오사와 군이 제게 많이 보내주었는데, 지금은 남아 있지 않습니다."

가나이는 어떤 얼굴로 이런 말을 하고 있을까. 마사키는 앞으로 나가 표정을 확인하고 싶은 충동과 필사적으로 싸웠다. 어떻게 이토록 해맑게 거짓말을 하지? 사정을 모르는 사람이 보면 쇼타도 함께 장난치며 즐거워했으리라 믿을 것 같다.

가족을 지키려고 필사적이었던 쇼타의 거짓말과는 전혀 다르다.

"이 사진 말고도 오오사와 씨가 이지메 같은 행동을 하는 사진을 갖고 있었다는 말인가요?"

"이지메인지 어떤지는 모르겠지만, 오오사와 군이 다른 학생을 발로 차거나 바지를 벗기는 사진을 분명히 가지고 있었습니다."

거짓말! 마사키가 막 소리치려고 했지만 간발의 차로 다른 사람이 외쳤다.

"거짓말! 다 거짓말이야!"

쇼타였다. 다카이 변호사가 말리려고 필사적으로 눈짓을 보내고 있었다.

다카이가 이번에는 반대신문에 나섰다.

"가나이 리쿠토 씨, 당신은 팬티 차림의 오오사와 씨 사진을 다무라 리리카 씨에게 보냈죠. 왜 그랬습니까? 아무리 장난이었다고 해도 오오사와 씨와 아무런 면식도 없는 사람에게 사진을 보내는 것은 부자연스럽지 않습니까?"

"그때는 좋아하는 여학생에게 우리끼리 장난치는 사진을 보내는 게 유행이었습니다. 깊이 생각하지 않고 보낸 겁니다. 오오사와 군도 누군가에게 비슷한 사진을 보냈을 거라고 생각합니다. 설령 그랬다 해도 저는 원망하지 않았을 겁니다. 다들 그렇게 했으니까요."

가나이는 어떤 의사가 될까.

의대생 때부터 지금처럼 태연하게 거짓말을 하니, 장차 의료 사고도 어물쩍 넘기거나 남 탓으로 돌리지 않을까.

여기 있는 기자들이 '가나이 리쿠토'라는 이름을 기억에 깊이 새기기를 바랐다. 민사재판이라 기자는 피고의 실명을 보도하지 않는다. 하지만 '리쿠토'라는 특이한 이름은 기자들의 기억에 남을 게 틀림없다. 몇 년쯤 뒤 심각한 의료 사고가 발생했을 때, 위증죄 혐의를 받는 의사 중에서 리쿠토라는 이름을 발견하리라. 나는 예언한다. 이를 갈면서 예언한다…….

"질문을 바꾸겠습니다. 당신은 오오사와 씨를 장난으로 소각로에 가두었다고 했는데, 장난이었다면 왜 바로 꺼내주지 않았습니까?"

"솔직히 기억나진 않지만, 저도 예전에 갇혔다가 친구들이 깜빡 잊어버려서 오래 갇혀 있던 적이 있습니다. 사람은 자기가 한 일은 잊어도 당한 일은 잊지 못한다고 하니까요."

"그럼 이 사진은 어떻게 된 겁니까. 오오사와 씨가 다른 학생을 괴롭히는 사진입니다. 오오사와 씨에게 친구 등을 발로 밟으라고 당신이 강요한 것 아닙니까?"

"다들 주고받는 장난이었습니다. 저도 사진에서처럼 밟힌 적이 있었던 것 같습니다. 중학생이었으니까요."

"사진에 찍힌 피해자가 누구인지는 기억하고 있죠?"

"모릅니다."

훈훈한 목소리로 대답했다.

"친구 아닙니까?"

"오오사와 군은 알고 있는지 모르지만, 제 친구는 아닙니다. 이름도 모릅니다."

"정말입니까?"

"정말입니다."

그때 탁자에 놓인 스마트폰이 진동 모드로 울리기 시작했다. 다카이는 스스럼없이 스마트폰을 집어 들고 잠시 들여다 보았다.

"가나이 씨, 당신의 이메일 주소는 Kanai@gmail.net이군요."

"……네."

처음으로 목소리가 흔들렸다.

다카이의 말투가 느릿해진다.

"사진 속 피해자 학생은 후지타 유키 씨입니다. 우리는 후지타 씨에게 증언을 요청했는데 ‘협력할 수 없다’며 거절하더군요. 이유를 아십니까?”

“모릅니다.”

“당신은 분명히 후지타 씨를 모른다고 했지요?”

“네.”

“그럼, 나흘 전인 11월 8일, 당신이 메일을 보낸 상대는 누굽니까?”

“네?”

“당신은 11월 8일 후지타 유키 씨에게 다음과 같은 내용의 메일을 보냈습니다. ‘아 나, 진짜 짜증나 미치겠다. 8년 전 일로 재판을 받으라니, 그 자식, 머리가 어떻게 된 거 아냐? 아무튼 나에 대해서는 아무 말도 하지 마라. 부탁한다’. 당신은 후지타 씨를 모른다고 했습니다. 그런데 후지타 씨에게 왜 메일을 보낸 겁니까? 이 사진에 찍힌 피해자에게 말입니다.”

“모르겠습니다…….”

“모르겠다? 후지타 씨가 증언하면 당신이 불리하기 때문 아닙니까?”

이의 있습니다! 라고 가나이 측의 무나카타 변호사가 소리쳤지만 재판장이 기각했다.

“이 메일은 아까 말한 이메일 주소에서 발송된 것입니다.”

“모르겠습니다.”

“모르겠다니, 아까 사토 씨와 같은 답변을 하고 있군요. 당신은 조금 전까지만 해도 거침없이 진술하지 않았습니까?"

법정에 있는 사람들이 모두 놀랐다. 누군가 보낸 메일 한 통이 흐름을 뒤집고 있었다. 엎드린 채 등을 밟히던 피해자가 스스로 자기 이름을 밝히고 나선 것이다. 더구나 가나이에게 입막음 압박을 받았다는 증거까지.

"왜 당신은 후지타 씨에게 '아무 말도 하지 말라'는 메일을 보냈습니까? 후지타 씨가 진술하면 곤란해진다는 것을 알고 있기 때문 아닙니까?"

"재판장님, 이의 있습니다! 원고 대리인은 자신의 주관을 말하고 있습니다."

무나카타 변호사가 당황한 얼굴로 나섰다.

"재판장님, 보시다시피 저는 그저 질문을 하고 있을 뿐입니다."

"이의를 기각합니다."

"당신은 후지타 씨가 이 자리에서 어떤 증언을 하게 될지 짐작한 겁니까? 이 사진은 다른 학생이 오오사와 씨에게 후지타 씨의 등을 발로 밟으라고 강요해서 찍은 것이다. 이 전말을 알고 있기 때문에 증인으로 불러내면 안 된다고 생각한 것 아닙니까?"

"……."

"대답해주세요. 가나이 리쿠토 씨……."

가나이는 고개를 숙인 채 한 마디도 하지 않았다.

다카이는 분노로 가득 찼던 목소리를 가라앉히고 차분하게 말했다.

"당신은 비슷한 방식으로 여러 사람의 입을 막아온 것 아닙니까? 데라모토 씨도 당신에게 이지메를 당했다고 했는데, 그에게도 입막음을 시도했더군요. 후지타 씨에게도. 오오사와 씨에게도 당신은 침묵을 강요했습니다. 그래서 오오사와 씨는 부모에게도 교사에게도 아무 말도 못 했겠지요."

"……."

가나이는 이제 한 마디도 하지 않는다. 아니, 말할 수 없었다.

"당신은 자신의 행동이 잘못이라는 걸 알고 있었습니다. 그래서 감추려 했던 겁니다."

"……."

"당신도 22살입니다. 더구나 의사가 되려는 사람입니다. 오오사와 씨가 8년을 어떻게 보냈는지 듣고도 그에게 사죄하려고 하지 않은 겁니까?"

잠시 침묵이 흘렀다.

"모르겠습니다."

"이상입니다."

사람들이 엘리베이터 쪽으로 빠져나갈 때, 복도 구석에는 마사키와 쇼타, 그리고 다카이와 마키하라가 마주보고 서 있었다.

"선생, 완전히 다른 사람 같았습니다. 놀랐어요."

마사키가 고개를 숙이자 다카이가 겸연쩍게 손을 내둘렀다.

"아뇨, 데라모토 군 덕분입니다. 점심시간에 불쑥 커피숍에 와 주었잖아요."

"네, 밖으로 나가서 이야기를 하기에 무슨 일인가 했습니다."

"데라모토 군은 쇼타 군과 마찬가지로 후지타 씨에게 죄책감을 품고 있더군요. 그래서 얼마 전부터 후지타 군을 끈질기게 설득했다고 합니다. 후지타 군은 생각해 보겠다는 둥 갈등에 끼어들고 싶지 않다는 둥 회피했지만, 그래도 혹시 생각이 바뀌면 가나이가 보낸 입막음 메일을 전송해 줄 수 있었죠. 데라모토 군은 끈기 있게 기다리고 있었던 겁니다. 피고신문이 끝나는 2시 45분까지는 꼭 메일을 달라고 부탁해 놓고 말입니다. 후지타 군이 마침내 데라모토 군에게 메일을 보냈고, 데라모토 군은 즉시 저에게 전송해 주었습니다."

"데라모토가 그렇게까지 해 주다니……."

쇼타는 고개를 숙였다. 데라모토도 용서할 수 없다고 단호하게 말했던 때를 떠올렸을 것이다.

"데라모토 군은 바보가 아니었어요. 가해자이긴 했지만."

"네에……."

"쇼타 군. 한 가지 중요한 일이 남아 있어. 후지타 군에게 사죄하는 거야. 어떤 상황이었든 자네는 가해자였으니까."

먼저 사죄하고 나서 판결을 기다리자, 라며 다카이가 쇼타의 어깨를 두드렸다.

1달 뒤.

도쿄지재 824호 법정에서 판결이 나왔다.

"주문. 피고들은 연대하여 원고에게 150만 엔 및 이에 대한, 헤이세이 25년 9월 1일부터 지불이 완료될 때까지의 이율 연 5퍼센트의 이자를 지불하라."

민사재판은 형사재판과 달리 싱겁게 판결이 나온다. 원고와 피고가 법정에 출석하지 않고 변호사도 입회하지 않는 경우가 흔하다. 그러나 마사키와 쇼타는 방청석에 앉아 재판장의 말을 들었다. 쇼타가 직접 듣고 싶어 했기 때문이다.

재판장은 휠체어에 앉은 쇼타를 쳐다보며 마지막으로 이렇게 덧붙였다.

"오오사와 씨, 부디 앞으로는 몸을 소중히 여기며 힘찬 인생을 살아가시길 바랍니다."

"네."

쇼타가 작은 소리로 대답하고 고개를 끄덕였다. 그 표정에서는 아무것도 읽어낼 수 없었다. 이겼는지 졌는지, 실은 마사키도 알 수 없었다.

"당연히 이긴 거 아닙니까?"

복도로 나오자 마키하라가 미소를 지으며 말했다.

"이겼으니까 위자료를 받는 거죠."

"금액이 너무 적지 않습니까?"

"오오사와 씨, 전에도 말씀드렸지만, 저도 1억 5천만 엔을 정말 받아낼 수 있다고 생각하지는 않았습니다. 뻥이었어요."

"뻥을 친 겁니까?"

"아니, 뻥을 쳤다는 말은 조금 지나쳤군요. 휠체어에 앉은 쇼타 군의 상황을 강조하기 위한 전술이었습니다. 그러나 이런 재판에서 150만 엔이라면 대단한 승리입니다."

"그런가요……."

마사키가 물었다.

"저쪽에서 항소하지 않을까요?"

"안 합니다."

단호하게 대답했다.

"안 합니다. 할 리가 없죠."

"어째서죠?"

"저쪽은 재판을 오래 끌면 불리한 사람뿐입니다. 학교는 언론에 오를 수 있고, 사토 군은 취업 문제가 걸려 있고, 가나이 군은 의사국가고시를 앞두고 있으니까요. 한시라도 빨리 150만 엔으로 퉁치고 손 떼고 싶을 겁니다."

"저어, 선생."

"네?"

"이 재판 소식이 사토를 채용한 회사에 알려지지 않을까요? 그러면 취업이 취소되지 않습니까?"

"오오사와 씨, 유감이지만 일본 기업은 별로 엄격하지 않습니다. 알려지더라도 중학생 아이들끼리 치고 박고 하는 정도로 받아들일 게 틀림없습니다.”

“그렇습니까…….”

“몇 번이나 말씀드리지만 재판은 린치가 아닙니다. 공정한 판단을 받아 결론을 내는 과정입니다. 바로 오늘 우리가 명확하게 결말을 냈다고 생각하지 않으세요? 쇼타 군, 어떻게 생각해?”

몸을 조금 숙여 휠체어에 앉은 쇼타를 보았다.

“저는 그렇게 생각해요. 얼마 전 반대신문에서 변호사님이 가나이의 거짓말을 폭로해주셨죠. 제 마음에서는 그때 딱 결말이 났어요.”

“암, 그래야지.”

다카이가 쇼타의 어깨를 탁 쳤다. 하지만 ‘결말을 냈다’고 하기에는 아들의 얼굴이 개운치 않은 점이 마음에 걸렸다.

기자회견은 법원기자클럽에서 열렸다. 판결 직후 심경을 묻는 기자들의 요청을 받아들인 것이다. 다만 다카이는 실명 비공개와 목 아래만 촬영한다는 조건을 제시했다.

"기자회견을 보는 사람들은 오오사와 씨의 말씀과 복장만 봐도 올곧은 아버님이라는 걸 금방 알 수 있을 겁니다."

참석한 기자는 10여 명. 생각했던 것보다 많다. 방송국, 신문, 잡지, 인터넷뉴스 기자들도 와 있다고 했다.

지난달 다카이가 당사자신문을 하던 중 가나이를 추궁하던 모습이 제법 화제를 모았다는 점도 있지만, 과연 8년 전 이지메도 소송이 가능한가 하는 점이 큰 주목을 끌었다.

다카이의 인사와 설명이 끝나자 남성 기자가 먼저 입을 열었다.

"마이아사신문 사회부 요코야마입니다. 지금 심경을 말씀해 주십시오."

"아들이나 저나 이제야 한시름 놓았습니다. 8년 전 사건이라 증거가 있느냐가 관건이었는데, 다행히 소중한 증언을 해주실 분들을 찾아낼 수 있었습니다. 그리고 가해자들이 이지메를 하려고 전송한 휴대폰 사진 파일이 뜻밖에 이지메의 증거가 되었습니다. 그런 점들을 인정받을 수 있어서 다행입니다."

질문한 기자는 고개를 끄덕였다. 다른 사람들은 이쪽을 보지도 않고 노트북 키보드를 두드렸다.

"소송을 결심한 이유를 말씀해 주십시오."

다른 기자가 질문했다.

"아들의 잃어버린 삶을 되찾아주고 싶었습니다."

일제히 타이핑 소리가 들린다.

"그리고 아버지에 대한 아들의 신뢰를 되찾기 위해서였습니다. 8년 전 아들이 등교를 거부할 때, 저는 아들에게 가장 필요한 것을 해주지 못했습니다. 상담소에는 데려갔지만 근본적인 문제를 보지 못했던 겁니다. 아들은 학교에서 공격당하고 있었습니다. 범인을 찾아내서 이지메가 범죄임을 깨닫게 하고 멈추는 것. 간단한 일이지만, 그 노력을 게을리했습니다."

"말씀은 그리 하시지만, 중학생을 상대로 대응을 하기는 어려운 일 아닙니까?"

"물론 쉽지 않습니다. 당시 저는 이유도 모르고 무조건 학교에 가라고 호통쳤습니다. 그 결과 아들의 신뢰를 완전히 잃고 말았습니다."

손수건으로 땀을 닦았다. 조금 전부터 기자들이 카메라로 촬영하고 있는데, 정말로 얼굴은 가려줄까.

"소송 과정에서 아들이 말해주더군요. 아버지가 늘 곁을 지켜주었다고. 나를 포기하지 않았다고. 그 말을 듣고 소송하길 정말 잘했다고 생각했습니다."

"대단히 실례되는 말이지만, 증인신문 전에 아드님이 자살을 기도했다고 들었습니다."

이번에는 여성 기자였다. 아직 젊다. 짐짓 심각한 목소리로 물었다.

"그 일에 대해서는 어떻게 생각하십니까?"

어떻게 생각하냐고? 몰라서 묻나! 당연히 슬프고 고통스럽지. 소리치고 싶은 것을 꾹 참았다.

"그 일은 제게 큰 책임이 있습니다. 재판 도중에 제출된 증거 사진을 보고 아들을 꾸짖었기 때문입니다. 아들은 분명히 자살을 기도했지만 지금은 잘 회복해서, 휠체어를 타기는 해도 법정에 빠짐없이 나갔고, 조금 전에는 저와 함께 판결을 들었습니다."

"다행이군요."

건조한 말투였다. 또 다른 기자가 질문했다.

"자녀의 등교 거부로 고민하는 전국의 수많은 학부모에게 전하고 싶은 말씀은 없습니까?"

"자녀와 함께 싸워주십시오."

주변을 둘러보았다. 그리고 천천히 반복했다. 목소리가 떨렸지만 어쩔 수 없었다.

"아이를 믿고, 너를 지켜줄 수 있는 것은 이 세상에 아빠와 엄마밖에 없다고 계속 말해주십시오. 이지메는 간단히 해결할 수 있는 일이 아닙니다. 소송은 돈과 시간이 듭니다. 하지만 진실은 알 수 있었습니다. 아들은 자기가 잘못하지 않았다는 확신을 얻었습니다. 우리 부자에게는 그것이면 충분했습니다……."

매달 두 번 정도 세쓰코가 방문하게 되었다.

"가끔은 엄마 얼굴을 보여줘야지."

마사키의 부탁을 받아들여준 것이다. 쇼타와 이런저런 이야기도 하고 때로는 아들이 좋아하는 음식을 만들어 주기도 한다. 세쓰코가 집을 나간 뒤 마사키는 주에 3일 정도는 파트타임 가정부를 불러서 집안일을 처리했지만, 세쓰코는 가정부가 오지 않는 날 찾아와 청소를 건성으로 한다는 둥 종종 불평을 했다.

전남편을 대하는 태도는 아직 어색하지만, 그래도 사무적인 대화를 하다가 스스럼없이 잡담을 나눌 때도 있었다. 판결이 나왔을 때는,

"텔레비전 화면에 당신이 나와서 깜짝 놀랐어요."

라고 말한 뒤,

"쇼타를 위해 애써 줘서 정말 고마웠어요."

라며 고개를 숙였다.

"길길이 반대하던 사람이 웬일이야."

"쇼타도 소송하길 정말 잘했다고 그러니까요."

오늘은 세쓰코가 골똘한 표정을 짓고 있다. 뭔가 좋지 않은 일이 있나 싶어서 마사키는 긴장했다. 혹시 유이에게 무슨 일이라도 생겼나. 유이는 재판정에는 오지 않았지만 기자회견 모습을 텔레비전에서 보았는지,

"아버지, 나 조금 감동했어요."

라는 글로 시작하는 긴 LINE을 보냈다. 아직 집에 오지는 않고 있다.

"실은 유이가 아빠에게 보여주라며 이걸 주더라고요. 제 입으로 말하기는 부끄러웠는지."

세쓰코가 가방에서 꺼낸 것은 팸플릿이었다. 재빨리 훑어보고,

"뭐야, 이게!"

저도 모르게 큰소리를 냈다.

'노구치 유이, 변화를 향해 도전합니다!'

표지 사진에 파란 셔츠를 입고 방긋 웃고 있는 사람은 유이 아닌가. 얼굴 옆에 '중의원 의원 후보'라고 적혀 있다.

"보궐선거에 출마하는 건 노구치 군 아니었나?"

"노구치가 입후보할지 말지를 놓고 매일 논의하는데도 결론이 안 나고 있다고 했잖아요. 지역구를 물려받을 사람은 노구치 집안 사람이기만 하면 되는 거 아니냐며 유이가 직접 출마하기로 했대요."

"믿기질 않는군……."

잠시 아무 말도 할 수 없었다.

"학생회장 선거가 아니잖아. 국회의원 선거라고. 유이 같은 초짜가 감당할 수 있을 리 없어."

"유이도 고민을 많이 하고 자기가 나서는 수밖에 없다는 결론을 내렸다네요. 게다가 어떤 정치가나 처음에는 다 초보자 아니냐고 하던걸요."

"말도 안 돼. 선거에 출마하려면 먼저 정치인 보좌관부터 시작해야 하는 건데."

"유이도 이번 선거는 힘들 거라는 걸 알고 있어요. 낙선하면 도의회부터, 그것도 안 되면 구의회부터 다시 시작하겠대요. 아무튼 귀중한 기회를 놓치고 싶지 않다며 뛰어다니고 있어요."

"저쪽 어른들이 가만있겠어? 이혼시키려고 들 거야. 안 그래도 마음에 안 드는 며느리인데. 엉뚱하게 선거는 무슨, 어서 아이나 낳으라고 하겠지……."

"하지만 이게 유이의 생각이에요."

나쓰코가 팸플릿을 펴 보였다. '저는 합니다'라는 문장 아래 공약이 실려 있었다.

'시민 누구나 하루하루 행복하게 생활할 수 있는 사회. 그것이 제 바람입니다. 제 동생은 이지메 때문에 학교를 그만두고 오랫동안 히키코모리로 지냈습니다. 저는 먼저 교육 문제부터 바꾸고 싶습니다. 다양성을 존중하고 누구나 다시 일어설 수 있는 사회 구조를 만들어…….'

너무 놀라 팸플릿을 떨어뜨릴 뻔했다.

"이건 뭐야. 왜 나나 쇼타랑은 한 마디 상의도 안 한 거지? 동생 소송을 약삭빠르게 이용하려고 드네……."

"또 저런다. 그런 말 듣기 싫어서 유이가 집에 안 오고 나한테 맡긴 거예요."

세쓰코는 질렸다는 듯이 고개를 저었다.

"그 아이도 나름대로 고민해서 행동에 나선 거니까 제대로 알아줘야죠. 유이가 그랬어요. 쇼타에게 아무것도 해주지 못해서 진심으로 미안하다고. 딸애 심정도 좀 알아주세요. 제대로 응원해 주라고요."

"알아."

대답한 것은 테이블 끝에 있던 쇼타였다. 팸플릿을 들고 공약 페이지를 읽는다.

"누나라면 해낼지도 몰라. 원래 그런 성격이 정치에 어울려."

"바보 같은 소리!"

"아니, 누나 말이 맞잖아. 이지메 방지 대책 추진법 개정, 이지메 피해자 학습 기회 보장, 이지메 방치 교사에 대한 징계 제도……."

"너, 진심으로 하는 말이냐?"

"응, 진심이야."

아버지와 아들은 잠시 마주보았다. 쇼타의 눈빛에는 비꼬는 기미가 전혀 없었다.

"네가 그렇게 말한다면, 나도 좋다……."

"그럼 유이에게 전할게요."

세쓰코가 바로 돌아갔다.

마사키는 저녁 식사를 준비하려고 세쓰코가 만들어 놓은 카레를 데웠다. 그동안 쇼타는 식탁에 접시를 놓고 컵에 생수를 따랐다. 함께 식사를 준비하는 일도 제법 자연스러워졌다.

"나는 그 애를 통 이해할 수가 없구나."

조용한 저녁이다. 카레 냄새가 실내에 감돈다. 마치 오래전부터 단둘이 살아온 듯한 기분이다. 수다스러운 두 사람은 집을 떠나고 없다.

"선거에 출마하다니 아무리 생각해도 제정신이 아냐."

"난 알 것 같아."

"뭘?"

"누나는 내가 뛰어내린 걸 보고 자기라도 나서야 한다고 생각한 거야."

"그래?"

스푼으로 카레를 뜬다.

"아빠, 며칠 전에 다카이 선생님한테 책을 빌렸는데 8050 문제에 대한 책이었어."

결혼도 못 하고 취직도 안 한 채 50대가 되어버린 자식이 80대 부모의 연금에 기대어 살아가는 현실은 이제 심각한 사회문제가 되었다.

"난 절대로 그렇게는 안 될 거야. 앞으로 30년 남았어. 어떻게든 할게."

"무리하지 않아도 된다."

세쓰코에게 재산을 적지 않게 분할해 주었지만, 여전히 이 집과 아버지에게 물려받은 자산이 있다. 진료를 계속하며 조용히 살아간다면 휠체어 탄 아들이 중년이 되더라도 어떻게든 버틸 수 있겠지.

“아빠, 부탁이 있는데.”

“뭔데.”

쇼타의 목소리가 문득 진지해져서 마사키는 저도 모르게 스푼을 내려놓았다.

“그 위자료 150만 엔, 나한테 주면 안 될까?”

마사키는 아들의 얼굴을 쳐다본다. 평소와 같은 표정이지만, 오랫동안 생각해 온 말이라는 건 알 수 있었다.

“너한테 쓸 돈이니까 당연히 줘야지.”

“재판도 끝나고 마음은 정리가 됐어. 그런데 몸이 따라주질 않아.”

쇼타는 한 손으로 휠체어를 조금 움직였다. 바퀴가 기익, 하고 바닥을 스치는 거슬리는 소리가 났다.

“계속 내 몸에 대해서 생각했어. 그냥 포기할까도 고민했는데 찾아보니까 척추 손상 환자 재활을 하는 전문 체육관이 있더라. 엄청 힘들고 비용도 많이 들지만 가보고 싶어. 나도 이대로 지내는 건 싫으니까. 오랫동안 히키코모리로 살았는데 앞으로도 계속 집 안에 틀어박히기는 싫어…….”

이를 악물고 있다. 어릴 때 철봉 차례를 누나한테 새치기당했을 때와 똑같은 표정이다. 생각해 보면 아들은 원래 지기 싫어하는 소년이었다. 왜 그걸 잊고 있었을까.

“뛰어내리는 순간 꼼짝없이 죽는구나 싶었거든. 그러면서 깨달았어. 나는 한 번도 제대로 살아보지 못했구나. 이대로 50살 아저

씨가 되는 건 싫어.”

“알았어. 알았다. 원하는 대로 해.”

마사키가 다시 스푼을 움직이기 시작한다. 쇼타가 좋아하는 달
콤한 바몬드카레였다.

“이대로 50대 아저씨가 되면 최악이잖아. 적어도 아빠 정도 어
른은 되고 싶어.”

“‘적어도’는 빼도 돼.”

낮은 소리로 웃는다.

“아빠.”

쇼타가 아버지를 불렀다.

“고마워, 아빠.”

회사나 학교에 가지 않고 가족 이외의 사람과 교류하지 않으며 6개월 이상 집 안에 머물러 있는 자. 히키코모리란 '히쿠(뒤로 물러나다)'와 '코모루(안에 틀어박히다)'가 합쳐진 말입니다. 1990년 대 후반, 기존의 정신질환 진단명으로 설명하기 어려운 '장기 은둔' 사례가 급증하자 정신과 의사인 사이토 다마키가 이를 규명하고자 출간한 『사회적 히키코모리』에서 처음 만들어 사용했습니다. 이 말은 2000년 일본 가시와자키에서 일어난 사건을 계기로 널리 퍼지게 되었지요. 28세 남성 사토 유이치가 초등 4학년 소녀를 납치해 10년간 자신의 방에 가둬두고 폭력을 행사했는데, 사토와 같은 집에 살던 부모는 아들의 폭력이 두려워 아들 방에 가까이 가지 않았기 때문에 소녀의 존재를 전혀 몰랐다고 합니다. 어느 날 아들의 폭력을 견디다 못한 부모가 보건소 직원에게 신고했고, 보건소 직원이 그의 방을 수색하던 중 우연히 소녀를 발견하여 세상에 알려졌습니다. 2019년에는 전 농림수산성 차관이 자택에서 장남을 찔러 살해하는 사건이 발생합니다. 숨진 아들은 장기간 직업 없이 집에만 틀어박혀 지내던 히키코모리(44세)였으

며 부모에게 상습적인 폭력을 휘둘렀습니다. 사건 당일, 인근 초
등학교 운동회 소음이 시끄럽다며 "아이들을 다 죽여버리겠다"고
화를 내자, 아버지는 며칠 전 발생했던 '가와사키 초등학생 흉기
난동 사건(50대 히키코모리가 등교하는 초등학생들을 살해한 사
건)'을 떠올렸다고 합니다. 그는 아들이 타인에게 해를 끼치지 않
도록 해야 한다는 생각으로 "아들을 칼로 찔러 살해"하는 선택을
한 뒤에 자수했지요.

이 사건은 많은 사람들에게 충격을 주었는데, 작가 하야시 마
리코도 그중 한 명이었습니다. "부모가 자식을 찔러 죽인다는 건
어떤 기분일까. 가정 안에서 노골적으로 폭력을 휘두르던 히키
코모리 자녀가 사회에까지 피해를 준다면 아직 부모로서의 사랑
이 남아 있을 때 함께 죽자, 누군가를 죽이는 사건을 일으키기 전
에 부모로서 책임을 져야 한다는 마음이었을까. 나도 아이를 가
진 부모로서 남의 일이 아니라고 생각했다." 이러한 자신의 생각
을 편집자와 나누다가 "8050문제를 소설로 써보면 어떨까요?"라
는 제안을 받았다고 합니다. 왜냐면 한때 '젊은이들의 문제'로만
여겨졌던 히키코모리의 고령화가 급속도로 진행되어 모든 세대의
문제가 되었고 이것이 8050문제로 이어지고 있었기 때문입니다.
8050은 히키코모리 생활을 하다가 50대가 된 자녀를 80대 부모가
돌보는 가정을 가리키며, 히키코모리 현상의 급격한 고령화가 진
행되고 있음을 상징하는 말이기도 합니다. 마침 코로나가 시작될
무렵, 하야시 마리코는 집 안에 틀어박혀 소설을 구상해 나갑니

다. 심각한 사회 문제를 소설로 풀어내려면 어떻게 해야 할까. 고단샤에서 운영하는 매체 《현대 비즈니스》와의 인터뷰에서 작가는 이렇게 얘기했습니다.

"문득 소송을 하면 어떨까 하는 구상이 떠올랐다. 히키코모리의 원인이 된 과거의 이지메를 재판으로 고소하는 부모와 자식의 이야기를 만들 수 없을까 생각했다. 이야기가 성립하는지 확인하기 위해 학교 문제에 정통한 변호사 다카하시 선생을 찾아갔다. 취재를 진행하던 중 다카하시 선생이 '7년 전 괴롭힘 사건도 재판으로 고소할 수 있다'고 말해 주었을 때 눈앞에 서광이 비쳤다. 이 정도면 쓸 수 있겠다고. 그에게서 '할 수 없다'는 대답을 들었다면 이 소설은 탄생하지 않았을 것이다."

그리하여 히키코모리 가정의 분위기가 현실감 있게 그려집니다. 픽션이지만 자립 지원 비즈니스 업체의 이름인 'KIGARU학교(키가루-마음이 가볍다)' 등도 실제로 있을 법하지요. 이 가정의 구성원은 50대 치과의사 아버지와 가정주부 어머니, 대기업에 다니는 딸과 방 안에 틀어박혀 사는 20대 아들입니다. 작가가 부모와 자식의 나이를 8050문제보다 젊게 설정한 까닭은, 소설 『8050』이 그리는 것이 절망에서 어떻게든 벗어나려 애쓰는 '부모와 아이의 회복'에 관한 이야기이기 때문이라고 하네요. 짐작하시겠지만 히키코모리를 주제로 한 소설은 결말을 내기가 정말 어려운데, 히키코모리 아들을 외면해 온 아버지가 7년 만에 결심을 굳히고 '죽이거나 함께 죽는 것'이 아니라 '재판'이라는 수단으로 함께 '복수'를 이룬다는 결말은 꽤 통쾌한 구석이 있습니다.

다만 소설을 마주한 독자의 경우 남녀에 따라 느낌이 다를 거라고 생각합니다. 남성 독자는 남편의 행동에 불안을 토로하는 세쓰코에게 '세상 물정을 모르는데도 고집이 세다'며 짜증이 일거나, 동생을 어디론가 멀리 보내 달라며 '이송 서비스' 팸플릿을 내미는 유이에 대해 '냉혹하다'며 분노할지도 모르겠어요. 하지만 아버지 마사키의 '옳음' 뒤에는 '가족은 내 말만 들으면 된다'는 오만함이 있었던 게 아닐까요. 일이 생각대로 진행되지 않을 때, 모든 것을 주변 탓으로 돌려왔던 것은 아닐까요. 그는 결혼 상대에게 동생의 현재 상황을 철저히 숨기려는 딸을 향하여 "확실하게 말하면 되잖아. 히키코모리는 요즘 일본 전국에 100만 명이나 돼"라고 말하지요. 그러나 과거 자신의 아버지에게 일어난, "요즘엔 드물지 않은 사태(치매)"에 대해서는 세쓰코에게 "동네 사람들이 절대 모르게 해"라고 명령하고 전부 그녀에게 맡겼지요. 아내가 여러 차례 호소한 위기를 믿으려 하지 않았습니다. 소설 『8050』은 당사자의 회복과 함께 '아버지는 어떻게 바뀔까' 하는 부분이 핵심이기도 합니다.

"결국 8050문제가 되기 전의 갈림길은, 부모가 아이를 위해 몸을 아끼지 않을 수 있느냐가 아닐까. 부모가 체면을 신경 쓰며 허세를 부려 히키코모리 아이의 존재를 숨기려 할수록 상황은 더욱 심각해진다. 마사키는 아버지로서 고압적이고 미숙한 면도 있지만, 아들의 현실에서 도망치지 않았다. 감수를 맡은 변호사 다카하시 선생이 '이 재판은 이기지 않아도 된다. 아버지가 싸우는 모습을 아들에게 보여주는 것에 가치가 있다'고 여러 번 말해 주었는데 정말 그렇구나 싶었다."

소설 『8050』은 발매 1달 만에 10만 부를 돌파하며 사회적 반향을 일으켰습니다. 책을 읽은 독자들도 다양한 반응을 보여주었는데 그동안 픽션을 거의 읽지 않았던 일본의 중년 남성들이 적극적으로 의견을 개진했다는 점이 인상적입니다. "소설을 읽고 10년 만에 아들에게 사과할 수 있었습니다. 우리 집도 아직 '늦지 않았다'라고 생각했습니다", "아이가 히키코모리가 된다면 어떻게 하면 좋을지 모르겠지만 도망치지 않고 마주할 수밖에 없겠다고 느꼈습니다, 힘들고 괴로운, 그런 이야기였지만 아이를 가진 모든 부모가 읽어주셨으면 하는 작품이었습니다", "마지막에 아들의 대사에 감동했습니다. 제 아이와 겹쳐 보여서, 닦아도 닦아도 눈물이 멈추지 않았습니다."

지금은 어떻게든 가족으로 관계를 간신히 유지하는 중이지만 '어쩌면 나도 이런 상황에 맞닥뜨릴 수 있다'는 두려움을 가지고 있었기 때문에 큰 반응이 있었던 게 아닐까요. 정신과 의사인 사이토 다마키가 잘 지적한 것처럼, 가족 한 명의 히키코모리 문제를 체면 때문에 숨기거나 누구와도 상담하지 않고 몰래 해결하려다 가족 전체가 사회 속에서 히키코모리 상태가 되어버리는 경우가 많습니다. 우선 증가하고 있는 히키코모리라는 사회적 현실을 눈앞에 있는 사실로 받아들이는 것, 그 존재를 성급하게 비판하면서 '부인'할 것이 아니라 정확하게 '인식'하는 것 자체가 교착에 빠진 '히키코모리 시스템'의 해소를 촉진하고 새로운 사례의 증가를 예방할 수 있다는 말에 완전히 동의합니다. 소설 『8050』은 히키코모리 해결 안내서가 아니지만, 게다가 실제는 이보다 더 비참하지만, 당사자들에게 소설 속 아버지처럼 금전적 여유가 없는 가정도 많지만, 하지만 사람들이 읽기 쉽고, 8050문제와 인연이 없는 사람도 이 문제를 알게 해주는 좋은 교재가 될 수 있으리라 생각합니다. '음, 이런 집도 있구나, 심각하네'라는 정도만이라도 알려질 수 있기를. 한국의 은둔형 외톨이 숫자가 50만 명이라더군요. 이 소설을 한국의 형제자매님들도 읽어주었으면 좋겠습니다.

삼송 김 사장 드림.

감사의 말

이 소설은 변호사 다카하시 도모노리 선생과 스가와라 소코 선생의 도움이 없었다면 완성할 수 없었을 것입니다.

특히 다카하시 선생의,

"7년 전 일이라도 소송은 가능합니다."

라는 한 마디에 눈앞이 탁 트이는 심정이었습니다. 다카하시 선생은 마치 쇼타가 실재하는 인물인 것처럼 늘 신경 써 주셔서,

"이렇게 하면 이길 수 있을지도 몰라."

하고 혼잣말까지 하셨다고 들었습니다.

또 정신과 의사 와다 히데키 씨, 『'내 자식을 죽여주세요'라고 말하는 부모들』의 저자 오시카와 다케시 씨에게도 자문을 구했습니다.

치과에 대해서는 기쿠치 가오루 선생, 사사키 유이치 선생께서 많은 조언을 주셨습니다. 정말 고맙습니다.

첫 공부 모임을 연 뒤로 2년 동안 함께 뛰어준 신초샤의 나카세 유카리 씨, 후지모토 아사미 씨, 이노우에 야스아키 씨, 아마하네 리코 씨, 다카야마 아오이 씨는 그야말로 '팀8050'이었습니다. 그리고 교열 담당 이시카와 요시다쓰 씨, 오카모토 가쓰유키 씨에게도 깊은 감사를 드립니다.

주요 참고 문헌

이와나미 아키라

　　『마음에 이상이 생길 때—정신과의의 증례 보고』

오시카와 다케시

　　『'내 자식을 죽여주세요'라고 말하는 부모들』

구로카와 쇼코

　　『8050문제—중고년 히키코모리, 7개 가정의 재생 이야기』

사이토 다마키

　　『'히키코모리' 구출 매뉴얼 〈실천편〉』

岩波明『心に狂いが生じるとき—精神科医の症例報告』(新潮文庫)

押川剛『「子供を殺してください」という親たち』(新潮文庫)

黒川祥子『8050問題—中高年ひきこもり、7つの家族の再生物語』(集英社)

斎藤環『「ひきこもり」救出マニュアル〈実践編〉』(ちくま文庫)

8050
초판 1쇄 발행 2026년 4월 30일

지은이　　　하야시 마리코
옮긴이　　　이규원

　　　　발행편집인　　김홍민 · 최내현
　　　　책임편집　　　조미희
　　　　편집　　　　　김하나
　　　　마케터　　　　마리
　　　　표지디자인　　이혜경디자인
　　　　용지　　　　　한승
　　　　출력　　　　　블루엔
　　　　인쇄 · 제본　　대원

펴낸곳　　　도서출판 북스피어
출판등록　　2005년 6월 18일 제105-90-91700호
주소　　　　(10595) 경기도 고양시 덕양구 동송로 23-28 305동 2201호
전화　　　　02) 518-0427
팩스　　　　02) 701-0428
홈페이지　　https://blog.naver.com/hongminkkk
전자우편　　editor@booksfear.com

ISBN 979-11-92313-87-0 (04080)
　　　　979-11-91253-37-5 (세트)

책값은 뒤표지에 있습니다.
파본은 구입하신 곳에서 교환해 드립니다.